GÜTERSLOHER
VERLAGSHAUS

Gütersloher Verlagshaus. Dem Leben vertrauen

Manfred Josuttis, geboren 1936, Dr. theol., war von 1962–1968 Pfarrer im Hunsrück, ab 1968 Professor für Praktische Theologie in Göttingen und ist seit April 2001 im Ruhestand. Jetzt hauptsächlich tätig in pastoral-theologischen Seminaren »Religion als Handwerk«.

Erleuchte uns mit deinem Licht

Gedanken und Gebete zu den Gottesdiensten des Kirchenjahres

Manfred
Josuttis

Gütersloher Verlagshaus

Bibliografische Information der Deutschen Nationalbibliothek
Die Deutsche Nationalbibliothek verzeichnet diese Publikation in der Deutschen Nationalbibliografie; detaillierte bibliografische Daten sind im Internet über http://dnb.d-nb.de abrufbar.

Die beiliegende CD-ROM enthält in digitaler Form alle Gebete dieses Buches.
Die Daten auf der CD-ROM sind als *offene* PDF-Datei abgelegt, so dass sie auf den meisten Computern zu lesen und in allen gängigen Textverarbeitungsprogrammen (z. B. »Word« oder »Open Office«) über die Zwischenablage einzufügen und nachzubearbeiten sind. Benötigt wird dafür lediglich der Adobe Acrobat® Reader 5 oder höher.

FSC
Mix
Produktgruppe aus vorbildlich bewirtschafteten Wäldern, kontrollierten Herkünften und Recyclingholz oder -fasern
Zert.-Nr. SGS-COC-004278
www.fsc.org
© 1996 Forest Stewardship Council

Verlagsgruppe Random House FSC-DEU-0100
Das FSC-zertifizierte Papier *Munken Premium* für dieses Buch liefert Arctic Paper Munkedals AB, Schweden.

1. Auflage

Umschlaggestaltung: Init GmbH, Bielefeld
Satz: Satz!zeichen, Landesbergen
Druck und Einband: Těšínská tiskárna, a.s., Český Těšín
Printed in Czech Republic
ISBN 978-3-579-05899-3

www.gtvh.de

Vorwort

Dieses Buch bietet Predigtgedanken und Gebetsvorschläge für die Gottesdienste des Kirchenjahres. Es will die pastorale Vorbereitungsarbeit nicht überflüssig machen, sondern durch Anregungen erleichtern und befruchten. Im Aufbau folgt es für jeden Sonntag den drei Etappen des liturgischen Weges.

Im *Gebet*sgottesdienst soll die Reinigung der Seele (purificatio) für die Begegnung mit Gott erfolgen. Das geschieht im Kollektengebet durch den Dank für bisherige Erfahrungen mit der göttlichen Gnade und durch die Bitte um Befreiung von aktuellen Glaubensblockaden.

Der *Wort*gottesdienst mit Lesungen und Predigt soll die Gemeinde erleuchten (illuminatio). Dazu wird hier zunächst eine kurze Einführung in das thematische Feld geliefert, das den Perikopen gemeinsam ist. Der Vorteil dieses Verfahrens besteht darin, dass der jeweilige Predigttext in einen biblischen Kontext gerät, der einerseits seinen Absolutheitsanspruch relativiert, aber andererseits auch einen spezifischen Aspekt des Gesamtthemas hervortreten lässt.

Die Perikopen sind bewusst der »Ordnung der Lesungen und Predigttexte« der Lutherischen Liturgischen Konferenz von 1977 entnommen. Damit soll der durch die letzte Revision von 1995 fortgeführten Tendenz, »Ethik statt Gericht« (C. Dahlgrün 1997) zur Sprache zu bringen, wenigstens an einigen Stellen begegnet werden. Die Zitate folgen in der Regel dem revidierten Luther-Text von 1975, an manchen Stellen der Zürcher Bibel von 2007, gelegentlich auch U. Wilckens (1970); gelegentlich habe ich zur besseren Pointierung der Aussage eine eigene Übersetzung versucht.

Die weiteren Überlegungen sollen den Erfahrungshorizont des jeweiligen Themafeldes kurz skizzieren. Voraussetzung ist die Einsicht, dass in der biblischen Überlieferung keine theologische Lehre vorgelegt wird, sondern Lebenserfahrungen festgehalten und freigesetzt werden, die in der Gegenwart wie in der Vergangenheit Einstellungen und Verhaltensmuster im religiösen und sozialen Bereich korrigieren, erweitern, aber auch stärken können.

Eine Predigt ist nicht erst dann am Ziel, wenn sie auf Fragen Antworten gibt oder für Probleme Lösungsvorschläge unterbreitet. Beides ist nicht generell ausgeschlossen. Grundsätzlich und letztlich geht es im Gottesdienst aber darum, dass Fragen und Probleme weitergereicht und von der Kanzel zum Altar mitgenommen werden.

Den Übergang zum *Sakrament*sgottesdienst und der dort gefeierten Vereinigung (unio) bildet das Allgemeine Kirchengebet, das im modernen evangelischen Gottesdienst, der oft ohne Abendmahl begangen wird, durch Dank, Fürbitte und Anbetung alle Anwesenden gegenüber Gott und mit Gott vereint. Die in der Predigt angesprochenen Probleme sollen hier aufgenommen und durch generelle Anliegen aus individuellen Lebenslagen, aus Gemeinde, Kirche und Welt erweitert werden. Um der Einheit des Betens willen sollte dabei nach Möglichkeit (manchmal ist das unmöglich!) auf die Formulierung provozierender politischer oder theologischer Positionen verzichtet werden. Alle Anwesenden müssen am Ende gemeinsam das Herrengebet sprechen können. In jedem Fall sind die vorgelegten Entwürfe darauf angewiesen, dass sie im Blick auf die aktuelle Situation korrigiert, gekürzt bzw. aufgefüllt werden.

Die Entstehung dieses Buches hat Pfarrer J. Plötze (Hildesheim) durch ein Geburtstagsgeschenk angeregt, in dem er mir die Gebete aus meinen Predigtbänden in schöner Ausstattung präsentiert hat. Sie sind auch hier, meist in abgeänderter Form, teilweise wieder aufgenommen. Wie in den vorhergehenden Veröffentlichungen hat auch diesmal Frau Heidi Wuttke das Manuskript für den Druck vorbereitet. Pfarrer J. Natrup und Pfarrer Dr. F. Pritzke haben beim Korrekturlesen geholfen. Ihnen allen sei herzlich gedankt.

Friedland, im Mai 2009 *Manfred Josuttis*

Inhalt

Advent

1. Advent: Erwartungen

Herr, ewiger und allmächtiger Gott.
In dieser dunklen Zeit
Kommen wir zu dir,
damit du zu uns kommst.

Erleuchte uns mit deinem Licht,
und erfülle alles, was in Finsternis lebt.
Schenke uns deine Gnade,
vertreibe das Böse,
vergib die Schuld.
Hilf uns mit deiner Kraft,
damit wir deinen heiligen Namen ehren
und uns freuen an dem Leben,
das du uns gegeben hast.
Durch unseren Herrn Jesus Christus, deinen Sohn,
der mit dir und dem Heiligen Geist
lebt und regiert von Ewigkeit zu Ewigkeit.
Amen.

»Die Nacht ist vorgerückt, der Tag aber nahe herbeigekommen« (Römer 13,12). Das Kirchenjahr beginnt mit Texten, die versichern, dass wir fast schon am Ziel sind. Mit dem Einzug in Jerusalem erreicht Jesus den Ort, an dem er hingerichtet und auferweckt werden wird (Matthäus 21,1ff.). Den Gefangenen in Babylon wird die Heimkehr in die heilige Stadt angekündigt (Jeremia 23,5–8). Zacharias, der Vater des Täufers, prophezeit die Ankunft eines mächtigen, lange erwarteten Retters (Lukas 1,67ff.). In der himmlischen Welt kann nun endlich das Buch der Geheimnisse, das Buch mit den sieben Siegeln, geöffnet werden (Offenbarung 5,1ff.). Auch für die Lebenden steht das Ende aller Dunkelheit kurz bevor (Römer 13,11ff.). Befreit vom bösen Gewissen und gewaschen mit reinem Wasser, haben die Christ/innen nun Zugang zum himmlischen Heiligtum (Hebräer 10,19ff.).

Menschen sind lebenslang auf der Suche. Kinder wollen groß, schön und stark werden. Jugendliche machen sich heute schon früh Sorgen um ihren späteren Beruf. Durch alle Beziehungswirren hindurch möchte man den einen Menschen finden, der zu einem gehört und mit dem man zusammenbleibt. Und alle Gier nach Geld und Macht soll sicherstellen, dass man einigermaßen heil durchs Leben kommt. Hast und Hektik, Angst und Verzweiflung haben nach Augustin letztlich ein einziges Ziel: »Unser Herz ist unruhig, o Herr, bis es Ruhe findet in dir.«

Sehnsucht, Hoffnung, Erwartung begleiten uns im Leben. Sie erweitern den Horizont unseres Daseins auf jeweils unterschiedliche Weise. Sehnsucht geht ins Weite und

Allgemeine hinein. Hoffnung »lässt nicht zuschanden werden« (Römer 5,5), weil sie sich auf ein konkretes Gegenüber, eine Person, ein Ereignis bezieht. Erwartung schließlich rechnet damit, dass das Gewünschte, aber auch das Gefürchtete in zeitlicher Nähe, mehr oder weniger bald eintreten wird. Alle drei Haltungen werden im Gottesdienst vertreten sein und die Predigt hören. Die allgemeine Sehnsucht nach dem einen Rettenden, das oder der irgendwann erscheint. Die Hoffnung, dass sich in irgendeiner Form Heilung und Hilfe einstellt. Aber auch die Erwartung, dass sich in der dunklen Adventszeit jener Friede einstellt, »der höher ist als alle Vernunft« (Philipper 4,7) und alle Gefühle.

Die göttliche Quelle der Liebe, die wir erfahren, suchen und schenken, begegnet uns in der rätselhaften Gestalt jenes Priesters, der uns mit seinem Sterben vorangegangen ist und uns zur Hingabe befreit hat. Er nimmt uns mit in die Geborgenheit eines Raums, den wir vor und nach der Geburt ahnungsweise erleben haben und in den wir Heimatvertriebene einmal zurückkehren werden. Gerade in den dunklen Stunden des Lebens kann uns jenes »Adventslied« erbauen, das der marxistische Dichter B. Brecht die Frau Kopecka in Prag singen lässt: »Am Grunde der Moldau wandern die Steine. / Es liegen drei Kaiser begraben in Prag. / Das Große bleibt groß nicht und klein nicht das Kleine. / Die Nacht hat zwölf Stunden, dann kommt schon der Tag.«

Das Kirchenjahr, das in dunklen Tagen beginnt, führt die Gemeinde auf den Weg in das Leben, aus den Finsternissen von Natur, Geschichte und Seele in jene Herrlichkeit, die das Reich und die Kraft Gottes erfüllt.

Herr, ewiger und allmächtiger Gott.
Wir danken dir.
Du hast uns gewollt und uns das Leben geschenkt.
Du wartest auf uns, bis wir zu dir kommen.
Und wir dürfen erwarten, dass du uns hilfst.

So bitten wir dich in diesen dunklen Tagen:
Schenke uns Lebenskraft, wenn es uns schlecht geht.
Mache uns Mut, wenn wir verzweifeln wollen.
Tröste uns, wenn wir traurig sind.

Unser Leben lang warten wir,
auf das große Glück und die kleinen Freuden,
auf Liebe, die uns begleitet,
und Ruhe, die uns erfüllt.
Du allein, Herr, kannst alles geben,
was wir zum Leben brauchen.
Du allein, Herr, kannst uns am Leben erhalten
und durch alle Schwierigkeiten hindurch
in dein ewiges Reich begleiten.

Herr, wir warten auf dich.
Wir warten auf Hilfe für uns
und für alle Menschen in ihren Dunkelheiten.
Stärke die Kranken.
Hilf den Hungernden.
Ermutige die Unterdrückten.
Erleuchte die Zweifelnden.
Gib Frieden denen, die nicht mehr leben wollen.
Segne die, die heute sterben,
und die, die heute geboren werden.

Herr, wir danken dir, dass wir hoffen dürfen.
Deine Gerechtigkeit wird alles Unrecht beseitigen.
Dein Friede wird alle Kämpfe beenden.
Dein Erbarmen wird uns von aller Schuld freisprechen.
So beten wir dich an,
das ewige Licht, das auch die Schöpfung erleuchtet,
die einzige Liebe, die alle Zeit überdauert,
die unendliche Kraft, die auch den Tod überwindet.
Lob sei dir, dem einen und einzigen Gott,
dem Vater und dem Sohn und dem Heiligen Geist,
jetzt und immerdar und von Ewigkeit zu Ewigkeit.
Amen.

2. Advent: Geduld

Herr, unser Gott.
Unser Leben lang warten wir,
als Kinder darauf, dass wir groß werden,
als Jugendliche, dass wir einen guten Beruf und eine enge Beziehung finden,
als Erwachsene, dass wir gesund und glücklich leben,
als Alte, dass wir in Frieden und ohne Schmerzen sterben können.
Herr, unser Leben lang warten wir auf dich.
Du, Herr, wartest immer auf uns.

Nun sind wir da und bitten dich, sei mit uns in dieser Stunde.
Segne unser Beten und Singen, unser Reden und Hören,
durch unsern Herrn Jesus Christus, deinen Sohn,
der mit dir und dem Heiligen Geist
lebt und regiert von Ewigkeit zu Ewigkeit.
Amen.

Wer ganz nah am Ziel ist, der braucht für die letzte Strecke Geduld. Deshalb hält der Jakobusbrief der Gemeinde den Bauer als Beispiel vor; der »wartet auf die kostbare Frucht der Erde und ist geduldig, bis sie den Frühregen und Spätregen empfangen hat« (5,7f.). Weil die Gemeinde in Philadelphia bisher geduldig geblieben ist, wird sie in der Stunde der Versuchung bewahrt werden: »Siehe, ich komme bald; halte fest, was du hast, damit niemand deine Krone nimmt!« (Offenbarung 3,7–13). Das Volk Gottes kann in Situationen geraten, in denen sich ernsthaft die Frage stellt. »Bist du noch unser Vater?« (Jesaja 63,15f.). Deshalb ist die Ermutigung der Schwachen so wichtig: »Stärket die müden Hände und macht fest die wankenden Knie!« (Jesaja 35,3–10). Das ist deswegen wichtig, weil Kriege, Hungersnöte und falsche Propheten mit ihren Ideologien die Glaubenden verunsichern können. »Wer aber bis ans Ende ausharrt, der wird gerettet werden« (Matthäus 24,1–14). Für alle, die mit Geduld auf die Wiederkunft des Erlösers warten, hat die Endlichkeit des Lebens ihre Schrecken verloren: »Himmel und Erde werden vergehen, aber meine Worte werden niemals vergehen« (Lukas 21,25–33).

Menschen verfolgen nicht nur lebenslang neue Ziele. Sie befinden sich dabei immer auch im Zustand des Wartens. Meist kann man dabei selbst nichts dazu tun, dass sich die eigene Lage verändert. Man ist darauf angewiesen, dass jemand zu einem kommt, dass etwas mit einem geschieht, dass einem etwas zustößt. Die Wartezeit ist deshalb mit ganz unterschiedlichen Affekten erfüllt. Man kann in Vorfreude hoffen, aber auch voller Verzweiflung in Hoffnungslosigkeit versinken. Man kann voller Spannung unsicher sein, was das Kommende mit sich bringt. Aber man kann das unendliche Warten auch leid sein und sich ein schnelles Ende wünschen.

»Der Tod kann auch Erlösung sein«, ist manchmal auf Traueranzeigen zu lesen. Das Leiden ist so unerträglich gewesen, dass mit einer Wendung zum Besseren nicht mehr zu rechnen war. Dann ist ein Mensch in eine Erfahrung geraten, die mit Geduld nicht mehr zu bewältigen war. Aber dass man auch den Sterbeprozess erdulden kann, muss nicht immer diese negative Voraussetzung haben. Die Endlichkeit des eigenen Lebens kann ertragen, wer sich auf dem Weg in die Unendlichkeit Gottes weiß. Und alle Wartezeiten des Lebens bleiben dann nicht länger Leerstellen, Lebenslücken, die mit Phantasien über das konkret Erwartete angefüllt werden. Sich in Geduld üben heißt, sich auf den einzustellen, der Herr über alle Zeit ist. In dieser Perspektive kann alles Leiden, aber auch alle Sehnsucht nur »kurze Zeit« (Jesaja 63,18) währen.

Geduld zu lernen und geduldig zu werden, ist in der Gegenwart deswegen schwer, weil unser Leben mehr und mehr vom Gesetz der Beschleunigung beherrscht wird. Verspätungen im Verkehr lösen Unmut aus. Gesundheitsprozeduren im Krankenhaus, aber auch sonst, müssen möglichst rasch vonstatten gehen. Beziehungen führen schnell in die Intimität und werden oft ebenso schnell bei den ersten Konflikten abgebrochen. Und nach einem arbeitsreichen Tag kann man sich durch das Zappen beim Fernsehen nicht wirklich erholen, vielmehr will man sich einfach nur ablenken lassen.

Geduld in der jeweiligen Situation, Geduld mit sich selbst und mit anderen scheint eine Tugend zu sein, die zur humanen Kunst der Gelassenheit zählt. Im religiösen Kern ist sie freilich weit mehr. Für den Glauben gründet sie in der Langmut und in der Barmherzigkeit Gottes. Gott lässt uns Zeit. Gott lässt uns unsere Umwege und Abwege gehen. Gott erträgt uns, auch wenn wir so tun, als ob er längst tot ist. Im Stau auf der Straße, in der Einsamkeit einer Beziehung, beim Warten auf einen Arbeitsplatz kann man Geduld üben, wenn man sich der kraftvollen Geduld Gottes mit Leib und Seele überlässt.

Herr, unser Gott.
In großer Geduld,
hast du unser Leben begleitet.
Lange Zeit,
hast du auf unser Bitten und Danken gewartet.
Nun haben wir dein gutes Wort gehört,
deine Zusage, uns zu helfen,
deine Einladung, dir zu vertrauen.

Voller Vertrauen, Herr,
bitten wir dich für alle, die auf dich warten.
Für die Menschen, die auf der Suche sind,
nach einem guten Beruf,
nach einer festen Beziehung,
nach Nahrung und Wohnung,
nach Gesundheit und Glück.

Im Grunde warten sie alle auf dich,
wie die Menschen, die heute geboren werden,
und wie die, die heute sterben.

Voller Vertrauen, Herr, auf deine Barmherzigkeit,
bitten wir um deine Geduld, mit uns und unseren Zweifeln,
mit den Irrwegen und Abwegen, die wir gehen,
mit dem Hochmut und der Feigheit, die uns erfüllen.
Herr, hilf,
dass wir auf all unseren Wegen
zu dir finden.

Voller Vertrauen, Herr, bitten wir aber auch
um das Ende deiner Geduld.
Beseitige Hass und Gier, Ausbeutung und Unterdrückung
überall in der Welt.
Sorge dafür,
dass die Herrschenden ihre Macht nicht missbrauchen
und die Reichen von dem, was sie haben, abzugeben beginnen.
Befreie die, die von ihren Trieben und Süchten besessen sind,
hilf uns, in der Unruhe dieser Zeit
Frieden zu finden.

Du allein, Herr, bist Herr unserer Zeit.
Du hast uns ins Leben gerufen.
Alles Licht, das unsere Herzen erfüllt, kommt von dir.
Alle Lichter, die in den Straßen und Häusern leuchten,
gelten dir.
Du, Herr, bist mit uns in unserer Zeit
und lebst ewig,
vor uns und nach uns,
im Geheimnis deiner Dreieinigkeit.
Wir loben und preisen und rühmen dich,
den Vater und den Sohn und den Heiligen Geist,
von Ewigkeit zu Ewigkeit.
Amen.

3. Advent: Urteile

Herr, unser Gott, ewiger Vater.
Auf deinen Sohn haben die Menschen gewartet,
in allen Religionen, in allen Kulturen.
Auch wir warten darauf,
dass wir das Fest seiner Geburt wieder feiern dürfen.
Schenke uns offene Herzen, dass wir an ihn glauben,
und offene Hände, dass wir in Liebe leben können.
Durch unseren Herrn Jesus Christus, deinen Sohn,
der mit dir und dem Heiligen Geist
lebt und regiert von Ewigkeit zu Ewigkeit.
Amen.

Die Texte zum 3. Advent reden vom Urteilen. Paulus verweist auf das positive Vor-Urteil gegenüber Jesus in den alttestamentlichen Schriften: »Denn was einst geschrieben wurde, das ist uns zur Lehre geschrieben, damit wir durch Geduld und den Trost der Schrift die Hoffnung festhalten« (Römer 15,4–13). Was dort zu lesen ist, kann man im Auftritt des Johannes jetzt sehen: »Es ist die Stimme eines Predigers in der Wüste: Bereitet dem Herrn den Weg und macht seine Steige eben« (Lukas 3,1–6). Schon im Jesaja-Buch ist jenes Wort angekündigt, das von der Vergänglichkeit des Lebens nicht erfasst werden kann: »Das Gras verdorrt, die Blume verwelkt, aber das Wort unseres Gottes bleibt ewiglich« (Jesaja 40,1–8). Dass alle Erwartungen aus der Vorzeit mit dem Kommen Jesu erfüllt sind, das ist jetzt weiterzusagen: »Blinde sehen und Lahme gehen … und Armen wird das Evangelium gepredigt« (Matthäus 11,2–6). Nun ist für den Einzelnen wichtig, dass er am Bekenntnis zu dieser Gestalt in Wort und Tat festhält; denn dann gilt umgekehrt die Zusage Jesu: »ich will mich zu seinem Namen bekennen vor meinem Vater und vor seinen Engeln« (Offenbarung 3,1–6). Weil Gott das letzte Urteil über den Glauben der Gemeindeglieder zu fällen hat, darf man in der Gemeinde weder über andere noch über sich selbst richten wollen: »Er wird ans Licht bringen, was im Finstern verborgen ist, und wird das Trachten der Herzen offenbar machen« (1. Korinther 4,1–6).

Jesus ist lange vor seiner Geburt erwartet worden und hat lange nach seinem Tod gewirkt. Seine weltgeschichtliche Bedeutung zeigt der Kalender, der die Jahre vor und nach seinem Auftreten unterscheidet. Jenseits der Kirche wird er als ein besonderer Mensch respektiert: im Islam als Prophet, in unserer Kultur als »großer Philosoph« (K. Jaspers), als Therapeut, als Esoteriker. Und bei der Predigt kann man voraussetzen, dass die meisten Gottesdienstbesucher dieses positive Vorurteil gegenüber dem Mann aus Nazareth teilen.

Was geschieht, wenn der Geist Gottes in der Predigt zur Sprache kommt und die Anwesenden hören, »was der Geist der Gemeinde sagt« (Offenbarung 3,6)? Offensichtlich wird dann etwas laut, was in den allgemeinen Äußerungen zu Jesus noch nicht enthalten ist. Und selbst wenn dieses Besondere in der Predigt angesprochen wird, ist nicht selbstverständlich, dass alle wirklich hören, was in ihr Ohr dringt. Nur der Einfluss des Heiligen Geistes im Akt der Predigt bewirkt, dass das gottgewollte positive Urteil über Jesus, dass ein Bekenntnis zu ihm gesprochen wird. Gleichzeitig damit aber wird jedes negative Urteil über andere unmöglich. Sicher auch deswegen, weil das Christus-Bekenntnis im Laufe der Geschichte in vielfachen Denkmustern und Sprachformeln seinen Ausdruck gefunden hat. Wichtiger ist noch, dass niemand die »kleine Heilsgeschichte« (K. Rahner), die Gott mit jedem Einzelnen geht, von außen angemessen betrachten kann. Dieses Geheimnis bleibt verborgen, auch dem Betroffenen selbst. Deshalb ist auch jede Selbstbeurteilung des eigenen Glaubens ausgeschlossen. Wegen der Schwankungen im Lauf der Lebensgeschichte gibt es keine eindeutige Glaubensidentität und erst recht keine Skala zur Messung der Glaubensintensität. Die Selbstwahrnehmung des Christen, der am Christusbekenntnis festhält, kann immer nur in dem einfachen Selbstbekenntnis bestehen: »Ich glaube; hilf meinem Unglauben!« (Markus 9,24).

Dass letzten Endes nur Gott über unser Leben entscheidet, kann uns freimachen gegenüber dem Urteil anderer Menschen. Wir müssen nicht unbedingt dafür sorgen, dass wir bei allen beliebt sind. Und wir müssen auch nicht ängstlich darauf achten, dass andere über uns positiv reden. Was die Leute denken und was sie sagen, das bildet unseren guten Ruf und gehört bei der Polizei zu unserem Leumund. Insofern gehört Imagepflege zum Leben in der Gesellschaft. Aber das sind vorläufige Urteile, die wichtig, manchmal auch lebenswichtig, aber am Ende nur relativ sind. Gott wird sicher hören, wenn andere sich über uns beklagen oder sich bei ihm für uns bedanken. Sein entscheidendes Urteil fällt er unabhängig davon. Nicht nur, weil er uns besser kennt als jeder andere, besser auch, als wir uns selbst. Sein Urteil nämlich ist bestimmt von jener Gnade und Barmherzigkeit, die uns in der Adventszeit zu Herzen geht.

Herr, ewiger und allmächtiger Gott.
Du bist der Grund aller Dinge.
Du bist die Kraft alles Lebens.
Du bist das Ziel aller Wege.
Wir danken dir, dass wir hören dürfen.

Nun höre, Herr,
in deiner unergründlichen Gnade auch unser Rufen.
Wir bitten dich für alle Menschen in Not.
Für die Hungernden und Obdachlosen.
Für Arme, Alte und Kranke.
Für die Einsamen und die Verzweifelten.
Für alle, die in diesem Augenblick sterben.
Erbarme dich
der elenden und verblendeten Menschen,
der geschundenen Kreatur,
der ausgebeuteten Schöpfung.
Wehre dem Tod.

Bewahre das Leben.

Höre, Herr,
in deiner unergründlichen Güte
auch unser Gebet für alle, die Verantwortung tragen:
in Wirtschaft und Politik,
in Wissenschaft und Verwaltung,
in den Medien, in der Justiz, in den Kliniken.
Gib Kraft zur Hilfe,
Unabhängigkeit im Urteil,
Gerechtigkeit in Entscheidungen.
Wehre der Habgier der Reichen.
Verbessere die Lage der Armen.
Sorge für Frieden zwischen den Völkern.
Schaffe einen gerechten Ausgleich
zwischen Besitzenden und Besitzlosen.

In deiner unergründlichen Gnade, Herr,
höre unser Flehen für deine Gemeinde in aller Welt:
dass sie sich von falschen Bindungen freimacht
und von verkehrten Wegen umkehrt,
dass sie ihre Lebendigkeit bei dir sucht,
in deinem Wort, in deinem Geist,
dass sie dir folgt und den Menschen dient.

Herr ewiger und allmächtiger Gott.
Als außer dir in deiner Herrlichkeit nichts war,
da hast du diese Welt gewollt.
Als wir noch nicht geboren waren,
als wir noch nichts verstehen konnten,
da hast du unseren Namen gerufen.
Als wir nackt und gefährdet
ins Leben geworfen waren,
da hast du uns umkleidet
mit dem Licht deiner machtvollen Gnade.

Darum loben wir dich
mit der ganzen Schöpfung,
mit der ganzen Gemeinde auf dieser Erde,
mit allen irdischen und überirdischen Mächten,
dich, den einen und einzigen Gott,
der da ist und der da war und der da sein wird,
den Vater und den Sohn und den Heiligen Geist
jetzt und immerdar und von Ewigkeit zu Ewigkeit.
Amen.

4. Advent: Die Kraft des Höchsten

Herr, ewiger und allmächtiger Gott.
In einem vergänglichen Mutterleib
ist dein Sohn zur Welt gekommen.
Weihnachten feiern wir seine armselige Geburt.
Lass ihn in dieser Adventszeit
auch in unsere arme Seele einziehen.
Erfülle uns mit der Wahrheit deines Wortes
und mit der Kraft deines Geistes,
dass wir frei werden von aller Angst
und offen werden für deine Gegenwart.
Durch unseren Herrn Jesus Christus, deinen Sohn,
der mit dir und dem Heiligen Geist
lebt und regiert von Ewigkeit zu Ewigkeit.
Amen.

Das Bekenntnis zu Jesus lebt davon, dass im Herzen des Menschen etwas Neues entsteht. Die Gottesgeburt in Maria ist das Urbild adventlicher Glaubenserfahrung. »Der Heilige Geist wird über dich kommen und die Kraft des Höchsten wird dich überschatten« (Lukas 1,26–38). Wem das widerfährt, der kann mit Maria die Allmacht Gottes besingen. »Er vollbringt machtvolle Taten und zerstreut alle, die in ihrem Herzen hochmütig sind« (Lukas 1,46–55). Alle Größen der Welt- und der Heilsgeschichte, auch das eigene Größen-Ich können jetzt nur noch bekennen: »Ich bin's nicht« (Johannes 1,19–23). Auch wenn die Gottesgemeinde in Trümmern leben muss, kann sie nicht aufhören, die Herrschaft ihres Gottes zu loben: »Seid fröhlich und rühmt miteinander, ihr Trümmer Jerusalems; denn der Herr hat sein Volk getröstet und Jerusalem erlöst« (Jesaja 52,7–10). Weil der große Gott ihnen nahegekommen ist, sind die Glaubenden von Freude und von jenem Frieden erfüllt, »der höher ist als alle Vernunft« und alle Gefühle (Philipper 4,4–7).

»Dein Gott ist König« (Jesaja 52,7). Das ist ein Angriff auf die Ideale, die Herz und Seele der Menschen besetzen. Alle, die den Gottesdienst feiern, bringen solche offenen oder verborgenen Machtfaktoren mit. Das werden einerseits positive Vorbilder sein, wie Eltern, Lehrer/innen, religiöse, politische, moralische, künstlerische Heroen. Sie bereichern das Leben, aber sie bestimmen und schwächen es auch. Und gewinnen in vielen Fällen fast so viel Einfluss, wie jene großen und kleinen Diktatoren, die in der Familie, im Beruf oder in der Gesellschaft Normen formulieren, Forderungen präsentieren und Urteile sprechen. Wie wirkungsvoll und wohltuend Worte sind, merken wir im Augenblick, da sie gesagt werden, manchmal aber auch erst in der Erinnerung. Tröstliche Worte haben unsere Trauer erhellt, ermunternde Worte haben uns in Bewegung gesetzt, Worte der Entschuldigung haben das Böse, das wir anhören mussten, beseitigt, liebevolle Worte haben uns mit Liebe erfüllt. Immer ist uns dabei etwas zu Herzen gegangen. Und manchmal, etwa in Beziehungsgeschichten, dauert ihre Wirkung ein Leben lang an.

»Dein Gott ist König«. Der Advent ist eine marianische Zeit. Wenn dieses Wort die Seele ergreift und im Herzen zu wachsen beginnt, erfasst unglaubliche Freiheit ein menschliches Leben. Die Einwohnung Gottes zeitigt politische Wirkung. Der Größenwahn wird begrenzt. Die Ideale verlieren ihre lähmende Kraft. Allen Glücksverheißungen und Heilsversprechen kann man mit einer gesunden Skepsis begegnen. Selbst Leid und Elend, große Verantwortung und tiefste Ohnmacht können einen nicht unglücklich machen.

»Fürchte dich nicht, Maria, du hast Gnade vor Gott gefunden« (Lukas 1,30). Die Seele ist befruchtet mit einem Geheimnis, das das Leben verändert. In ruinösen Situationen wächst dennoch Hoffnung. Auch wenn es unvernünftig erscheint, bleiben Lebensmut und Zukunftszuversicht erhalten. Politische, wirtschaftliche, familiäre Entwicklungen mögen vorübergehend erschrecken; aber erstaunlicherweise kann man getrost und tapfer bleiben. Wenn die Kraft Gottes die Seele besetzt, dann enthält das Bekenntnis »Ich bin's nicht« kein Scheitern, kein Eingeständnis der eigenen Niederlage, sondern das Vertrauen auf jene Übermacht, die jeden Kampf überstehen lässt. Nicht Ich, sondern Er, und darum auch ich.

Herr, ewiger und allmächtiger Gott.
Mit allen Mächten Himmels und der Erde,
mit allen Geschöpfen,
mit allen Menschen, die zu deiner Gemeinde gehören,
mit den Lebenden und mit den Toten
danken wir dir,
dass du bist,
der ewige und freie und gerechte Herr allen Lebens.
Du hast uns beim Namen gerufen,
deshalb sind auch wir.
Du hast uns gerettet aus Schuld und Tod,
deshalb dürfen auch wir deinen Namen preisen.

Weil Jesus Christus, dein ewiger Sohn,
der einzige König ist,
dem alle Macht und alle Ehre gebührt,
rufen wir dich an:
für die sterblichen und versuchlichen Menschen,
die Verantwortung tragen
in Wirtschaft und Wissenschaft,
in den Regierungen und Parlamenten;
dass sie Frieden und Gerechtigkeit suchen

und die Armen und Hungernden nicht vergessen,
für die Gefolterten in aller Welt,
für alle, die Unrecht leiden und Ohnmacht erfahren.
Weise die Herrschenden in ihre Schranken.
Wehre denen, die Böses planen.
Reiße Menschen aus Machthunger und Habgier.
Gib gutes Gelingen denen,
die einen neuen Anfang machen wollen,
mit sich selber,
in den Beziehungen,
in Institutionen und Staaten.

Weil Jesus Christus, dein ewiger Sohn,
der einzige Priester ist,
der sich selber geopfert hat
für alle Schuld dieser Welt,
bitten wir dich
für deine Kirche in aller Welt,
dass sie deine Wahrheit bekennt,
dass sie deinen Willen verkündigt,
dass sie dir treu bleibt
auch in den Augenblicken der Versuchung und der Gefahr.
Wir bitten dich, Herr,
für die Menschen in den anderen Religionen,
dass wir nicht hochmütig bleiben
und deine verborgenen Wege
in der Geschichte des Lebens erkennen.
Wir bitten dich für dein Volk Israel,
dass es Frieden findet mit seinen Nachbarn
und zum Segen für alle Völker der Erde wird.

Herr, wunderbar sind deine Werke,
die wir zu zerstören drohen.
Herr, wunderbar sind die Wege,
die du mit uns törichten Menschen
bisher gegangen bist.
Herr, wunderbar ist
dein ewiges und herrliches Wesen,
in einer Freiheit, die voller Gnade ist,
mit einer Gnade, die voller Macht ist.

Nimm dich unser gnädig an,
rette und erhalte uns

und alles, was dir gehört.
Dir allein gebührt
der Ruhm und die Ehre und die Anbetung,
dem Vater und dem Sohn und dem Heiligen Geist,
jetzt und immerdar und von Ewigkeit zu Ewigkeit.
Amen.

Weihnachten und Jahreswechsel

Das Weihnachtsfest

Zum Weihnachtsfest gehören insgesamt fünf Gottesdienst-Termine: Christvesper, Christnacht, 1. und 2. Feiertag, Sonntag nach dem Christfest. Die rund 30 Texte, die die Perikopenordnung dafür vorschlägt, behandeln schwerpunktmäßig vier Themenfelder, die hier, mit entsprechenden Gebeten, gesondert vorgestellt werden.

1. Zur Geschichte der Geburt Jesu

Ewiger, heiliger, allmächtiger Gott!
In einem Stall, mit Windeln gewickelt,
ist dein Sohn zur Welt gekommen.
Am Anfang hat er wie jedes Kind
im Arm seiner Mutter gelegen.
Am Ende hat er sich
von Gott und der Welt verlassen gefühlt.
Heute feiern wir das Fest seiner Geburt.
Die meisten von uns im Glanz und im Glück,
im Frieden der Familie, an einem reich gedeckten Tisch.
Gib, dass wir die nicht vergessen,
die arm sind wie die Hirten damals,
die dich suchen wie die Magier aus dem Osten,
die als Flüchtlinge und voller Hunger unterwegs sind.
Wir denken an die Zeiten, als wir selbst noch Kinder waren,
und danken dir,
dass wir bis heute deine Kinder geblieben sind.
Durch unsern Herrn Jesus Christus, deinen Sohn,
der mit dir und dem Heiligen Geist
lebt und regiert von Ewigkeit zu Ewigkeit.
Amen.

Jesus aus Nazareth ist in Bethlehem geboren, im Gefolge eines staatlichen Dekrets, unter armseligen Bedingungen, begleitet vom Lobgesang himmlischer Wesen – die ersten Zeugen waren einfache Hirten (Lukas 2,1–14). Selbstverständlich erfüllen seine Eltern nach der Geburt die religiösen Pflichten. Das Kind wird beschnitten, zur Reinigung als Opfergabe in den Tempel gebracht und dort von einem frommen Greis, der auch die Eltern segnet, unter dem Einfluss des Geistes hymnisch begrüßt (Lukas 2,21–35). Aber nicht nur die römische Besatzungsmacht und das mosaische Gesetz bestimmen das Leben des Neugeborenen. Laut Stammbaum gilt er als Nachfahre Davids (Matthäus 1,1–25). Vor der drohenden Verfolgung durch den aktuellen Herrscher muss das Kind durch seine Eltern nach Ägypten in Sicherheit gebracht werden (Matthäus 2,13–23).

Eine Geburt zwischen Heimatlosigkeit und Heilserwartung. Elemente dieser Spannung finden sich in jeder Lebensgeschichte bis heute. Alte Flüchtlinge und junge Migranten können von den Einzelheiten einer solchen frühen Erfahrung berichten. Der Jubel über den Stammhalter wird auch heute noch quer durch alle Schichten hindurch laut. Und der Wunsch, das Neugeborene möchte es besser haben und etwas Besseres werden als man selbst, begleitet die Ankunft und die Erziehung eines Kindes in vielen Familien. Mit jeder Geburt beginnt eine neue Heilsgeschichte in der Welt, auch wenn das neue Leben manchmal sehr schnell verlöscht und vernichtet wird. Über Kinderbetten wachen noch immer Bilder von Engeln.

Politik – Wirtschaft – Religion: das sind die Mächte, die menschliches Leben von Anfang an prägen. Sie herrschen am Ort jeder Geburt, und sie werden das Leben in jeder Etappe begleiten. Direkt oder indirekt werden sie auch das Todesdatum determinieren. Ob eine/r als Prinz oder Flüchtlingskind zur Welt kommt, ob eine/r die Erwartungen der Eltern erfüllen oder enttäuschen wird, entscheidend für das Gelingen des Lebens ist die Kraft jenes Segens, den in der Geburtsgeschichte bei Lukas die Eltern empfangen (2,34). Bei ihnen wird ein Sohn aufwachsen, dessen Wirkungsfeld weit über die Familie hinausreichen wird.

Herr, ewiger Gott, allmächtiger Vater.
Wie herrlich ist die Welt,
die du geschaffen hast.
Wie wunderbar sind die Werke deiner Gnade und deiner Barmherzigkeit.
Im Stall ist dein Sohn zur Welt gekommen,
nicht in einem Königspalast.
Tiere haben seine ersten Schreie gehört
und Engel seine Geburt besungen.
Hirten und Heiden sind zu ihm gekommen,
nicht die Frommen und nicht die Mächtigen.
Ein Herrscher hat ihn aus der Heimat vertrieben,
und obdachlos ist er später durch die Lande gezogen.

Herr, wie gut ist das Leben,
das wir hier führen.
Wie glücklich sind wir trotz allem an diesem Fest.
Auch wenn es uns manchmal schlecht geht.
Auch wenn wir Sorgen haben und traurig sind.
Wir dürfen feiern,
allein, mit der Familie, mit dir
und vielen Menschen auf dieser Erde.
Herr, wir danken dir.

Herr, wir wollen die nicht vergessen,
die heute so leben wie dein Sohn nach seiner Geburt.
Deshalb bitten wir dich für alle,
die in Lagern, in Slums, als Obdachlose
ihr Leben fristen.
Hilf allen, die in unserem Land
eine neue Heimat suchen.

Herr, kümmere dich um alle Menschen in ihrer Not.

Wir bitten dich für alle Kinder,
die heute geboren werden.
Ob sie in Reichtum oder in Armut leben müssen.
Ob sie gewünscht oder ungewollt ihr Leben beginnen.
Ob sie eine kurze oder eine lange Zeit vor sich haben.
Herr, vergiss kein Kind auf dieser Erde.
Herr, auch heute suchen und fragen und schreien viele nach dir.
Die Verlassenen und die Verzweifelten.
Die Armen und die Alten.
Die Hungernden und die Unterdrückten.
Die in dieser Stunde gefoltert werden.
Und die, die heute noch sterben.
Herr, du kennst alles Leid.
Du siehst alles Elend.
Du hast alle Macht.
Herr, erbarme dich.

Rette und erhalte uns.
Bewahre uns die Freude.
Stärke uns in der Liebe.
Segne uns mit Frieden.
Dich preisen alle himmlischen Mächte.
Dir danken alle irdischen Geschöpfe.
Dir allein gebührt
der Ruhm und Ehre und die Anbetung,
dem Vater und dem Sohn und dem Heiligen Geist,
jetzt und immerdar und von Ewigkeit zu Ewigkeit.
Amen.

2. Zur Bedeutung der Geburt Jesu

Heiliger, ewiger, allmächtiger Gott.
Wir staunen über das Wunder aller Wunder.
Der große Gott ist ein kleines Kind geworden
und hat damit die ganze Weltgeschichte verändert.
Ein junger Handwerker wird die gute Nachricht
von der Liebe Gottes zu den Armen tragen.
Einer, der mit Verbrechern hingerichtet wurde,
ist für uns alle gestorben und für uns alle auferstanden.
Heiliger, ewiger, allmächtiger Gott.
Erfülle unsere Herzen mit dem Wunder dieses Festes.
Stärke unsere Seele mit der Kraft deines Wortes.
Sei mit uns in dieser Stunde
und bleibe bei uns bis ans Ende unseres Lebens
durch unseren Herrn Jesus Christus,
der mit dir und dem Heiligen Geist
lebt und regiert von Ewigkeit zu Ewigkeit.
Amen.

Der Engelgesang aus der Geburtsgeschichte hält fest, was diese eine Geburt für alle anderen Geburten bedeutet: Ehre für Gott in der Höhe, Freude in allen Seelen und Friede zwischen den Menschen (Lukas 2,14). Vor allem in den Texten im Johannesevangelium ist die kosmische Dimension des Weihnachtsgeschehens in immer neuen Variationen zu finden. Das Wort, das vor allem Anfang zu Gott gehört, hat irdisches Fleisch in menschlicher Gestalt angenommen und konnte gehört, gesehen und betastet werden (Johannes 1,1–14; 1. Johannes 1,1–4). Dieser Außerirdische ist von oben gekommen (3,31–36), aber nicht als Richter, sondern als Retter vor dem Gericht (12,44–50). Gottes Liebe opfert den eigenen Sohn (3,16–21). Und in diesem Sohn sind alle Lebens-Mittel, die Menschen für ihr Dasein benötigen, für immer präsent.

Die überweltliche Herkunft ist verbunden mit einem weltumspannenden Anspruch. Der erste Schrei dieses Kindes wird sich im Laufe der Zeit auffüllen zu den Parolen eines grandiosen Ich: »Ich bin das Licht der Welt« (8,12); »das Brot des Lebens« (6,35); »der gute Hirte« (10,14); »die Auferstehung und das Leben« (11,25); »der Weg, die Wahrheit und das Leben« (14,6); »der wahrhaftige Weinstock« (15,1). Alles, was Menschen am Leben erhält, Essen und Trinken, Licht und Geleit, Wahrheit in der Gegenwart und Hoffnung für die Zukunft, alles ist hier zu holen. Angesichts der Tatsache, dass Ein und Alles hier anwesend sind, können alle, die vorher waren und nachher kommen, mit den Worten des Täufers über sich selbst nur sagen: »Ich bin's nicht« (Johannes 1,21).

Im Weihnachtsbrauchtum ist dieser kosmische Horizont des Festgeschehens nur andeutungsweise, aber immerhin gegenwärtig. Das Licht scheint in der Finsternis, am Adventskranz und am Weihnachtsbaum. In der Tanne zeigt sich beides, die Kraft des Lebensbaums und die Dauer des Immergrüns, also ewiges Leben. Und die bedrohlichen Männergestalten, die in diesen Wochen auftauchen, St. Martin, Knecht Ruprecht, der Weihnachtsmann, lösen in Kinderherzen Furcht und Schrecken aus; aber sie sind, wenn man sie näher kennen lernt, barmherzig und verteilen Geschenke. Viele, die heutzutage Weihnachten feiern, haben vom biblischen Hintergrund dieses Festes keine Ahnung mehr und halten, wie eine Befragung unter Jugendlichen gezeigt hat, die Märchenwelt der Brüder Grimm für die Quelle der Weihnachtsgeschichte. Unaufdringlich, aber deutlich soll in den Predigten zur Sprache kommen, dass in diesem Fest eine Wirklichkeit gefeiert wird, die wirklicher und wichtiger ist als alles, was in Wirtschaft und Wissenschaft, in Politik und Entertainment passiert.

Herr, ewiger und allmächtiger Gott.
Wir danken dir, dass dein Sohn zu uns gekommen ist,
um uns zu erlösen.
Wir danken dir,
dass seine Stimme in unserer Welt noch zu hören ist.
Du machst uns Mut, wenn wir Angst haben.
Du schenkst uns Zuversicht,
wenn wir verzagen möchten.
Du machst uns tapfer und stark,
wenn wir einfach gehorchen möchten.
Du schenkst uns Leben.

Wir bitten dich für alle,
die dein Wort brauchen.
Für die Einsamen und Verzweifelten.
Für die Kranken und Sterbenden.
Für die, die keinen Ausweg mehr sehen.
Wir bitten dich für alle,
die voller Ratlosigkeit sind.
Für die Wissenschaftler und Politiker.
Für Richter und Lehrer.
Für alle, die die öffentliche Meinung beeinflussen.
Dass sie der Wahrheit dienen
und nicht der Lüge.
Dass sie das Leben fördern
und nicht den Tod.

Stille den Hunger der Armen.
Hilf den Leidenden in ihrem Kampf.
Erwärme kalte Herzen
und zitternde Körper.
Mache zunichte
den Hochmut der Mächtigen,
die Gier der Reichen,
die Mordlust der Gottlosen,
die Selbstgerechtigkeit aller Frommen.

Hilf deiner Kirche in aller Welt,
dass sie am Wort der Wahrheit festhält
und für Gerechtigkeit und Frieden eintritt.
Mache deine Diener und Dienerinnen standhaft,
dass sie sich nicht verführen,
einschüchtern oder kaufen lassen.
Halt uns fest beim Glauben,
dass wir keinen falschen Propheten folgen
und nicht dem Bösen verfallen.

Du, Herr, bist unser Leben.
Du warst vor aller Zeit,
und du wirst in Ewigkeit sein.
Wir danken dir für alles,
was wir sind und was wir haben.
Für unseren Körper und seine Bedürfnisse.
Für unsere Gefühle und ihre Spannungen.
Für das Blut, das in uns fließt,
für den Strom des Lebens,
zu dem wir gehören.
Wenn unsere Sorgen vergessen
und unsere Gebeine in Staub zerfallen sein werden,
dann wirst du leben.
Und wir mit dir.

Mit allen Geschöpfen dieser Erde,
mit allen Gestirnen des Himmels
und allen Engeln deiner herrlichen Welt
loben wir deinen Namen,
den Vater und den Sohn und den Heiligen Geist,
jetzt und immerdar und von Ewigkeit zu Ewigkeit.
Amen.

3. Zur Vorgeschichte der Geburt Jesu

Herr, ewiger und allmächtiger Gott.
Dein Sohn ist zu uns gekommen und hat gebracht,
was die Propheten angekündigt
und was die Menschen in ihren Religionen ersehnt haben.
Heute kommen wir mit unseren Erwartungen und Wünschen zu dir,
um die Weihnachtsbotschaft zu hören.
Ehre sei dir in deiner unendlichen Höhe.
Friede sei bei uns in dieser zerstrittenen Welt.
Dein Wohlgefallen sei mit uns jetzt und immerdar
durch unsern Herrn Jesus Christus,
der mit dir und dem Heiligen Geist
lebt und regiert von Ewigkeit zu Ewigkeit.
Amen.

Das Weihnachtsfest hat, wenn man die Vorschläge der Perikopenordnung ernst nimmt, eine uralte Vorgeschichte. Was in Bethlehem geschehen ist, ist schon längst in den heiligen Schriften vor-gesehen. Der große David muss warten, erst der Sohn darf ein Gotteshaus bauen (2. Samuel 7,4–14a). Ein großer Herrscher wird aus einer kleinen Stadt erscheinen (Micha 5,1–4a). Die Geburt eines Thronfolgers, in der David-Dynastie Jahrhunderte lang proklamiert, hat ihre letzte Erfüllung gefunden (Jesaja 9,1–6). Denn Gott kann, wie eine Mutter ihr Kind, sein Volk nicht verlassen (Jesaja 49,13–16). Mit dem neuen König kommt eine neue Welt, frei vom Gericht, voller Gerechtigkeit (Jesaja 11,1–9). Gott will mit seinem gefangenen und in die Welt verstreuten Volk einen ewigen Bund des Friedens schließen (Ezechiel 17,24–28).

Der Rückblick in die Vergangenheit ist nicht auf das Alte Testament beschränkt geblieben. Söhne Gottes gab es in den antiken Religionen und Kultmysterien zuhauf. War der Mann aus Nazareth, der außerirdische Logos, nur eine weitere Variante? Letztlich verlief die Verarbeitung dieses Problems im Christentum nach einem Doppelprinzip. Auf der einen Seite galt das Schema von Verheißung und Erfüllung. Die Söhne Gottes haben von sich aus, sie haben selbst auf den kommenden, den einzig wahren Sohn Gottes verwiesen. Auf der anderen Seite aber galt auch »Anknüpfung und Widerspruch«. Viele haben sich als Söhne Gottes ausgegeben, aber jetzt ist der andere, der einzige Sohn Gottes erschienen. Diese aggressive Einstellung zeigt sich besonders deutlich an der Verlegung des Geburtsfestes Jesu. Ursprünglich am 6. Januar, dem jetzigen Epiphaniastag gefeiert, wurde des auf den 25. Dezember vorgezogen. Am römischen Geburtsfest der Sonne sollte klargestellt werden, wer das wahre und einzige Licht des Lebens ist.

Der Glaube findet also nicht nur in Natur und Kultur, im Licht und im Brot, vorläufige Spuren der Gottesgegenwart. Auch die Geschichte mit ihren Herrschergestalten, auch die Religion mit ihren vielfältigen Formen der Gottessohnschaft verweist auf das, was im Weihnachtsfest endgültig gefeiert wird: die Gegenwart Gottes in einem sterblichen Menschen.

Auch das gehört also zu den Paradoxien dieser märchenhaften Geschichte. In der Intimität einer Kleinfamilie am Rande der Welt offenbart sich die Heilsgeschichte, die die ganz Schöpfung durchzieht. Das Geheimnis, das die Gemeinde des lebendigen Gottes begründet und trägt, wird laut im Bekenntnis, über das in der Christvesper nachgedacht werden darf: »Er ist offenbart im Fleisch, gerechtfertigt im Geist, erschienen den Engeln, gepredigt den Heiden, geglaubt in der Welt, aufgenommen in die Herrlichkeit« (1. Timotheus 3,16). Zweitausend Jahre später wird dieses Bekenntnis in allen Erdteilen und fast allen Ländern immer noch nachgesprochen und immer noch weitergegeben.

Herr, ewiger und allmächtiger Gott.
In deiner wunderbaren Freiheit
hast du diese Welt geschaffen.
In deiner unglaublichen Liebe
hast du deinen Sohn zur Welt kommen lassen.
In deiner unendlichen Barmherzigkeit
hast du die Menschen vom Fluch des Bösen erlöst.
In deiner unergründlichen Güte
hast du uns in deine Gemeinde gerufen.
Dein Wort haben wir gehört.
Deine Kraft hat uns angerührt.
Wir danken dir.

Im Namen deines Sohnes Jesus Christus
rufen wir dich an, den Gott,
der Menschen befreit und heilt:
lass Kranke genesen,
lass Sterbende Frieden finden,
schenke Trauernden Trost;
reiße Menschen aus Sorgen und Süchten,
aus dem Wahn von Hochmut oder Verzweiflung;
Verwirrte lass wieder vernünftig werden.
Begrenze Ehrgeiz, Machtstreben, Leistungsdenken.
Macht aller Mächte, erbarme dich.

Im Namen deines Sohnes Jesus Christus
rufen wir dich an, den Gott,
der Menschen heilt und befreit:
den Hungernden gib Brot,
den Armen Arbeit,

den Unterdrückten Freiheit,
den Verfolgten und Gefolterten Ruhe,
den Asylanten Schutz,
den Ausländern Heimstatt.
Sorge für Recht und Gerechtigkeit
in der Justiz, in der Verwaltung, in den Prüfungen.
Fördere die Wissenschaften in Forschung und Lehre durch Weisheit.
Schenke Eltern und Erziehungsberechtigten eine Liebe,
die auch Grenzen zu setzen weiß.
Segne den Einsatz von Bürgerinitiativen und Hilfsorganisationen.
Wehre allem Missbrauch von Macht.
Schaffe Frieden unter den Feinden.
Herr aller Herren, erweise deine Stärke.

Im Namen deines Sohnes Jesus Christus
rufen wir dich an, den Gott,
der Menschen zu sich führt:
stärke Christinnen und Christen
in der Gewissheit des Glaubens;
bewahre sie vor Überheblichkeit;
mache sie bereit zum Bekenntnis;
steh ihnen bei in der Verfolgung, besonders in Asien und Afrika.
Lass deine Gemeinde vor äußerem Druck nicht kapitulieren
und an ihrer geistlichen Armut nicht absterben.
Lass dich finden, wenn Menschen dich suchen.
Sei geduldig, wenn sie Umwege machen.
Rufe zurück, was verloren ist.
Heile, was Menschen in deinem Namen verwundet haben.
Gott aller Götter, erbarme dich.

Macht aller Mächte,
Herr aller Herren, Gott aller Götter.
Die ganze Schöpfung lobt deinen Namen.
Alles, was Macht hat, gibt deiner Allmacht die Ehre.
Mit allen Heiligen und Seligen
beten wir dich an in deinem Geheimnis,
den Vater und den Sohn und den Heiligen Geist,
der da ist und der da war und der da kommt,
den einen und einzigen Gott,
der aus dem Nichts Alles geschaffen hat
und der Alles in Allem sein wird
von Ewigkeit zu Ewigkeit.
Amen.

4. Zum Beginn der Gotteskindschaft

Herr, du großartiger und großmütiger Gott.
Auch an diesem Weihnachtsfest willst du uns reich machen.
Durch das große Geschenk deines Sohnes,
durch die kleinen Gaben,
die wir untereinander austauschen dürfen.
Deshalb bitten wir dich:
Lass deinen Reichtum einziehen in unsere Herzen,
dass wir großmütig werden
und mit anderen teilen,
auch wenn wir selbst nicht viel haben;
dass wir großzügig bleiben
und einander vergeben,
wenn wir schuldig geworden sind.
Lass uns dein gutes Wort hören
und deine starke Kraft in uns wirken.
Lass uns bei dir bleiben in Zeit und Ewigkeit
durch unseren Herrn Jesus Christus, deinen Sohn,
der mit dir und dem Heiligen Geist
lebt und regiert von Ewigkeit zu Ewigkeit.
Amen.

Mit der Geburt des Gottessohnes beginnt eine neue Zeit. Die Sklaverei unter dem Gesetz, ja unter allen Mächten geht zu Ende, die Knechte werden zu Kindern und Erben Gottes, die »Abba« rufen (Galater 4,4–7). Die Grundlage dafür bildet ein Gabentausch. Der Reiche wurde arm, damit die Armen reich werden (2. Korinther 8,9). Fassbar wird dieser Reichtum in der Fülle Gottes, die in Christus »leibhaftig« gewohnt hat und von der die Christen durch ihn auch erfüllt sind (Kolosser 2,3–10). In einer leiblichen Erfahrung, »durch das Bad der Wiedergeburt und Erneuerung im Heiligen Geist«, ist unsere Rettung erfolgt (Titus 3,4–7). Nun können wir »dem Leben ohne Gott und den weltlichen Begierden« absagen (Titus 2,11–14) und als verborgene Kinder Gottes in einer Hoffnung leben, durch die wir an seiner Heiligkeit Anteil gewinnen (1. Johannes 3,1–6). Umso wichtiger ist, dass die Christen in dem bleiben, was in ihnen geblieben ist: »das ist die Verheißung, die er uns gegeben hat – das ewige Leben« (1. Johannes 2,21–25). Weil sie mit Christus gestorben sind, können sie sich von allen leiblichen und seelischen Regungen, die zum alten Menschen gehören, trennen (Kolosser 3,3–10). So leben sie dem Bekenntnis gemäß »im Gehorsam des Glaubens« (Römer 1,1–7). So haben sie »Anteil am Abglanz der Herrlichkeit« (Hebräer 1,1–3). So gehören sie zur nicht zählbaren Schar jener Menschen und Himmelswesen, die am Thron Gottes das unendliche Lob Gottes anstimmen dürfen (Offenbarung 7,9–12).

Die Geburt Jesu in der Zeit ist zeitübergreifend. Im Stall, in der Krippe, ist einer zur Welt gekommen, der vor dem Urknall gewesen ist und nach dem letzten Big Bang sein wird. Mit seinem Kommen beginnt eine neue Epoche, nicht nur in der Zählung der Jahre, sondern durch die Änderung der Machtverhältnisse. Freiheit beginnt, vom Gesetz, vom Tod, von der Sünde, Freiheit von allen Mächten, die Menschen zu Sklaven machen. Das Weihnachtsfest selbst kann eine bedrohliche, manchmal sogar tödliche Macht entfalten. Wenn in der Familie am Fest des Friedens verdrängte Konflikte aufbrechen und die Stimmung verderben, dann gerät schnell in Vergessenheit, dass die Botschaft des Festes gerade den Friedlosen gilt. Und wer am Heiligen Abend einsam bleibt, kann so niedergeschlagen werden, dass er sein Leben am liebsten beenden möchte. Für alle, auch gerade für die, die von Festhektik und Konsumrausch, von Verzweiflung und Trauer erfüllt sind, gilt die Parole: »Christ, der Retter ist da!«

Herr, ewiger und allmächtiger Gott.
In deiner Erhabenheit siehst du unser Leiden.
In deiner Barmherzigkeit hörst du unser Klagen.
In deinem Sohn hast du alle Feindschaft beendet.
Mit deinem Geist machst du auch heute
tote und verzweifelte Herzen lebendig.
In deinem Reich wirst du uns
eine gute Heimat geben.
Wir danken für das Licht und die Kraft und den Trost
deines Wortes.

Herr, sieh gnädig herab auf alle,
die unglücklich sind:
auf Alte und Kranke,
auf Arbeitslose und Arme,
auf Einsame und Zweifelnde,
auf Hungernde und Sterbende,
auf geschlagene Kinder,
auf zerstrittene Familien,
auf verfolgte Minderheiten,
auf die bedrohte Natur.
Schaff den Leidenden Heil
und den Machtlosen Recht
und ermutige alle, die zu helfen versuchen.

Herr, sieh auch gnädig herab
auf alle, die Verantwortung tragen:

in den Regierungen und Parlamenten,
in Oppositionsgruppen und Befreiungsbewegungen,
in Schulen und Universitäten,
in Kliniken und Gerichten,
in der Wissenschaft, in der Wirtschaft und in der Verwaltung,
dass Macht nicht missbraucht wird,
dass deine Schöpfung erhalten
und das Wohl aller Menschen gefördert wird.

Wehre, Herr, all denen,
die Gefährliches planen,
Böses vorhaben, Schädliches tun.
Beende, Herr, um deines Sohnes willen,
der für uns gelitten hat,
alles Leiden auf dieser Erde.

Sieh, Herr, auch gnädig herab auf alle,
die dir vertrauen
und die dein Wort weitersagen müssen.
Lass sie nicht verzagen in ihrer Not.
Lass sie nicht verzweifeln angesichts des Elends,
das überall herrscht.
Lass sie ohne Angst
vor irdischen Mächten und dämonischen Gewalten
deine Wahrheit suchen
und deine Freiheit verkündigen,
klar und eindeutig und vernünftig,
durch die Kraft deines Leben schenkenden Geistes.

Aus unserer Tiefe rufen wir zu dir
in deiner Erhabenheit.
Aus unserer Ohnmacht schreien wir nach Rettung
durch deine Macht.
In den Kämpfen unseres Lebens warten wir
auf den Frieden in deinem Reich.

Du, Herr, hast die Welt erschaffen,
du hast allen Vergebung geschenkt.
Du, Herr, wirst aller Feindschaft
ein gnädiges Ende setzen.
Dir, dem ewigen und allmächtigen und barmherzigen Gott,
dem Vater und dem Sohn und dem Heiligen Geist,
sei Lob und Ehre, Dank und Anbetung
jetzt und immerdar und in alle Ewigkeit.
Amen.

Jahreswechsel: Gott mit der Zeit

Allmächtiger Gott,
himmlischer Vater, barmherziger Sohn, kraftvoller Geist,
im Geheimnis deiner Heiligkeit lebst du von Ewigkeit zu Ewigkeit.
Wir leben in der Zeit, und unsere Zeit vergeht.
Altes geht zu Ende, Neues beginnt.
Das erleben wir jeden Tag.
Und das geschieht auch heute zwischen den Jahren.
Wir danken dir dafür,
dass du im vergangenen Jahr unser Leben bewahrt und begleitet hast.
Und wir bitten dich darum,
dass du auch im kommenden Jahr
bei uns bleibst und für uns sorgst,
bis du uns heimholst in deine Ewigkeit.
Durch unseren Herrn Jesus Christus, deinen Sohn,
der mit dir und dem Heiligen Geist lebt und regiert
von Ewigkeit zu Ewigkeit.
Amen.

Der Jahreswechsel macht bewusst, was es heißt, in der Zeit zu leben: Altes vergeht, Neues beginnt. Umso wichtiger ist die Gewissheit, dass es im Fluss der Zeiten etwas Bleibendes gibt: »Jesus Christus ist derselbe gestern und heute und bleibt es auch in Ewigkeit« (Hebräer 13,8 und 9b). Das menschliche Herz kann sich fest auf die Begleitung durch Gott verlassen, wie schon der Auszug Israels aus Ägypten gezeigt hat: »Der Herr zog vor ihnen her, am Tag in einer Wolkensäule, um sie den Weg zu führen, und bei Nacht in einer Feuersäule, um ihnen zu leuchten« (2. Mose 13,20–22). Auf dem Weg durch die vergehende Zeit muss man viel erdulden und viel hinter sich lassen, aber die Gewissheit, geborgen zu sein, bleibt: »Ist Gott für uns, wer kann gegen uns sein? … Wer will uns scheiden von der Liebe Gottes?« (Römer 8,31–39). Im Glauben sind Menschen der Gefangenschaft in der Zeit entzogen, in der sie als Sklaven an immer neue Machthaber verkauft werden können: »Der Sklave bleibt nicht für immer im Haus; der Sohn aber bleibt ewig« (Johannes 8,31–36). Gerade weil die Zeit am Altjahrsabend schon spürbar zu Ende geht, werden die Christ/innen ermahnt, sich auf das Ende des Lebens wachsam einzustellen (Lukas 12,35–40).

Zum Ausklang des Jahres ermuntern die Texte keineswegs zu einem besinnlichen Rückblick auf die Vergangenheit; vielmehr blicken sie vertrauensvoll auf die bleibende Gegenwart Gottes. Diese Einstellung bestimmt auch den Jahresbeginn. Keine Zukunftsprognosen werden geliefert, sei es spielerisch beim Bleigießen, sei es statistisch durch Wirtschaftsweise. Denn unter dem Einfluss des göttlichen Geistes ist auch im christlichen Gottesdienst, wie Jesus es in der Synagoge von Nazareth getan hat, »ein Gnadenjahr des Herrn zu verkündigen« (Lukas 4,16–21). In diesen neuen Zeitraum kann man einziehen wie Israel in das verheißene Land. »Siehe, ich habe dir geboten, mutig und stark zu sein. Lass dir nicht grauen und entsetze dich nicht, denn der Herr, dein Gott, ist mit dir in allem, was du tun wirst« (Josua 1,1–9). Auch für das neue Jahr gilt die umfassende Zusage des Erlösers: »Ich bin der Weg und die Wahrheit und das Leben« (Johannes 14,1–6). Was in diesen Worten enthalten ist, hat menschliche Weisheit im Alltag schon immer geahnt: »Der Mensch denkt, aber Gott lenkt« (Sprüche 16,1–9). Deshalb steht alles menschliche Planen unter dem Vorbehalt: »Wenn der Herr will, werden wir leben und dies oder das tun« (Jakobus 4,13–15). Selig, weil wirklich frei, sind die, die in einer vom Kapitalismus beherrschten Welt die Worte des Paulus nachsprechen können: »Ich kann arm sein, ich kann reich sein: mir ist alles und jedes vertraut; satt sein und hungern, Überfluss haben und Mangel leiden: Alles vermag ich durch den, der mich stark macht« (Philipper 4,10–13).

Die Fixierung des Neujahrstages ist ein wichtiges Datum für das menschliche Zeiterleben. Der tägliche Rhythmus im Wechsel von Tag und Nacht, von Wachen und Schlafen bildet eine Zäsur, die man leiblich wahrnehmen kann. Beobachtungen in der Natur wie an den Planeten zeigen, dass es noch einen weiteren Rhythmus gibt, der unser Leben bestimmt. Immer geht Altes zu Ende und Neues beginnt. Das betrifft nicht zuletzt unser leibliches Dasein mit den Entwicklungsschüben, die in uns ablaufen und die wir bei anderen sehen. Wir hören, erfreulicherweise, auf, Kind zu sein und fangen irgendwann an, älter und alt zu werden. Kann es nicht sein, dass auch am Ende des Lebens, dass auch nach dem Sterben ein neues Leben beginnt? Im Wechsel von Tag und Nacht, im Durchgang durch die Wochen, Monate und Jahre bewegen wir uns in einem Zeitraum, der für uns irgendwann abbricht. Aber wir haben gelernt, dass immer, wenn alte Zeit aufhört, ein neuer Zeitraum erscheint. Das Sterben verändert uns radikal. So könnte auch die Zeit danach für uns etwas radikal Neues bringen.

In den Gottesdiensten zum Jahreswechsel wird zu bedenken sein, dass die biblische Tradition vor jedem intensiven, aber auch jedem besinnlichen Rückblick in die Vergangenheit warnt. Das kommt uns merkwürdig vor, weil wir in jeder Hinsicht geschichtlich zu denken gewohnt sind. Die gesellschaftlichen wie die kirchlichen Verhältnisse sind stark von Traditionen bestimmt und an Traditionen gebunden. Wir selbst sind als Individuen an entscheidenden Punkten durch Erziehung und Ausbildung geprägt. Und in vielen Therapien werden unsere persönlichen Probleme auf Störungen in Kindheit und Jugend zurückgeführt. Um zu verstehen, wer wir sind, müssen wir entdecken, wie wir geworden sind.

Die biblische Blickrichtung kehrt das um. Weil das Alte für den Glauben immer schon vergangen ist, sollen wir auf das Neue schauen (2. Korinther 5,17). Das betrifft auch Leid, Geschrei und alle Schmerzen des Lebens (Offenbarung 21,4). Wenn Gottes Gericht zu wirken beginnt, dann kann man nur fliehen: »Rette dein Leben und sieh nicht hinter dich, bleib auch nicht stehen in dieser ganzen Gegend« (1. Mose 19,14). Die Trennung, die zum Glauben gehört, erlaubt keinen gefühlvollen Abschied: »Wer seine Hand an den Pflug legt und sieht zurück, der ist nicht geeignet für das Reich Gottes« (Lukas 9,62).

Gott geht mit der Zeit. Deshalb bedarf es zum Jahreswechsel weder der Pflege positiver und negativer Erinnerungen noch der Suche nach optimistischen oder pessimistischen Zukunftsprognosen. Die Gottesdienste zum Jahreswechsel enthalten dieselbe Struktur wie die spirituellen Übungen, die M. Luther für den Tageswechsel vorgeschlagen hat. Am Abend darf man danken dafür, »dass du mich gnädiglich behütet hast«, aber auch bitten, »du wollest mir vergeben alle meine Sünde … und mich diese Nacht auch gnädiglich behüten«. Ebenso darf man am Morgen danken für Gottes Bewahrung »vor allem Schaden und Gefahr« und bitten, »du wollest mich diesen Tag auch behüten vor Sünde und allem Übel, dass dir all mein Tun und Leben gefalle« (EG 852 und 815). Mehr ist auch zum Jahreswechsel nicht not-wendig: ein dankbarer Blick auf Gottes Wirken, eine demütige Bitte um Gottes Vergebung und eine vertrauensvolle Übergabe des eigenen Lebens: »ich befehle mich, meinen Leib und Seele und alles in deine Hände. Dein heiliger Engel sei mit mir, dass der böse Feind keine Macht an mir finde.«

Herr, ewiger und allmächtiger Gott.
Ein altes Jahr vergeht,
ein neues Jahr kommt.
Unsere Zeit ist stets in deinen Händen.
Wir danken dir,
dass dein heilsames Wort uns nüchtern und wach macht.
Wir danken dir,
dass wir in dieser vergänglichen Welt leben
und aus allem vergänglichen Wesen weggehen dürfen.
Aus Erde sind wir gemacht.
Zu Erde werden wir wieder werden.
Dein Wort wird uns in deine Herrlichkeit rufen.

Es vergeht die Welt. Es kommt dein Reich.
Dein Reich komme zu allen,
die Trauer tragen,
die sich trennen müssen von Menschen,
die Abschied nehmen müssen
von Träumen und Plänen, von Hoffnungen und Lebensentwürfen,
die krank sind, einsam und verzweifelt,
die unsäglich leiden, die unerhört schreien,
die endlos Tränen vergießen.
Deine Kraft erfülle sie,
dass sie neu anfangen können,
im Leben und im Sterben.

Es vergeht die Welt. Es kommt dein Reich.
Dein Reich komme zu allen,

die auf dieser vergänglichen Erde Verantwortung tragen.
Dass sie für andere sorgen und nicht nur für sich selbst.
Dass sie dem Leben dienen und nicht dem Tod.
Dass sie dich fürchten und dein Gericht
und ihre Macht nicht missbrauchen.

Es vergeht die Welt. Es kommt dein Reich.
Dein Reich komme zu allen,
die deinen Namen bekennen
und zu deiner Gemeinde gehören.
Dass sie dein Wort unverfälscht weitergeben.
Dass sie die Hochmütigen zur Rede stellen
und die Trauernden und Verzweifelten trösten.
Dass sie sich von Stärke nicht täuschen
und von Verblendung nicht anstecken lassen.
Lass uns alle
in der Dunkelheit wach,
in der Panik nüchtern,
in den Augenblicken des Nichts mutig sein.

Herr, ewiger und allmächtiger Gott.
Unsere Zeit steht in deinen Händen.
Durch die Jahrtausende hin sind wir nicht gewesen.
Du bist von Ewigkeit.
Durch die Jahrtausende hin werden wir nicht sein.
Du bleibst in Ewigkeit.
In jedem Augenblick erfahren wir deine Gnade.
Mit jedem Atemzug loben wir deine Macht.
Mit jedem Schritt gehen wir in dein Reich.
Ehre, Preis und Anbetung sei dir,
dem ewigen und allmächtigen und einzigen Gott,
dem Vater und dem Sohn und dem Heiligen Geist,
jetzt und immerdar und von Ewigkeit zu Ewigkeit.
Amen.

Epiphanias

Epiphanias: Völkerwanderung

Ewiger Gott, allmächtiger Vater.
Am Anfang aller Lichtjahre hast du das Licht geschaffen.
In der Mitte der Zeit ist dein Stern über Bethlehem erschienen.
Am letzten Tag wird uns dein ewiges Licht umfassen.
Herr.
Lass dein Licht die Dunkelheit unseres Lebens erhellen.
Befreie uns von Angst und Zweifel,
von Schwermut, Hass und Hoffnungslosigkeit.
Erleuchte unsere Seele durch die Kraft deines Wortes.
Darum bitten wir dich im Namen unseres Herrn Jesus Christus,
der mit dir und dem Heiligen Geist
lebt und regiert von Ewigkeit zu Ewigkeit.
Amen.

Mit Jesu Geburt beginnt eine neue Zeit. Nicht nur Hirten in Israel, sondern Heiden weltweit trifft dieses Ereignis mit seiner Strahlkraft. Johannes, der Bußprediger, der seinerzeit eine eigene Anhängerschaft gesammelt hat, hat den Anbruch dieser neuen Epoche deutlich markiert: »das Gesetz ist durch Mose gegeben, die Gnade und Wahrheit ist durch Jesus Christus gekommen« (Johannes 1,15–18). So erfüllt sich, was der Prophet dem Zion verheißen hat: »Nationen werden zu deinem Licht gehen und Könige zu deinem strahlenden Lichtglanz« (Jesaja 60,1–6). Das Heiligtum aus vorisraelitischer Zeit gewinnt nun überisraelitische Geltung.

Eine maßlose Zuversicht muss die ersten Christen geleitet haben. Nach 2000 Jahren Kirchengeschichte erscheint uns dieser ökumenische Horizont selbstverständlich. Aber die Texte stammen von einer jüdischen Sekte, verfolgt in Palästina, unterdrückt im römischen Weltreich, in jeder Hinsicht eine Minorität. Natürlich muss diese Zuversicht sich mit negativen Alltagserfahrungen auseinandersetzen, für die es nur eine Erklärung geben kann. Denen, »die nicht glauben, hat der Gott dieser Welt die Gedanken verfinstert, dass sie das Licht nicht sehen« (2. Korinther 4,3–6). Eine solche Verblendung ist nicht überraschend; denn auch Paulus, »der Gefangene für euch Heiden« verdankt seine Einsicht der Macht Gottes: »Durch Offenbarung ist mir das Geheimnis kundgemacht worden« (Epheser 3,2–6). Was »seit Urzeiten und von Geschlecht zu Geschlecht verborgen war«, nämlich die Aufnahme der Heiden in die göttliche Heilsgeschichte, tritt zutage in den Leiden des apostolischen Dienstes; »denn damit bringe ich stellvertretend an meinem Leib zur Vollendung, was der Bedrängnis Christi noch fehlt – seinem Leib zugute, das ist die Gemeinde« (Kolosser 1,24–27). Das Licht der göttlichen Gnade kann sich nur durch einen schmerzhaften Verkündigungskampf in der glitzernden Finsternis der Welt durchsetzen.

Umso erstaunlicher ist, dass die Inkarnation des Gottessohnes eine zuversichtliche Völkerwanderung bei seinen Anhängern ausgelöst hat. Dabei ist das alles von Anfang an unheimlich illusionslos gelaufen. Erfahrungen von Ablehnung und Verfolgung trieben nur Einzelne in die Resignation, zur Abkehr von der gerade vollzogenen Umkehr. Im Leiden des Gottessohnes war für alle Zukunft festgehalten, dass auch die Arbeit an der Verbreitung von »Gnade und Wahrheit« mit handfesten Schwierigkeiten zu rechnen hätte. Erträglich ist das für alle geworden, die mit Paulus sagen können: »ich mühe mich ab und kämpfe in der Kraft dessen, der mächtig in mir wirkt« (Kolosser 1,29).

Zu Epiphanias stoßen kosmische Helligkeit, ökumenische Weite und die Enge irdischer Leiblichkeit zusammen. Das Licht scheint in alle Dunkelheiten hinein. Die Welt wird heimgeholt in Gottes Reich. Und fromme wie gottlose Menschen können angesichts einer solchen Erfahrung nur erschrecken. Deshalb beginnt jede Epiphanie mit der Botschaft: »Fürchtet euch nicht!« So muss auch in den Gottesdiensten an diesem Tag beides zu hören sein: der ungeheuerliche Triumph, dass die Grenzen zwischen Himmel und Erde, Licht und Schatten, Juden und Heiden beseitigt sind, und das ungeheure Erschrecken, dass wir von dieser Inkarnation des Göttlichen in unserer zerbrechlichen Leiblichkeit persönlich getroffen werden. Gnade und Kraft in ihrer Einheit bewirken, dass die Explosion uns nicht zerreißt, sondern in Bewegung setzt, durch Lichtsignale am Himmel und in der Seele, durch körperliche Zusammenbrüche und spirituelle Entdeckungen hindurch. Epiphanie ist eine Erleuchtung, die meist unerwartet und manchmal unmerklich in menschliche Leiber einschlägt. Ein Licht aufgehen kann einem überall: im Traum, im Wald, auch unterm Sternenzelt und natürlich auch in der Kirche. So wandert Gottes Licht durch alle Völker für alle Völker.

Herr, ewiger und allmächtiger Gott.
Du hast die Erde geschaffen.
Du regierst die Geschichte.
Alles geschieht
nach deinem heiligen, gerechten und guten Willen.
Vom Anfang dieses Tages bis zu seinem Ende.
Vom Beginn jedes Jahres bis zu seinem Schluss.
Von der Erschaffung der Zeit bis in alle Ewigkeit.
Wir danken dir, Herr,
dass du mit uns durch menschliche Macht und Ohnmacht,
durch persönliches Glück und Leid
den Weg gehst, der zum Ziel führt,
in dein Reich,
zu deiner Herrlichkeit.

Herr, wir bitten dich,
vergiss in der Unergründlichkeit deines Heils
die Menschen nicht,

die Macht verwalten und Ohnmacht erfahren.
Wir bitten dich für alle,
die in Wirtschaft und Politik,
in Justiz, Verwaltung und Medien
Verantwortung tragen.
Wir bitten dich
für die Armen und Arbeitslosen,
für Verzweifelte, Kranke und Sterbende,
für Hungernde, für vom Krieg Geschlagene,
für Ausgebeutete und Verfolgte.
Sorge du für Hilfe.
Vertreibe Verblendung und Machtgier.
Schenke Recht und Erbarmen.

Wir bitten dich, Herr,
vergiss in der Unergründlichkeit deines Heils
die Menschen nicht,
die Liebe suchen
und Trost für ihre verwundeten Seelen.
Gib Frieden in Ehen, Familien und Partnerschaften.
Gib Nüchternheit in der Leidenschaft,
Besonnenheit in Krisen,
Lebendigkeit in der Beziehungsroutine.
Behüte die Kinder.
Stärke die Heranwachsenden.
Erhelle alle, die vor schweren Entscheidungen stehen.
Mach dankbar im Glück.
Gib Trost in der Trauer.
Begleite uns alle durch unser Leben.

Wir bitten dich, Herr,
vergiss in der Unergründlichkeit deines Heils
die Menschen nicht,
die dich suchen und dein Geheimnis verstehen wollen.
Sei mit allen, die dein Wort lehren und lernen,
die deine Botschaft auszulegen und zu verkündigen haben.
Sei mit denen, die in ihren Wissenschaften
nach dir suchen,
indem sie Namen und Zahlen erforschen,
indem sie neue Methoden entwickeln
und neue Systeme entwerfen.
Du bist das Ziel.
Sei aber auch mit denen,

die sich in ihrer Sucht verlaufen haben,
weil sie ein Ziel ahnen,
aber den Weg nicht finden.

Du bist das Ziel.
Sei mit uns allen,
mit unseren Fragen und Zweifeln,
mit unserer Sehnsucht und unserer Gewissheit,
mit unserer Hoffnung auf dein Heil.
Du bist das Ziel.
Nimm dich unser gnädig an.
Rette und erhalte uns.
Denn dir allein gebührt
der Ruhm und die Ehre und die Anbetung,
dem Vater und dem Sohn und dem Heiligen Geist,
jetzt und immerdar und von Ewigkeit zu Ewigkeit.
Amen.

1. Sonntag nach Epiphanias: Anfänge

Herr, ewiger und allmächtiger Gott.
Du bist der Herr aller Herren.
Du regierst
über die Mächte in der Natur und die Machthaber in der Geschichte.
Aber immer hast du auch für die kleinen Leute gesorgt.
Deshalb bitten wir dich:
nimm dich unserer Schwachheit an,
vergiss die nicht,
die unten und im Dunkeln leben.
Erbarm dich aller in ihrem Leid.
Durch Jesus Christus, unseren Herrn,
der mit dir und dem Heiligen Geist
lebt und regiert von Ewigkeit zu Ewigkeit.
Amen.

Epiphanias, der Tag der Erleuchtung, ist im frühen Christentum der erste Weihnachtstermin gewesen. Deshalb beschreiben die Perikopen am Sonntag danach die ersten Schritte, die zum Leben im Glauben gehören. Den Anfang bildet, auch für Jesus, die Taufe. Bei Matthäus stellt sie ein Adoptionsgeschehen dar: »er sah den Geist Gottes wie eine Taube herabschweben und über sich kommen. Und siehe, eine Stimme vom Himmel sprach: Dies ist mein lieber Sohn, an dem ich Wohlgefallen habe« (Matthäus 3,13–17). Die historische Auseinandersetzung zwischen der Jesus- und der Johannes-Gemeinde klingt nach, wenn Johannes selbst den Unterschied zwischen der eigenen und der christlichen Taufpraxis betont; er selbst habe mit Wasser getauft, bei Jesus (und seinen Anhängern) dagegen würde in diesem Ritual auch der Geist Gottes wirken (Johannes 1,29–34). Dass Jesus in der Nachfolge des Täufers auftritt, zeigt sich auch in dem Bußwort, mit dem seine Verkündigung beginnt: »Tut Buße; denn das Himmelreich ist nahe herbeigekommen« (Matthäus 4,12–17). Beides, das Sakrament wie die Botschaft, sind Rettungsaktionen im Blick auf die Nähe des Reiches Gottes.

Das Neue Testament hat nicht verschwiegen, dass das Christentum mit seinen Formen und Inhalten an Gegebenheiten der religiösen Umwelt angeknüpft hat. Jesus selbst ist zunächst Anhänger der Johannes-Bewegung gewesen. Christliche Rituale, wie Taufe und heiliges Mahl, hat es auch in anderen Gruppen gegeben. Und auch die Grundorientierung des christlichen Lebens, wie Paulus sie formuliert, greift auf das weltweit verbreitete religiöse Grundgeschehen zurück: »Ich ermahne euch …, dass ihr eure Leiber hingebt als ein Opfer, das lebendig, heilig und Gott wohlgefällig sei. Das sei euer vernünftiger Gottesdienst« (Römer 12,1–3). Der Opferkult ist das Zentrum jeder Religion. Provoziert durch Bußruf und Reich-Gottes-Erwartung wird er jetzt in dreifacher Hinsicht radikalisiert.

Dieser Gottesdienst findet nicht nur am Feiertag statt, sondern geschieht im alltäglichen Leben. Denn geopfert wird nicht ein Tier oder sonst ein Objekt; vielmehr geht es um die Hingabe des eigenen Leibes. Dass dieses Opfer »vernünftig« sein soll, zielt deshalb keineswegs auf eine Spiritualisierung, etwa als Hingabe des Herzens, sondern animiert ganzheitlich zum tatkräftigen Einsatz. Für den unbedingten Lebenswillen, der Menschen als Geschöpfe Gottes erfüllt, ist die Perspektive des Reiches Gottes die entscheidende Chance.

Welches Aktivierungspotential in dieser Botschaft gesteckt hat, zeigt sich im Personal, das in den Anfängen vom Glauben erfasst worden ist. Handwerker und Fischer haben für die Verbreitung des neuen »Weges« (Apostelgeschichte 9,2 u.ö. im griechischen Text) gesorgt. Und in den Gemeinden, die sich bildeten, fanden sich vornehmlich Menschen zusammen, die man als »Opfer« der Gesellschaft bezeichnen würde: Törichte, Schwache, Geringe »hat Gott erwählt« (1. Korinther 1,26–31). Viele sind nicht passive Opfer geblieben, sondern haben aktiv ihr Leben als Opfer gegeben, bis hin zu den Märtyrern, von denen in der Kirche heute kaum jemand mehr spricht. Worauf der vernünftige Gottesdienst derer zielt, die vom Geist Gottes erfüllt sind, haben die ersten Christen in ihrer Heiligen Schrift an der Leidensgestalt des Gottesknechtes entdeckt. »Er selbst wird nicht verlöschen und nicht zerbrechen, bis er auf Erden das Recht aufrichte, und die Inseln warten auf seine Weisung« (Jesaja 42,1–4).

Das Geheimnis der Epiphanie umfasst eine machtvolle Transformation. Im Anfang steht ein Satz, den man auch als Verdammungsurteil verstehen kann. »Siehe, das ist Gottes Lamm, das die Sünde der Welt trägt!« (Johannes 1,29). Am Ende singen die Verdammten der Erde in und mit der himmlischen Welt: »Christe, du Lamm Gottes, der du trägst die Sünden der Welt, erbarm dich unser«. So werden sie frei, Opfer der Welt zu sein und Täter im Reich Gottes zu werden.

Heiliger Herr, ewiger und allmächtiger Gott.
Vor dem Anfang der Welt
lebst du im Geheimnis deines dreieinigen Seins.
Vor dem Anfang unseres Daseins hast du uns erwählt,
beim Namen gerufen
und zum Glauben in deiner Gemeinde bestimmt.
Alles, was ist, verdankt sich deiner Gnade.
Alles, was atmet, lobt deine Macht.
So sind auch wir.

Weil du diese Erde gewollt hast,
bitten wir dich für alles bedrohte Leben:
für Kranke und Sterbende,
für Vertriebene und Gefolterte,
für Hungernde und Verlassene,
für unterdrückte Völker und gefährdete Arten,

für die Erde, das Wasser, die Luft,
für die zahllosen Menschen,
die nach uns kommen werden
und denen wir ein verdorbenes Erbe hinterlassen.
Herr, rette die Welt.

Weil du Menschen zu dir rufst
und sie aus aller Verstrickung befreist,
bitten wir dich für alle,
die in Gefangenschaft leben:
für die Unschuldigen und die Schuldigen,
für die Habgierigen und die Mordlustigen,
für die Süchtigen und die Verwirrten,
für alle, die Macht missbrauchen und Wahn verbreiten,
für alle, die ihr eigenes Leben zerstören,
wehre dem Bösen,
erlöse die Sünder,
sorge für Freiheit und Recht.

Weil du uns Menschen erwählt hast,
im Licht deiner Wahrheit zu leben,
bitten wir dich für alle,
die nach dir suchen:
in Einsamkeit und Verzweiflung,
in Familien und Schulen,
in den Gemeinden und Konfessionen,
in der Psychoszene,
in den esoterischen Zirkeln,
in allen Kulturen und Religionen der Erde,
lass deine Herrlichkeit sehen,
lass deine Wahrheit finden,
leite alle zu dir.

Der Weg zu dir, Herr,
führt uns durch Trennungen.
Der Glaube an dich, Herr,
schafft neue Bindungen.
Das Leben aus dir, Herr,
schenkt Kraft.

In der begrenzten Zeit unseres Lebens
loben wir deine Ewigkeit.
Mit der begrenzten Liebe unseres Herzens

danken wir deiner Barmherzigkeit.
Mit dem begrenzten Einfluss unserer Fähigkeiten
dienen wir deiner Wahrheit.

Lamm Gottes, erbarme dich.
Sohn Gottes, segne uns,
Messias, erlöse uns.

Mit allen Geschöpfen auf Erden,
mit allen Engelmächten und allen Sphären des Universums
beten wir dich an,
den einen und einzigen Gott,
den Vater und den Sohn und den Heiligen Geist
jetzt und immerdar und von Ewigkeit zu Ewigkeit.
Amen.

2. Sonntag nach Epiphanias: Ansichten

Herr, ewiger und allmächtiger Gott.
Wir leben in deiner Welt.
Vieles sehen wir.
Manches ahnen wir.
Einiges macht uns Angst.
Herr,
lass uns in dieser Stunde entdecken,
dass du diese Welt geschaffen hast
und in dieser Welt regierst.
Schenke uns frischen Mut zum Leben,
weil wir dir vertrauen
und auf dich hoffen.
Gib uns in dunklen Stunden sichtbare Zeichen
deiner Macht und deiner Gnade,
durch Jesus Christus, unsern Herrn,
der mit dir und dem Heiligen Geist
lebt und regiert von Ewigkeit zu Ewigkeit.
Amen.

Die Gegenwart Gottes ist mit Strahlkraft verbunden. Also müsste die Wahrnehmung dieser Gegenwart einfach sein. Dass das nicht der Fall ist, dass zum Glauben eine besondere Sehschärfe gehört, dafür gibt es verschiedene Gründe. Zunächst und entscheidend: der göttliche Glanz ist für menschliche Augen unerträglich. »Mein Angesicht kannst du nicht sehen; denn kein Mensch wird leben, der mich sieht«, bekommt Mose zu hören und nur die Spuren der göttlichen Herrlichkeit von hinten zu sehen (2. Mose 33,18–23). Der außerirdische Logos beginnt sein öffentliches Wirken auf einer Hochzeit mit dem dionysischen Wunder der Weinvermehrung. Die einen saufen, was realiter sichtbar ist – »seine Jünger glaubten an ihn« (Johannes 2,1–12). Die Jesus-Bewegung hat offensichtlich am Anfang nicht asketisch gelebt und war dadurch, gemessen an den Maßstäben religiöser Verhaltensmuster, diskreditiert. »Warum fasten die Jünger des Johannes und die Jünger der Pharisäer, doch deine Jünger fasten nicht?« (Markus 2,18–22), wird der gefragt, der für viele ein »Fresser und Weinsäufer« (Matthäus 11,19) gewesen ist.

Gottes machtvolle Gegenwart geschieht in Verborgenheit. Das gilt auch für die Verkündigung der evangelischen Botschaft. »So kam ich zu euch in Schwachheit und Furcht und mit großem Zittern; und mein Wort und meine Predigt geschahen nicht mit überredenden Worten menschlicher Weisheit, sondern wirkten durch den Erweis des Geistes und der Kraft«, schreibt Paulus im Rückblick nach Korinth (1. Korinther 2,1–10).

Ebenso gründet die christliche Liebe nicht in persönlicher Sympathie oder humanistischer Philanthropie. »In der Hingabe zögern wir nicht, im Geist brennen wir, dem Herrn dienen wir« (Römer 12,9–16). Und auch in sozialer wie in politischer Hinsicht orientieren sich die Christ/innen nicht (nur) an den gängigen Maßstäben des gesellschaftlichen Konsenses: »Bemüht euch um Frieden mit jedermann und um Heiligung, ohne die niemand den Herrn sehen wird« (Hebräer 12,12–18). Die Aussicht auf ein nicht sichtbares Heilsgut verändert die menschliche Lebensart.

Das alles macht die alltägliche wie die wissenschaftliche Wahrnehmung von Glaubensphänomenen so schwierig. Eine Predigt kann wirken, ohne rhetorisch gekonnt zu sein. Hingabe kann gelingen auch im Burn-out. In der Praxis von Heiligung muss man manchmal moralische Standards hinter sich lassen. Und religiöse Erfahrungen lassen sich mit psychologischen Kategorien nicht immer eindeutig klären.

Für viele Zeitgenossen ist Religion eine Ansichtssache. Wenn man mit Hilfe kommunikationswissenschaftlicher oder sozialwissenschaftlicher Modelle biblische Traditionen wie die kirchliche Situation betrachtet, greift man gern auf einen Begriff zurück, der sich inzwischen auch im theologischen Jargon eingenistet hat. Danach soll der Glaube sich durch spezifische Deutungen seine Wirklichkeit selbst konstruieren. Solche Deutungen sind selbstverständlich immer subjektiv und damit letztlich beliebig. Dass Wirklichkeiten so mächtig sind, dass sie ihre sprachliche Rezeption selbst provozieren, das suchen im Unterschied zu den gängigen Konzepten phänomenologische Ansätze zu begründen. Dann redet man, wie es etwa R. Bultmann getan hat, nicht von Deutungen in und gegenüber den biblischen Texten, sondern von deren Bedeutsamkeit.

Aber auch eine solche philosophische Diskussion bleibt für ein angemessenes Verständnis der religiösen Überlieferung letztlich unerheblich. Das Licht göttlicher Gegenwart ist immer von einem Zwielicht begleitet. Es soll die Menschen vor der Übermacht Gottes schützen, aber auch Gott vor dem Missbrauch seines Namens bewahren. Gottes Wort ist frag-würdig, weil unerschöpflich. Gottes Geist ist unergründlich, weil er in »die Tiefen der Gottheit« führt (1. Korinther 2,10). Gottes Kraft wirkt unermesslich, weil sie sich gerade in der Schwachheit bewährt (2. Korinther 12,9). Dass Menschen Gottes nur von Ferne ansichtig werden und dass man uns den Glauben nicht ansehen kann, bewahrt das Geheimnis Gottes und das Geheimnis unseres Lebens.

Herr, ewiger und allmächtiger Gott,
wir danken dir
für das Licht und die Kraft deines Wortes.
Du hast Jesus Christus, deinen Sohn,
durch den Tod ins Leben geführt.
Du hast die Macht des Bösen,
das Menschen beherrscht und Leben zerstört,
gebrochen und Freiheit gebracht.
Dir allein gilt unser Vertrauen.

Gib uns deinen Geist,
dass wir leben lernen.

Deine Macht, Herr,
ist die Hoffnung aller Ohnmächtigen.
So bitten wir dich
für Arme und Arbeitslose,
für Hungernde und Verfolgte,
für Ausgebeutete und Entrechtete,
für Einsame und Verzweifelte,
für Kranke und für Sterbende:
Hilf einem jeden in seiner Not.
Herr aller Herren, beweis deine Macht.

Deine Macht, Herr,
ist die Grenze derer,
die unter uns Macht verwalten.
So bitten wir dich
für Männer und Frauen
in Wirtschaft und Politik und Verwaltung,
in der Justiz und in den Medien,
in den Kliniken, in den Schulen und Hochschulen,
in den Familien:
Erhalte den Frieden.
Wehre aller Panikmache.
Schaffe Recht.
Schenke Besonnenheit.
Herr aller Herren, beweis deine Macht.

Deine Macht, Herr,
ist die Kraft aller,
die ein neues Leben versuchen.
So bitten wir dich für alle,
die dein Wort ohne Menschenfurcht
rein und klar zu verkündigen haben.
Wir bitten dich für die,
die dich suchen,
dass sie nicht nur diskutieren,
sondern lebenswichtige Erfahrungen machen.
Wir bitten dich für die,
die aus ihrer Sucht herausfinden und
ihre Abhängigkeit überwinden wollen,
die für die Erhaltung der Schöpfung,

für die Rettung bedrohter Arten
und unterdrückter Völker kämpfen:
Vertreibe die Gier nach Geld und Macht
aus den Menschen.
Beweis deine Macht, Herr aller Herren.

Weil wir aus deiner Gnade leben
und auf dein Reich hoffen,
bitten wir dich
in Ungeduld und in Demut:
Vergiss nicht,
was du versprochen hast.
Tu endlich das, was dein Wort immer gesagt hat.
Rette und erhalte uns.
Denn dir allein gebührt
der Ruhm und die Ehre und die Anbetung,
dem Vater und dem Sohn und dem Heiligen Geist,
jetzt und immerdar und von Ewigkeit zu Ewigkeit.
Amen.

3. Sonntag nach Epiphanias: Prominente Konvertiten

Herr,
du bist die Quelle des Lebens.
Aus dir kommen wir.
Durch dich atmen wir.
Sei mit uns auch in dieser Stunde.
Reinige unsere Herzen.
Erfrische unsere Seele.
Befreie uns von Sorge und Angst.
Darum bitten wir dich
durch unseren Herrn Jesus Christus, deinen Sohn,
der mit dir und dem Heiligen Geist
lebt und regiert von Ewigkeit zu Ewigkeit.
Amen.

Die biblische Erwählungs- und Berufungsgeschichte bezieht sich exklusiv auf das Volk Israel und die Gemeinde der Heiligen in Jesus Christus. Aber mit einem gewissen Stolz wird an vielen Stellen auch davon erzählt, dass prominente Außenstehende von der Leuchtkraft des eigenen Gottes erfasst worden sind. Als Beispiel aus dem Alten Testament führt die Perikopenordnung eine Episode aus dem Leben des Propheten Elisa an. Der heilt den aramäischen Feldhauptmann Naeman von seinem Aussatz; und Naeman bleibt mit Hilfe einer Fuhre heiliger Erde dem Gott Israels verbunden, auch wenn er seinen König zum heidnischen Gottesdienst im Tempel Rimmons begleiten muss (2. Könige 5,1–19a). In diesem Text ist beides erstaunlich: die Großzügigkeit, mit der ein Kompromiss für die persönliche Situation des prominenten Konvertiten gefunden wird, und die Bodenhaftung, durch die der neue Glaube in ihm erhalten bleibt.

Auch das Neue Testament berichtet von einer Heilung, die Jesus auf Bitte eines heidnischen Offiziers vollzieht. Der Hauptmann aus Kafernaum versteht von seiner beruflichen Erfahrung mit dem Befehlen her, was Jesus in solchen Fällen zu tun vermag: »sprich nur ein Wort, so wird mein Bursche gesund« (Matthäus 8,5–13). Bei Johannes ist aus dem Soldaten ein königlicher Beamter geworden, der Jesus nach Hause einlädt, um seinen kranken Sohn zu heilen; das Wundermotiv wird insofern gesteigert, weil hier sogar eine Fernheilung zum Glauben führt (Johannes 4,46–54). Wie vielschichtig ein solcher Weg in den Glauben ausfallen kann, hat kurz vorher das Gespräch Jesu mit der Samaritanerin gezeigt. Durch wechselseitige Bitten und Fragen hindurch, durch Missverständnisse auf der einen und geheimnisvolle Einsichten auf der anderen Seite hindurch gelangen zuerst die verrufene Frau und durch sie viele Stadtbewohner zu dem Bekenntnis: »wir haben ihn selbst gehört und wissen: Dieser ist wahrhaftig der Retter der Welt!« (Johannes 4,1–42).

Alttestamentliche Erzählungen wie Szenen aus dem Leben Jesu haben auch zur Begründung der christlichen Heidenmission gedient. Programmatisch hat diesen Aspekt Paulus am Anfang seines Briefs an die Gemeinde in Rom formuliert: »Gegenüber Griechen und Barbaren, Weisen und Ungebildeten bin ich Schuldner« (Römer 1,14–17). Die Pflicht zur Verkündigung des Evangeliums umfasst nach Gottes Willen auch einen Rechtsanspruch derer, die diese Frohbotschaft noch gar nicht oder noch nicht genügend kennen. Wohlgemerkt, dieses allgemeine Menschenrecht betrifft das ungeschmälerte Evangelium, nicht dagegen mehr oder weniger gut gemeinte kirchliche Werbeaktivitäten.

Wie erreicht die Kraft Gottes gott-lose Menschen? Die fundamentale, theologisch korrekte Antwort lautet: In ihnen oder um sie herum muss ein Wunder geschehen, in Form von Heilung oder Herzenserkenntnis. Und dass es dazu kommt, setzt freilich voraus, dass die Berufenen ihre Pflicht zur Berufung anderer erfüllen. Auch das ist eine theologisch korrekte Einsicht. Dazu kommt dann noch etwas anderes, was in den vorgestellten Texten unausgesprochen mitschwingt. Die Hörer und Leserinnen können sich daran erfreuen, dass immer neue und oft prominente Personen unverhofft zu ihrer Glaubensgemeinschaft stoßen.

Von daher werden Reaktionen verständlich, die man gegenwärtig innerhalb und außerhalb der Kirche beobachten kann. Öffentliche Gestalten erregen mit weltanschaulichen Konfessionen Aufmerksamkeit. Das gilt nicht für Politiker, denen man auch und gerade in dieser Hinsicht mit Misstrauen gegenüber einer möglichen Parteipropaganda begegnet. Aber wenn ein Philosoph wie der Pfarrersenkel J. Habermas die gesellschaftliche Bedeutung von Religion neu entdeckt, dann schlägt sich das sogar in einzelnen Predigten nieder. Noch viel populärer, ja zum Bestseller geworden ist der Bericht, den der Showstar H. Kerkeling über seine Pilgerreise auf dem Jakobsweg veröffentlicht hat. Mögen Theologen und Fromme das Buch auch für oberflächlich erklären (und die entscheidenden kurzen Passagen überlesen) – Hunderttausende Andere haben dadurch zum ersten Mal eine Dimension von Tourismus entdeckt, die in der Moderne schon untergegangen schien.

Unser Glaube kommt aus der Kraft Gottes. Aber offensichtlich tut es ihm gut, wenn er auch von anderen, wichtigen und bewunderten Menschen gelegentlich eine Stärkung erfährt. In der kirchlichen Tradition hat immer das Vorbild jener gewirkt, die sich in der Gemeinde der Heiligen besonders hervorgetan haben. Aber ebenso erbaulich sind jene Lebensgeschichten, in denen berühmte Menschen, von der Kraft Gottes erfasst, ihr Interesse oder gar ihre Hinwendung zum Glauben bekunden.

Herr, ewiger und allmächtiger Gott.
Deine Hilfe ist größer als unser Versagen.
Dein Erbarmen übertrifft alles Leid.
Dein Reich kommt durch die Todesgeschichte,
in die wir verstrickt sind, zum Ziel.
Mit allen Menschen, mit allen Geschöpfen

leben wir deinem Frieden und deiner Freiheit entgegen.
Dank dir für jedes Wort,
das uns bewegt und aufrichtet und zu dir führt.

Weil du ein gnädiger und allmächtiger Gott bist,
der helfen kann, wenn wir versagen,
bitten wir dich für alle Menschen in Not:
für Kranke und Sterbende,
für Einsame und Verzweifelte,
für Hungernde, Arme und Arbeitslose,
für Ausgebeutete und Unterdrückte,
für die Opfer des Krieges:
erlöse alle aus ihrem Leid,
befreie und rette elende Menschen.

Weil du ein gnädiger und allmächtiger Gott bist,
der helfen kann, auch wenn wir versagen,
bitten wir dich für alle, die besessen sind,
die in Traurigkeit und Schwermut versinken,
die von Anfällen heimgesucht werden,
die verstrickt sind in Hass, Neid und Eifersucht,
die von bösen Träumen gequält werden,
die sich mit Alkohol und Tabletten betäuben,
die dem Geld nachjagen und über Leichen gehen,
die ihre Macht in Wirtschaft und Politik,
in Forschung und Lehre missbrauchen:
erlöse sie aus ihrem Wahnsinn,
schenke ihnen Vernunft,
erfülle sie alle mit Liebe.

Weil du ein gnädiger und allmächtiger Gott bist,
der auch helfen kann, wenn wir versagen,
bitten wir dich für alle,
die schon zu deiner Gemeinde gehören:
dass sie sich vor Menschen nicht fürchten
und nicht allein auf menschliche Weisheit verlassen,
dass sie die Macht des Glaubens entdecken,
dass sie beten und danken lernen,
dass sie allen Wankelmut verlieren
und tatkräftig eintreten
für Recht und Freiheit, für Leben und Glück.

Du, Herr, kennst unsere Schwächen.
Aber du machst uns auch stark.
Du, Herr, siehst unseren Kleinglauben.
Aber du lädst uns ohne Zögern zur Nachfolge ein.
Du, Herr, hast unser Todesgeschick geteilt
und führst uns durchs Sterben ins Leben.
Deshalb loben und preisen wir
mit jedem Atemzug deinen herrlichen Namen.
Du Schöpfer dessen, was da ist.
Du Retter dessen, was krank ist.
Du Erlöser dessen, was verdammt ist.
Ehre sei dir,
dem Vater und dem Sohn und dem Heiligen Geist,
jetzt und immerdar und von Ewigkeit zu Ewigkeit.
Amen.

4. Sonntag nach Epiphanias: Untergangsängste

Herr,
du lebst in Ewigkeit,
unser Leben vergeht.
Ewig bist du vor uns gewesen.
Ewig wirst du nach uns sein.
Behüte uns in der Zeit,
die du uns schenkst.
Bewahre uns in den Stunden,
in denen wir Angst vor dem Untergang haben.
Lass uns im Vertrauen auf dich
das tun, wozu du uns bestimmt hast.
Darum bitten wir dich
durch Jesus Christus, unsern Herrn,
der mit dir und dem Heiligen Geist
lebt und regiert von Ewigkeit zu Ewigkeit.
Amen.

»Wach auf, wach auf! Umgib dich mit Kraft, Arm des Herrn«, schreien die Gefangenen in Babylon, die sich von ihrem Gott verlassen sehen, und erinnern ihn an seine Machttaten bei der Schöpfung und bei der Befreiung aus Ägypten: »Bist du es nicht, der Rahab zerhauen, der das Ungeheuer durchbohrt hat? Bist du es nicht, der das Meer versiegen ließ, die Wasser der gewaltigen Urflut, der die Tiefen des Meeres gangbar machte, damit die Erlösten hindurchziehen konnten?« (Jesaja 51,9–16). In ägyptischen Tempeln wurden die Götter jeden Morgen vorsichtig durch Priester aus ihrem Schlaf geweckt. In der biblischen Tradition wird dieser Weckruf laut, wenn die Angst vor dem Untergang für Einzelne oder für die ganze Gemeinde neu aufbricht. Jesus schläft seelenruhig, als ein Sturm das Boot der Jünger zu überfluten droht. Sie wecken ihn auf, er herrscht die Naturgewalt an, »und es entstand eine große Stille« (Markus 4,35–41). Bei einer anderen Gelegenheit sind die Jünger allein im Boot, als ein Sturm aufzieht. Jesus kommt ihnen auf dem Wasser entgegen; als aber Petrus dem Vorbild seines Meisters folgen will, droht er zu sinken, und Jesus selbst muss ihn retten (Matthäus 14,22–33). In beiden Szenen signalisieren die Worte Jesu, dass es hier um mehr geht als um übernatürliche Wunder. »Warum seid ihr so mutlos? Warum habt ihr keinen Glauben?« (Markus 4,40). »Du Kleingläubiger, warum hast du gezweifelt?« (Matthäus 14,31). Die Angst vor dem Untergang scheint ein archaisches Erbe in unserer Seele zu sein und droht auch die Glaubenden immer wieder zu überfluten. Daran erinnert die mythische Überlieferung vom Ende der Sintflut (1. Mose 8,1–12). Die Perikopenordnung hat den Verzicht Gottes auf eine Wiederholung der Katastrophe nicht aufgenommen (8,21–22), sondern beschränkt sich auf das faktische Ende der Urflut. Das entspricht der Lebenserfahrung des Paulus. Und in dessen Beschreibung über Ereignisse auf seiner Missionsreise durch die Provinz Asia haben sich 2000 Jahre lang viele Christen wiedergefunden: »So übermächtig, ja schwer drückte uns ihre Last nieder, dass wir sogar am Leben verzweifelten. ... Und er hat uns aus solchen Todesnöten errettet und wird uns erretten« (2. Korinther 1,8–11). Deshalb kann man allen nur die Erkenntnis wünschen, »wie überwältigend groß die Kraft ist, die sich als Energie seiner Macht und Stärke an uns, den Glaubenden, zeigt« (Epheser 1,15–20a).

Untergangsängste sind Urerfahrungen, die uns überwältigten, als wir uns verlassen fühlten, weil unsere Eltern schliefen. Sie holen uns bis ins Alter immer neu ein, so dass wir, wie der Apostel, am Leben verzweifeln. Der behauptet freilich, dass sie den Glauben nicht gefährden, sondern für ihn notwendig sind. »So sollten wir unser Vertrauen nicht auf uns selbst setzen, sondern auf Gott, der die Toten auferweckt« (2. Korinther 1,9). Das ist die schärfste Pointe aller Glaubensparadoxien. Wir sind eingeladen, Gott aufzuwecken, damit er uns im Leben und im Sterben aufwecken kann. Die eigene und auch die fremde Verzweiflung können deshalb immer nur das Ende der Glaubenssicherheit sein, aber gleichzeitig auch den Anfang der Glaubensgewissheit mit sich bringen. Das Schiff der Kirche kann kentern. Das Boot des Lebens kann in den Abgrund treiben. Die Fülle der Kraftbegriffe, die Paulus an vielen Stellen verwendet, verrät den Grund für seine unerschrockene, durch keine Leidenswirklichkeit zu erschütternde Lebenshaltung: »als Sterbende, und siehe, wir leben« (2. Korinther 6,9).

Herr, ewiger und allmächtiger Gott.
Aus dem Nichts hast du alles, was ist,
ins Dasein gerufen.
Mit deinem starken Arm hast du die Chaosmächte besiegt.
Gegen den Tod hast du das Leben verteidigt.
In deiner Liebe hast du gewollt, dass wir sind.
Wir danken dir für deine unermessliche Gnade.

Weil du ein starker, tatkräftiger Gott bist,
bitten wir dich für alle, denen Untergang droht.
Sei mit den Verlassenen und Verlorenen.
Begleite die Sterbenden.
Hilf den Hungernden.
Rette die Süchtigen.
Erleuchte die Verwirrten.
Heile die, die sich selbst und andere quälen.
Schütze die Erde, die dir gehört.
Bewahre das Leben, das du geschaffen hast.

Weil du ein starker Gott bist, der Himmel und Erde regiert,
bitten wir dich um deinen Beistand.
Wehre allen Mächten des Bösen.

Vertreibe Mordlust und Habgier aus den Herzen der Menschen.
Sorge für klare Einsicht und vernünftiges Handeln,
für unbestechliche Wissenschaftler,
für entschlossene Politiker,
für sachliche Informationen und faire Auseinandersetzungen,
für Entscheidungen, die dem Gemeinwohl dienen.
Gib allen Kraft, die anderen helfen.
Gib Mut zum Widerspruch und Offenheit für gemeinsame Arbeit.
Stärke die Fähigkeit, einander zu dienen.

Weil du ein treuer Gott bist,
der seine Gemeinde durch die Zeiten begleitet,
bitten wir dich um deinen Beistand für die Kirche in aller Welt:
dass sie von Bindungen frei wird,
dass sie sich dem Einfluss der Mächtigen entzieht,
dass sie die Sorge um ihre Zukunft vergisst,
dass sie deinen Namen bekennt und deine frohe Botschaft verkündigt,
dass sie dein Handeln auch jenseits ihrer Grenzen erkennt.
Erhalte, was gut ist im kirchlichen Leben,
ermutige zu Veränderungen, die notwendig sind,
schenke deinen Geist, gib Kraft zur Mission.

In der Welt, die du geschaffen hast, Herr,
gibt es Schmerzen und Leiden und Sterben.
Wecke uns aus heillosen Träumen.
Lass uns unser Leiden nüchtern ertragen.
Schenke uns die Hoffnung auf dein ewiges Reich.
In dem Leben, Herr, das wir führen,
herrscht oft die Angst vor sterblichen Menschen.
Erfülle uns mit der Furcht vor deiner gewaltigen Macht
und mit der Liebe zu deinen Geschöpfen.

Am Morgen, Herr, empfängt uns das Licht.
Am Abend, Herr, vertrauen wir uns der Dunkelheit an.
So leben wir in der Ordnung, die du gesetzt hast,
zwischen Wachen und Schlafen, zwischen Leben und Tod.
Dich beten wir an auf deinem ewigen Thron.
Deinen heiligen, unaussprechlichen Namen ehren wir.
Mit jedem Atemzug loben wir deine Macht und deine Gnade.
Ehre und Preis und Anbetung sei dir, dem einen und einzigen Gott,
dem Vater und dem Sohn und dem Heiligen Geist,
jetzt und immerdar und von Ewigkeit zu Ewigkeit.
Amen.

Letzter Sonntag nach Epiphanias: Lichtwege

Herr,
Schöpfer der Welt, Retter der Menschen.
Dein Licht führt uns auf unserem Weg durch das Leben.
Deine Kraft behütet uns in den Augenblicken der Schwachheit.
Dein Geist gibt uns Mut, wenn wir nicht weiter wissen.
Deshalb bitten wir dich in dieser Stunde:
vertreibe alle Dunkelheit aus unserer Seele,
befreie uns von der Macht des Bösen,
stärke uns in der Hoffnung auf dein Reich
durch unseren Herrn Jesus Christus, deinen Sohn,
der mit dir und dem Heiligen Geist
lebt und regiert von Ewigkeit zu Ewigkeit.
Amen.

Die göttliche Epiphanie versetzt Menschen in eine Bewegung. Das Licht, das in die Finsternis scheint, breitet sich aus. Deutlich wird das in den beiden Berufungsgeschichten, die diese Phase des Kirchenjahrs beenden. Mose hört am brennenden Dornbusch die Stimme Gottes, der ihm einen konkreten Auftrag erteilt: »ich will dich zum Pharao senden, damit du mein Volk, die Israeliten, aus Ägypten führst«. Sich selbst stellt dieser Gott mit zwei Aussagen vor. Zunächst redet er sehr zugewandt: »Ich will mit dir sein«, aber dann auch sehr zurückhaltend: »Ich werde sein, der ich sein werde« (2. Mose 3,1–14). Dieser Gott bleibt, bei aller Nähe, unergründlich.

Auch die Christusvision, die dem Seher Johannes am Anfang zuteil wird, ist von dieser Spannung zwischen Erleuchtung und Trennung bestimmt: »aus seinem Mund ging ein scharfes, zweischneidiges Schwert, und sein Angesicht leuchtete wie die helle Sonne«. Der Auszug aus der Gefangenschaft schließt immer ein Sterben ein und folgt so dem Heilsweg des himmlischen Erlösers. »Ich war tot, und siehe, ich lebe von Ewigkeit zu Ewigkeit« (Offenbarung 1,9–18). Die Chance, von diesem Licht ergriffen zu werden, ist im Leben des Einzelnen immer begrenzt. »Glaubt an das Licht, solange ihr's habt, damit ihr Kinder des Lichtes werdet. Das redete Jesus und ging weg und verbarg sich vor ihnen« (Johannes 12,34–36).

Die Zeit des Glaubens zeigt sich schon in der Alltagserfahrung. Wenn die Sonne untergeht, empfängt einen, im Orient sogar alsbald, die Nacht. Aber auch wer auf dem Lichtweg bleibt, gerät in eine zwiespältige Lage. Was »als heller Schein in unseren Herzen aufgegangen ist«, macht keinen Spaß und löst keine Wellness-Gefühle aus. »Wir sind von allen Seiten bedrängt, aber wir ängstigen uns nicht. Wir sind ratlos, aber wir verzagen nicht« (2. Korinther 4,6–10). Für den Glauben muss man nicht mit unrealistischen Glücksversprechungen werben. Die evangelische Botschaft hat nicht zuletzt dadurch gewirkt, dass sie Menschen dazu verholfen hat, ihren Lebensweg im Licht der Auferstehungskraft zu bestehen.

Auf diesem Weg stellen sich, so Gott will, auch Erfahrungen ein, die man schwer beschreiben kann und über die man nicht unbedingt sprechen sollte. So rechnet der 2. Petrusbrief mit zwei Phasen im Glaubenswachstum. Die Gemeinde soll sich an das apostolische Prophetenwort »halten wie an eine Fackel, die auch in finsterer Gegend voranleuchtet, bis der Tag aufstrahlt und der Morgenstern aufgeht in euren Herzen« (1,16–19). Das externe Wort benötigt Zeit, bis es intern seine volle Wirkung entfaltet. Eine andere Strukturierung des Lichtwegs liegt in der Verklärungsgeschichte vor, die nicht zeitlich, sondern personal unterscheidet. Aus dem Jüngerkreis werden drei ausgesondert, mit Jesus auf einen Berg zu steigen. Dort dürfen sie etwas erfahren, was für die anderen noch verborgen bleiben muss, dort dürfen sie die Herrlichkeit Jesu sehen. »Ihr sollt niemand von dieser Erscheinung sagen, bis der Menschensohn von den Toten auferstanden ist« (Matthäus 17,1–9). Was unter den ersten Anhängern Jesu geschehen und dann auch Paulus widerfahren ist (2. Korinther 12,1ff.), hat sich in den 2000 Jahren danach immer wieder ereignet und war immer wieder unvermeidlich von einem Schweigegebot begleitet. »Berühre mich nicht!« (Johannes 20,17) – das Tabu für die Begegnung mit dem Auferstandenen gilt auch in der Sprache. Wenn das ewige Licht erscheint, müssen Menschen verstummen.

Wer in der Predigt die Andeutung wagt, dass es auch heute erstaunliche und merkwürdige Erfahrungen in der Welt des Glaubens gibt, wird in vielen Fällen auf innere Zustimmung, manchmal auch auf vertrauliche Erzählungen stoßen. Gemeindeglieder habe eine unerwartete Fähigkeit zur Prüfung der Geister. Mit Pfarrer/innen, die rechtschaffende Theologen geblieben sind, redet man über intensive religiöse Erfahrungen nicht, weil sie sehr schnell mit theologischer Zensur reagieren. Wer erkennen lässt, dass der Lichtweg des Glaubens das Leben nicht nur in dunklen Stunden erhellt, sondern auch Augen-Blicke in den göttlichen Glanz vermittelt, wird mit seinen Worten die verschwiegenen Wahrnehmungen nachträglich bereichern.

Für die seltenen Jahre mit einem sehr späten Ostertermin stehen auch drei Perikopen für den dann vorletzten Sonntag der Epiphaniaszeit zur Verfügung. Sie beleuchten die Wirklichkeit des in der Geburt Jesu erschienenen Gottes in dreifacher Hinsicht. Dieser Gott ist im Blick auf seine Gemeinde geduldig, wie ein vormoderner Landwirt, der nach der Aussaat auch das Unkraut auf dem Acker lässt (Matthäus 13,24–30). Darin besteht seine Treue, auf die man sich in Zeiten von Anfechtung und Versuchung immer verlassen kann: »Er wird euch auch Festigkeit geben bis ans Ende, und kein Tadel wird euch treffen am Tage unseres Herrn Jesus Christus« (1. Korinther 1,6–9). Weil dieser Gott unvergleichlich ist, ist jedes Gottesbild, aber auch jede Rede davon bis heute verboten. »Mit wem wollt ihr denn Gott vergleichen? Oder was für ein Abbild von ihr von ihm machen? (Jesaja 40,12–25). Der Schöpfer von Himmel und Erde, der Herr über Natur und Geschichte lässt sich nicht in ein Bildwerk oder ein Gedankensystem bannen. Seine Macht und Herrlichkeit kann man rühmen, von seinen Taten erzählen. Aber der, der alles regiert, lässt sich durch keinen Vergleich angemessen erfassen.

Lasset uns in Frieden den Herrn anrufen:
um seinen Frieden,
dass wir Frieden finden für unser Leben
und Frieden schaffen unter den Menschen,
um seine Barmherzigkeit,
dass er uns leben lässt trotz unserer Schuld
und Glauben schenkt gegen alle Verzweiflung,
um seine Liebe,
dass wir Liebe erfahren und Liebe üben,
dass wir auch ihn lieben,
den heiligen und mächtigen Gott,
lasset uns zum Herrn beten:
Herr, erbarme dich.

Für alle, die vom Verderben bedroht sind,
für die Hungernden und Verfolgten,
für die, die unter Krieg und Naturkatastrophen leiden,
für die Kranken und Sterbenden,
für die Arbeitslosen und die Armen,
dass ihnen allen geholfen werde,
durch Rat und Tat,
durch Beistand und Trost,
durch eine gründliche Änderung ihres Lebens;
für alle, die Verantwortung tragen,
in Politik, Wirtschaft und Wissenschaft,
in Krankenhäusern und Heimen,
in Gefängnissen und Gerichten,
in den Schulen und den Familien,
dass sie ihre Macht nicht missbrauchen,
dass sie dem Leben dienen
und der Wahrheit die Ehre geben,
lasset uns zum Herrn rufen:
Herr, erbarme dich.

Für die Kirchen in aller Welt,
für alle verfolgten und verwirrten Christen,
für alle Männer und Frauen,
die Gottes Wahrheit predigen und
seine Barmherzigkeit praktizieren,
dass sie sich nicht verführen und
nicht einschüchtern lassen,
dass sie nicht mutlos werden und nicht verzagen,
für uns alle,

an diesem Tag und alle Zeit unseres Lebens,
dass wir ihn loben,
den Grund unseres Lebens,
das Ziel unseres Sterbens,
lasset uns zum Herrn rufen:
Herr, erbarme dich.

Alle Geschöpfe, Herr, loben deinen Namen.
Alle Engel verkünden deinen Ruhm.
Alle Heiligen bekennen deine unendliche Gnade.
Mit ihnen allen sagen auch wir,
zum Tode geweiht, für das Leben erwählt,
dir Lob, Ehre und Dank,
dem ewigen und heiligen und allmächtigen Gott,
dem Vater und dem Sohn und dem Heiligen Geist,
jetzt und immerdar und von Ewigkeit zu Ewigkeit.
Amen.

Passion

Septuagesimae: Auf in den Kampf!

Herr, ewiger und allmächtiger Gott.
Das Leben, das du uns gegeben hast, ist manchmal sehr schwer.
In guten Zeiten denken wir:
Nun haben wir es endlich geschafft.
In schlechten Zeiten zweifeln wir daran,
dass du für uns sorgst.
Herr, mach uns frei von dem Hochmut,
dass wir dich eigentlich nicht brauchen,
aber auch frei von dem Misstrauen,
dass du uns nicht begleitest und hilfst.
Gib uns durch dein gutes Wort
Mut und Vertrauen für unser Leben,
durch Jesus Christus, deinen Sohn, unsern Herrn,
der mit dir und dem Heiligen Geist
lebt und regiert von Ewigkeit zu Ewigkeit.
Amen.

Im Glauben lebt man nicht unbedingt gemütlich und friedlich. Dieser Meinung ist jedenfalls Paulus, wenn er die Christ/innen in Korinth auf das Ziel sportlicher Wettkämpfer verweist: »Wisst ihr nicht, dass die Läufer in der Kampfbahn zwar alle laufen, aber nur einer den Siegespreis empfängt? Lauft so, dass ihr ihn gewinnt!« (1. Korinther 9,24–27).

Zahlreiche Formen, die zum Trainingsprogramm eines solchen Kampfes gehören, kommen in den anderen Perikopen zur Sprache. Schon die Einladung zur Teilnahme beruht nicht, wie das Beispiel des Zöllners Matthäus zeigt, auf persönlichen Vorzügen; denn Jesus ist »gekommen, die Sünder zu rufen und nicht die Gerechten« (Matthäus 9,9–13). Auch die Dauer der damit verbundenen Anstrengungen ist nicht entscheidend. Die Arbeiter im Weinberg erhalten ihren tariflich vereinbarten Lohn und sind doch enttäuscht, weil sie nicht mehr bekommen als die, die später angefangen und entsprechend weniger geschuftet haben (Matthäus 20,1–16a). Was wie Unrecht erscheint und unter Menschen in der Moderne auch Unrecht wäre, kann man als Macht und Freiheit Gottes nur respektieren. »Wem ich gnädig bin, dem bin ich gnädig; und wessen ich mich erbarme, dessen erbarme ich mich. So liegt es nicht am Wollen oder Laufen des Menschen, sondern an Gottes Erbarmen« (Römer 9,14–24). Deshalb können alle Mitarbeiter/innen auf diesem Feld immer nur sagen: »Wir sind unwürdige Knechte; wir haben nur getan, was wir zu tun schuldig waren« (Lukas 17,7–10). Der Kampf, der hier auszufechten ist, gilt vor allem der selbstbezogenen Angeberei. »Ein Weiser rühme sich nicht seiner Weisheit, ein Starker rühme sich nicht seiner Stärke, ein Reicher rühme sich nicht seines

Reichtums. Sondern wer sich rühmen will, der rühme sich dessen, dass er klug sei und mich kenne, dass ich der Herr bin« (Jeremia 9,22f.).

Kämpfe finden statt nicht nur auf dem Sportplatz. Pflanzen und Bäumen ringen um einen Platz an der Sonne. Bakterien und Viren, Elefanten und Fliegen streben wie alle Lebewesen danach, sich selbst und ihre Art zu erhalten. Religionen und Nationen, Rassen und Klassen wollen sich durchsetzen gegen die Konkurrenz. Das alles geschieht, nicht nach Gottes Willen, aber unter Gottes Geduld und fürsorglicher Begleitung, in der gefallenen Schöpfung. Und mitten darin versuchen Menschen, im Glauben an den gekreuzigten und auferstandenen Sohn Gottes zu leben.

Was ihren Kampf von allen anderen Auseinandersetzungen grundsätzlich unterscheidet, ist das Ziel. Der Sieg liegt nicht in der Unterwerfung der anderen, liegt nicht im irdischen Reichtum und weltlicher Macht. Das Streben nach Herrschaft über andere, nach Vergewaltigung ihrer Gewissen und Unterdrückung ihrer Vitalität, hat es auch in der Kirchengeschichte immer wieder gegeben. Und jeder, der im Namen der Allmacht aufzutreten wagt, gerät in die Gefahr, seine eigenen Machtgelüste damit zu verknüpfen. Der Kampf, der zum Sieg führt, findet statt in der eigenen Seele.

Denn für den Glauben liegt der Sieg nicht im Diesseits, sondern im Reich Gottes, das ihn durch Wort und Geist schon bestimmt. Demut ist deshalb die Grundhaltung gegenüber Gott und den anderen Menschen. In der Kraft der Geistesgegenwart gewinnt man Mut zum Kampf, verliert man den Kleinmut gegenüber der Gottheit, verzichtet man auf Hochmut gegenüber den Menschen, die einem nicht gefallen, und gerät man manchmal in jenen seligen Übermut, in dem man die Konflikte der Welt vergisst und von der Herrlichkeit des Reiches erfasst wird.

Herr, ewiger und allmächtiger Gott.
Wir danken dir,
dass du durch Jesus Christus
den Tod und alle Schreckensmächte
überwunden hast.
Wir danken dir für alle,
die den Kampf des Glaubens bestanden haben,
für alle Gerechten,
für ihr Leben und für ihr Sterben.
Wir danken dir, dass wir uns erinnern dürfen
an die Worte des Lebens
in der Bibel und im Bekenntnis der Kirche.

Weil wir blind sind, besessen und feige,
bitten wir dich um deine Erleuchtung:
dass unsere Augen geöffnet werden
und unsere Herzen ermutigt.
Lass die Kirche deine Wahrheit verkündigen.

Rette alle Menschen aus Wahn und Verblendung.
Lass alle, die Verantwortung tragen
für andere und für die Geschicke der Völker,
dem Frieden dienen und das Leben erhalten.

Weil wir ängstlich sind,
habgierig und verzweifelt,
bitten wir dich um die Kraft zum Mitleiden,
dass wir nicht alles festhalten müssen,
sondern frei werden zum Geben.
Lass die Kirche in aller Welt
an die Seite der Gebundenen, Verfolgten und Hungernden treten.
Gib allen Mächtigen ein menschliches Herz.
Lass alle Menschen ihr Glück finden
und den Frieden.

Weil wir vertrauensselig sind,
voller Suche nach Anerkennung und Liebe,
bitten wir dich um die Kraft zur Unterscheidung,
dass wir vor Irrtum, Lüge und Verführung
bewahrt bleiben.
Mach die Prediger frei von Menschenfurcht.
Schenk deiner Gemeinde in den Wirrnissen dieser Zeit
ein klares Bekenntnis.
Lass Menschlichkeit, Vernunft und Moral
nicht verderben, überall in der Welt.

Deinen Namen, Herr,
haben die Propheten, Apostel und Missionare
durch die ganze Welt getragen.
Deine Macht, Herr,
haben die Märtyrer mit ihrem Leben bezeugt.
Von deiner Gnade, Herr,
haben alle gelebt,
die dir vertraut haben
und an dir festhalten wollten
auch in Zeiten der Gefahr.

Mit ihnen und allen Christen auf Erden
loben wir dich,
den einen und einzigen Gott,
den Vater und den Sohn und den Heiligen Geist.
Amen.

Sexagesimae: Glaube und Erfahrung

Herr, verborgener Gott, gütiger Vater.
Tag für Tag machen wir Erfahrungen,
in denen wir dich erkennen können.
Es wird Tag, und es wird Nacht,
wir arbeiten und wir ruhen aus,
so vergeht die Zeit, die du uns schenkst.
Böses, das wir tun, belastet unser Gewissen.
Gutes, das wir erleben, bringt Licht in unsere Seele.
Herr, lass uns in dieser Stunde dein Wort hören,
dass wir deinen Willen erkennen
und dir mit ganzem Herzen dienen.
Durch unseren Herrn Jesus Christus, deinen Sohn,
der mit dir und dem Heiligen Geist
lebt und regiert von Ewigkeit zu Ewigkeit.
Amen.

Die Liebe ist nur am Anfang blind. Erst allmählich weiß sie zu schätzen, was sie in dem anderen Menschen gefunden hat. Auch der Glaube, der einen ergriffen hat, kann mit der Zeit entdecken, wie reich die Welt an Erfahrungen ist, die ihn unterstützen. Eine Fundgrube dafür ist in der alten Welt vor allem die Landwirtschaft gewesen. »Mit dem Reich Gottes ist es so, wie wenn jemand Samen aufs Land wirft und schläft und aufsteht, Nacht für Nacht und Tag für Tag; und der Same geht auf und wächst – er weiß aber nicht, wie« (Markus 4,26–29). Dass der Wachstumsprozess von oben gefördert wird, konnte man auch damals beobachten. »Denn wie der Regen und der Schnee herabkommen vom Himmel und nicht dorthin zurückkehren, sondern die Erde tränken und sie fruchtbar machen und sie zum Sprießen bringen und Samen geben dem, der sät, und Brot dem, der isst, so ist mein Wort, das aus meinem Mund hervorgeht« (Jesaja 55,6–12a). Auch die Tatsache, dass die Arbeit auf dem Feld nicht hundertprozentig erfolgreich ist, war unter den damaligen Bedingungen selbstverständlich. Die Aussaat kann zertreten, von den Vögeln gefressen und unter Dornen erstickt werden; umso erstaunlicher ist: »Ein Teil fiel auf gutes Land; und es ging auf und trug hundertfach Frucht« (Lukas 8,4–8). An der Alltagsarbeit auf und mit der Erde konnte man wahrnehmen, wie das Reich Gottes wächst.

Naturkatastrophen, die es auch damals reichlich gegeben hat, konnten an diesem Sachverhalt nicht grundsätzlich etwas ändern. Und die Modernisierung der Agrarproduktion hat zwar die Durchschnittserträge gesteigert, aber durch die Auslaugung und Versteppung von Böden sowie durch die Kapitalisierung des Saatguts neue Probleme gebracht.

Beim Bauern kann man sehen, wie das Reich Gottes wächst. Beim Krieger kann man entdecken, wie das Wort Gottes wirkt. Es bringt im entscheidenden Augenblick einen tiefen Einschnitt in die menschliche Existenz. »Das Wort Gottes ist lebendig und wirksam und schärfer als jedes zweischneidige Schwert« (Hebräer 4,12–13). Was sich harmlos anhört, kann einen an Leib und Seele zerreißen. Überleben wird einen solchen Eingriff nur, wer das Alte aufgibt und das Neue zu integrieren vermag. In den meisten Fällen spielen sich solche Konversionen untergründig, allmählich ab. Nur in einzelnen Augenblicken merken die Betroffenen dann, wovon sie sich trennen müssen, weil sie jetzt wirklich lebendig geworden sind.

Auf diesem Weg in das Reich macht der Glaube dann auch Erfahrungen, die ihrerseits zwiespältig sind. Dass sie Christen geworden sind, verdanken die Europäer einem Traumgesicht des Paulus. Der wollte, wie die Apostelgeschichte berichtet, seine Missionstätigkeit eigentlich in der Provinz Asia fortsetzen. Aber dann hatte er »eine Erscheinung bei Nacht: ein Mann aus Mazedonien stand da und bat ihn: Komm herüber nach Mazedonien und hilf uns!« (16,9–15). Für uns haben Träume in der Regel einen monologischen Charakter – die Seele verarbeitet dabei die eigenen Wünsche und Ängste aus dem Tageserleben. Paulus und seine Begleiter haben diese Erfahrung kerygmatisch verstanden und handelten sofort »in der Gewissheit, dass uns Gott dahin berufen hatte«. Auch die Bibel weiß, dass Propheten betrügen können; »denn sie verkünden euch Gesichter aus ihrem Herzen und nicht aus dem Mund des Herrn« (Jeremia 23,16). Insofern ist das psychologische Traumverständnis berechtigt. Aber gerade der kritische Glaube wird nicht grundsätzlich ausschließen können, dass Gott auch in diesem zwielichtigen Bereich Menschen anzurufen und in Bewegung zu setzen vermag.

Noch ungewöhnlicher ist die Erfahrung, von der Paulus im Streit mit den Korinthern zu reden wagt. »Ich kenne einen Menschen in Christus; es war vor vierzehn Jahren – ist er im Leib gewesen? ich weiß es nicht; oder ist er außer dem Leib gewesen? ich weiß es auch nicht; Gott weiß es – da wurde er entrückt bis in den dritten Himmel« (2. Korinther 12,1–10). Solche Himmelsreisen hat es in der Antike gegeben, gibt es bis heute bei den Schamanen und wird es, in dieser oder jener Variante, hin und wieder auch in der Gemeinde geben. Natürlich reagiert man als Theologe sofort mit dem naheliegenden Misstrauen, es könne sich hier um eine psychotische Störung handeln; und in der Tat sind solche pathologischen Phänomene in religiösen Gruppen nicht selten. Die Worte des Paulus selbst enthalten einen wichtigen Hinweis, wie man hier zu einer vorläufigen Differenzierung kommen kann. Er redet nur indirekt von sich selbst, er sagt betont: »Ich kenne einen Menschen in Christus«. Und auch an einer anderen Stelle, an der er sich mit dem Erlöser fast identifiziert, bleibt diese Differenz letztlich gewahrt: »Nun lebe nicht mehr ich, sondern Christus lebt in mir« (Galater 2,20).

In der Predigt wird man vielen, die mit außergewöhnlichen, ja unheimlichen Erfahrungen leben müssen, helfen, wenn man am Beispiel des Paulus die Möglichkeit gottgewirkter Träume und gottgeschenkter Himmelsreisen erwähnt. Bei der Seelsorge wird dann im vorsichtigen Gespräch zu klären sein, wie es sich beim Einzelnen in theologischer wie in psychologischer Hinsicht damit konkret verhält. Auf jeden Fall sollte man bei der Beurteilung solcher Erfahrungen in einer theologischen Anthropologie nicht nur mit dem Unterbewusstsein, sondern auch mit einem Überbewusstsein in der von Gott geschaffenen Seele rechnen.

Herr, ewiger und allmächtiger Gott.
Wir danken dir für die Wunder der Welt,
die du geschaffen hast.
Wir staunen über die Wege des Lebens,
die du uns führst.
Werke der Menschen zerstören deine Schöpfung,
Werke der Menschen zeigen aber auch den Schrecken
und die Schönheit des Daseins.
Wir haben die Wahrheit in deinem Wort gehört.
Nun lass uns auch,
jetzt und in der Stunde unseres Todes,
deine herrliche Wirklichkeit sehen.

Weil du ein Gott bist,
der sich unter den Menschen hören lässt
und der menschliches Rufen erhört,
bitten wir dich für alle, die warten:
für die Armen um Hilfe,
für die Hungernden um Brot,
für die Gefangenen um Befreiung,
für die Kranken um Gesundheit,
für die Sterbenden um ein seliges Ende,
für die Trauernden um Trost,
für die Verzweifelten um Hoffnung,
für die Erschöpften um Kraft,
für die Unzufriedenen um Geduld,
für die Leidenden um Rettung,
für alle Menschen um Augenblicke des Glücks.
Herr, lass alle die Fülle des Lebens erfahren.

Weil du ein Gott bist,
der sich sehen lässt unter den Menschen,
der aber auch das, was auf Erden geschieht, sieht,
bitten wir dich für alle,
die Macht und Verantwortung haben:
in Wirtschaft und Politik,
in der Wissenschaft und in den Medien,
in Krankenhäusern und Schulen,
in der Verwaltung und in den Gerichten:

dass sie dem Unrecht wehren und das Recht fördern,
dass sie das Elend sehen und für Abhilfe sorgen,
dass sie das Klagen und Schreien hören
und bei aller Strenge barmherzig bleiben.
Erleuchte, die verblendet sind.
Erwecke, die von Geldgier und Machtrausch betäubt sind.
Errette und bewahre uns alle
vor den Mächten des Bösen.

Weil du ein Gott bist,
der vor aller Zeit gewesen ist
und der nach aller Zeit sein wird,
bitten wir dich für alle,
die in unserer Zeit das Evangelium zu predigen haben:
dass sie angesichts der Armen nicht mutlos werden,
dass sie den Reichen nicht zu schmeicheln beginnen,
dass sie in den Stunden von Anfechtung und Verfolgung Beistand finden,
dass sie die Härte des Lebens nicht verharmlosen
und deine Gnade nicht billig verschleudern,
dass sie klar und eindeutig, voller Liebe und Zuversicht
dir und den Menschen dienen.
Segne, Herr, deine Gemeinde überall in der Welt.
Erhöre, Herr, alle, die zu dir rufen.
Zeige dich allen, die dich suchen.

Die Himmel, Herr, rühmen deine Werke.
Die Geschöpfe der Erde, Herr, singen dein Lob.
Alles, was Menschen tun, bezeugt deine Macht.
Alles, was ist, wartet auf dein Reich.
Öffne unsere Ohren, dass wir den Klang des Lebens vernehmen.
Reinige unsere Augen, dass wir überall dein Wirken erkennen.
Erfülle unsere Herzen, damit nichts uns trennen kann von deiner Liebe.
Dir, dem einen und einzigen Gott,
der da ist und der da war und der da kommt,
dem Vater und dem Sohn und dem Heiligen Geist
sei Lob und Ehre, Preis und Anbetung
jetzt und alle Zeit und von Ewigkeit und Ewigkeit.
Amen.

Estomihi: Leben mit Leiden

Herr, heiliger Gott, allmächtiger Vater.
Dein Sohn von Ewigkeit her
hat dein herrliches Reich verlassen
und ist Mensch geworden wie wir.
Er hat mit uns gelitten,
ist für uns gestorben
und durch dich auferweckt worden.
Auch wir dürfen diesen Weg zu dir gehen.
Durch alles Leiden und Elend hindurch
werden wir deine Herrlichkeit sehen.
Gib uns Kraft und Mut,
dass wir dabei nicht verzagen,
sondern jederzeit dir vertrauen
durch unseren Herrn Jesus Christus, deinen Sohn,
der mit dir und dem Heiligen Geist
lebt und regiert von Ewigkeit zu Ewigkeit.
Amen.

In den Texten für diesen Sonntag kündigt sich das Thema für die bevorstehende Passionszeit an. »Der Menschensohn muss viel leiden und von den Ältesten und Hohepriestern und Schriftgelehrten verworfen und getötet werden – und nach drei Tagen auferstehen« (Markus 8,31–38). Das Leiden kommt also nicht unerwartet, für Jesus nicht, aber auch nicht für die, die an ihn glauben. Die dritte Leidensankündigung nach Lukas soll mit der Heilung eines Blinden kombiniert werden. Auf die Bitte, ihn gesund zu machen, antwortet Jesus: »Du sollst wieder sehen! Dein Glaube hat dir geholfen« (Lukas 18,31–43). Damit wird das Ziel solcher Ankündigungen sehr deutlich unterstrichen. Die Leidenszeit ist nicht nur begrenzt, sondern sie wird auch erträglich, wenn man sich im Hören und im Sehen auf sie einstellen kann. Wie die moderne Kommunikationsforschung gezeigt hat, kann eine solche Ankündigung zunächst einen mehr oder weniger intensiven Schock auslösen. Aber das Ereignis selbst wird dann, weil es nicht unerwartet und auch nicht sinnlos plötzlich über einen hereinbricht, mit größerer Gelassenheit akzeptiert.

Das Leiden soll man nicht suchen und auch nicht freiwillig auf sich nehmen. Gerade manche Formen spiritueller Praxis werden deshalb in der Bibel kritisch beleuchtet. So wird jedes Fasten, das am sozialen Unrecht nichts ändert, zurückgewiesen und mit einer positiven Handlungsanweisung korrigiert: »Brich dem Hungrigen dein Brot, und die im Elend ohne Obdach sind, hole ins Haus!« (Jesaja 58,1–9a). Ja, der Gottesdienst insgesamt mit seinem materiellen und spirituellen Opfergehabe wird verworfen. »Tu weg von mir das Geplärr deiner Lieder; denn ich mag dein Harfenspiel nicht hören! Es ströme aber das Recht wie Wasser und die Gerechtigkeit wie ein nie versiegender Bach!« (Amos 5,21–27). Auch die wunderbarste Kirchenmusik darf das Geschrei der Hungernden und Verzweifelten nicht übertönen. Sonst wird daraus in der Tat das, was Marx zu recht an der ganzen Religion kritisiert hat: »Opium des Volkes«.

Das Leiden des Glaubens schließt auf jeden Fall Mitleiden ein. Aber im Blick auf die Konsequenzen, die daraus zu ziehen sind, bleiben die vorgeschlagenen Perikopen erstaunlich zurückhaltend. Jede Form von Aktionismus ist ausgeschlossen. Bei zwei Schwestern in einem Dorf kann man lernen, was Jesus zunächst erwartet. Die eine hört ihm zu, die andere hat »alle Hände voll zu tun, um ihm zu dienen«. Gerade sie bekommt von ihm zu hören: »Martha, Martha, du machst dir viel Sorgen und Mühe. Aber nur wenig ist nötig, – eigentlich nur eines!« (Lukas 10,38–42). Die Seele benötigt Kraft, bevor man sich ganz für andere einsetzen kann. Dementsprechend besingt das Hohelied der Liebe nicht das humane Engagement, nicht die körperliche Leidenschaft, auch nicht die zwischenmenschliche Sympathie, sondern die Fähigkeit, alles, was ist und wie es ist, auszuhalten: »Sie erträgt alles, sie glaubt alles, sie hofft alles, sie duldet alles« (1. Korinther 13). Unter den drei Energien des Glaubens wird sie von Paulus deswegen als »größer« im Vergleich mit den anderen (nicht als die »Größte«) bezeichnet, weil Glaube und Hoffnung ihr helfen müssen, angesichts aller Leidenserfahrung am Leben zu bleiben.

Die christliche Botschaft hat sich im religiösen Pluralismus der antiken Welt sicher auch deswegen durchgesetzt, weil das Evangelium das menschliche Leiden nicht mehr einseitig als göttliche Strafe versteht. Gott selbst hat in seinem Sohn diese schreckliche Erfahrung geteilt. Sein Weg durch die Hinrichtung hindurch zur Auferstehung wird zum Modell eines Lebens, in das man auch die negativen Seiten des Daseins zu integrieren vermag. Das Leiden wird erträglich, weil es im Zentrum des Glaubens fundiert und durch die Perspektive der Hoffnung gut aufgehoben ist. Es muss und darf nicht in der frommen Übung gesucht werden, sofern man dabei alles, was außerhalb der religiösen Praxis passiert, verdrängt und vergisst. Aber man muss im Mitleiden mit den anderen auch das dadurch angestoßene eigene Leiden aushalten lernen. Nicht jedes Bedürfnis bei anderen muss man sofort stillen. Und auch nicht jedes Unrecht kann man als Einzelner sofort beseitigen. Gelebte Liebe erträgt auch das Leiden an sich selbst, an der eigenen Unvollkommenheit, vor allem an der eigenen Begrenztheit. Wir dürfen und sollen lieben. Aber Gott allein ist die Liebe.

Herr, ewiger, heiliger Gott, allmächtiger Vater.
Deine Hand liegt schwer auf uns.
Du führst uns dunkle Wege.
Du legst uns Lasten auf,
unter denen wir leiden.
Aber du hilfst uns auch jeden Tag neu.
Dein Wort zeigt uns die Not und den Tod
und die Schuld unseres Lebens,

aber immer mit der Hoffnung auf dein ewiges Reich.
Dein Wort erinnert uns an das Elend,
das wir verdrängen möchten.
Du hast alle Not getragen.
Dafür danken wir dir.
Und wir danken auch dafür,
dass dein Wort uns alle Illusionen erspart.
Du machst uns frei zu einem Leben
in dieser harten Welt.
Du machst uns frei,
dir zu glauben, dich zu lieben,
auf dein Reich zu hoffen.

Weil wir allein dir vertrauen,
denken wir an die Menschen,
die deine Hilfe brauchen.
Erbarme dich der Hungernden.
Befreie die Unterdrückten.
Versöhne die Verfeindeten.
Rette die Kranken, die Verzweifelten, die Sterbenden.
Gib allen, die helfen wollen,
Kraft, Geduld und Verstand.

Weil wir allein dir vertrauen,
denken wir an die Menschen,
die Macht haben,
hier und überall in der Welt.
In den Familien und Betrieben.
In den Gerichten und Ämtern.
In den Kasernen und in den Medienzentralen.
In den Regierungen und Parlamenten.
In den Zentren der Wirtschaft.
Wehre allem Missbrauch von Herrschaft.
Erweiche die harten Herzen.
Demütige die Mächtigen
und ermutige die Machtlosen.
Lass Frieden, Freiheit und Gerechtigkeit wachsen,
bei uns und in allen Ländern der Erde.

Weil wir allein dir vertrauen,
denken wir an die Männer und Frauen,
die in deiner Kirche arbeiten
und dein Wort verkündigen.

Gib ihnen den Hochmut des Glaubens,
dass sie Angst und Feigheit verlieren.
Bestärke sie in der Wahrheit,
dass sie sich nicht verwirren lassen
und dein klares Wort laut und öffentlich sagen.
Gib ihnen Kraft zum Gebet,
dass sie allein dir dienen
und deinen Namen ehren
mit ihrem Reden und Tun.

Weil wir allein dir vertrauen,
preisen wir deine unendliche Gnade,
beugen wir uns deiner unergründlichen Führung,
bitten wir um Beistand in aller Anfechtung und Gefahr.

Mit den Vätern und Müttern des Glaubens,
mit den Christen in allen Ländern der Erde,
mit allen Engeln und himmlischen Mächten,
mit den Geschöpfen deiner herrlichen Welt
sagen wir dir
Dank, Ehre und Ruhm,
dem Vater und dem Sohn und dem Heiligen Geist,
der du lebst und regierst von Ewigkeit zu Ewigkeit.
Amen.

Invocavit: Versuchung

Herr, ewiger und allmächtiger Gott,
der du alles weißt und alles kannst.
Wir Menschen wollen sein wie du,
aber wir schaffen es nicht.
Mit unserem Wissen sind wir dabei,
deine Schöpfung zu zerstören.
Trotz unseres Wissens fehlt überall die Kraft,
die Zerstörung des Lebens aufzuhalten.
Deshalb bitten wir dich von ganzem Herzen,
schicke uns die Wahrheit deines Wortes
und die Klarheit deines Geistes,
dass wir allein dir vertrauen
und uns in unserem Leben allein von dir leiten lassen.
Durch unseren Herrn Jesus Christus, deinen Sohn,
der mit dir und dem Heiligen Geist
lebt und regiert von Ewigkeit zu Ewigkeit.
Amen.

In der Versuchung zeigt sich, dass das menschliche Suchen in eine verfehlte Richtung gelockt werden kann. Was in Urzeiten durch diese heikle Situation ausgelöst worden ist, verrät die Urgeschichte vom Sündenfall der ersten Menschen. »Ihr werdet sein wie Gott und wissen, was gut und böse ist« (1. Mose 3,1–19). Das klingt verheißungsvoll, aber ist im Grunde eine Falle. Weil sich diese Erkenntnis der Differenz zwischen Gut und Böse einer anmaßenden und deshalb bösen Handlung verdankt, ist sie von vornherein durch die Macht des Bösen vergiftet und in der Praxis nicht mehr eindeutig umsetzbar. Jesus selbst muss erfahren, dass die gottwidrige Macht auch Worte der Heiligen Schrift einsetzen kann, um ihn zum Abfall von Gott zu bewegen. Jesus behält in dem visionären Streitgespräch nach vierzig Fastentagen deswegen einen klaren Kopf, weil er unterscheiden kann, wer gut und wer böse ist. »Da sagte Jesus zu ihm: Weg mit dir, Satan! Denn es steht geschrieben: Du sollst den Herrn, deinen Gott, anbeten und ihm allein dienen« (Matthäus 4,1–11). Bei der Entscheidung im Augenblick der Versuchung hilft kein moralisches oder theologisches Wissen, sondern allein die Fähigkeit zum doxologischen Akt des Bekennens: »Ich entsage dem Bösen – ich bete dich an, den einen und einzigen Gott.«

Das Neue Testament lässt keinen Zweifel daran, dass in dieser fundamentalen Versuchung nur einer standhaft geblieben ist. Selbst Petrus aus dem engsten Jüngerkreis wird die Behauptung seiner Glaubensfestigkeit nicht durchhalten können. »Petrus, ich sage dir: Der Hahn wird heute nicht krähen, bevor du dreimal verleugnet hast, dass du mich kennst« (Lukas 22,31–34). Tröstlich ist, dass Jesus, obwohl und weil er die äußerste Gottverlassenheit selbst erlebt und bestanden hat, uns nicht verurteilt. »Denn wir haben ja nicht einen Hohenpriester, der mit unseren Schwächen kein Mitleid haben könnte, sondern der wie wir in allem versucht worden ist, doch ohne Sünde« (Hebräer 4,14–16).

Versuchung, das meint in der Bibel mehr als den Verzicht auf Lebenslust und Lebensgenuss, sondern bezeichnet jenen Moment, in dem ich in einem Machtkampf verstrickt bin. Will ich sein wie Gott und selbst über alles entscheiden? Oder will ich mit dem, was ich tue und was ich erdulde, Gott dienen? Paulus demonstriert an seiner eigenen Person, dass es faktisch keine Lebenslage gibt, in der ich dieser Machtfrage entzogen bin. Aus einer langen Liste müssen hier die letzten Verse genügen: »wie Sterbende, und seht: wir leben, wie Gezüchtigte, und doch nicht dem Tod geweiht, wie Trauernde, doch stets voller Freude, wie Bettler, die dennoch viele reich machen, wie Besitzlose, die alles besitzen« (2. Korinther 6,1–10). Um in einer solchen Situation der Bedrängnis Klarheit zu gewinnen, kann es hilfreich sein, der Mahnung aus dem Jakobusbrief zu folgen: »Keiner, der versucht wird, soll sagen, dass er von Gott versucht werde. Denn Gott kann nicht versucht werden zum Bösen, und er selbst versucht niemand. Sondern jeder, der versucht wird, wird von seiner eigenen Begierde gereizt und gelockt« (1,13–18).

Die Begierde nach Lebenserhaltung und Weltbeherrschung hat in der Gegenwart dazu geführt, dass die grundlegende Unterscheidung für das Verständnis von Versuchung weitgehend verloren gegangen ist. In vielen Fällen können wir gar nicht mehr eindeutig sagen, was gut und was böse ist. Und an vielen Stellen kann man den Eindruck gewinnen, die Menschheit sei nach Kräften dabei, die letzte Grenze gegenüber dem Göttlichen, die eigene Sterblichkeit nämlich, aufzubrechen. Es entspricht dem biblischen Weltverständnis, dass solche Irrungen und Verwirrungen letzten Endes in eine umfassende Lebensgefährdung führen. Denn selbst dann, wenn alle behaupten, sie wüssten, was gut und was schlecht ist, beim Klimawandel etwa und beim weltweit laufenden Verarmungsprozess, sorgen Begierden, heute Interessen genannt, beim Einzelnen wie bei Klassen und Staaten dafür, dass entscheidende Veränderungen unterbleiben. Das Wissen derer, die sein wollen wie Gott, bleibt kraftlos, solange nicht Gott selbst die Wissenden zum tatkräftigen Einsatz bewegt.

Herr,
ewiger und allmächtiger Gott.
Wir danken dir für das Licht und die Kraft deines Wortes.
Wir danken dir,
dass wir auf deiner Erde leben dürfen.
Wir danken dir,
dass wir dir vertrauen dürfen.
Wir danken dir,
dass wir in aller Angst und Verzweiflung
auf dich und dein Reich hoffen dürfen.

Weil du ein gnädiger und ein mächtiger Gott bist,
bitten wir demütig um dein Erbarmen:
für deine bedrohte Erde,
für Luft und Wasser und Boden und Wälder,
für Tiere und Pflanzen,
für uns Menschen und das,
was wir in unserem Wahnsinn tun;
wir bitten dich für Hungernde und Unterdrückte,
für Einwanderer und Asylsuchende,
für Arbeitslose und Arme,
für Kranke und Sterbende,
für Verzweifelte und Verwirrte,
dass Not ein Ende findet,
dass Leben gerettet wird,
dass Sterben erträglich bleibt.

Weil du ein gnädiger und ein mächtiger Gott bist,
bitten wir demütig um dein Erbarmen:
dass die Macht des Bösen gebrochen wird,
dass die Zerstörung der Schöpfung aufhört,
dass alle, die aus Habgier und Dummheit,
aus Machtstreben und Forschungsdrang
Leben gefährden,
von ihrem Irrweg abgebracht werden;
wir bitten dich um Mut und Phantasie,
dass wir nach Alternativen suchen,
dass wir selber von Umkehr nicht nur reden,
sondern tatkräftig mit der Änderung unseres Lebens beginnen.

Weil du ein gnädiger und ein mächtiger Gott bist,
bitten wir demütig um dein Erbarmen:
für alle Männer und Frauen,
die schwierige Entscheidungen treffen müssen,
an den Schaltstellen der Macht,
in Wirtschaft und Gerichten,
an den Hochschulen und in den Medien;
lass sie alle dem Frieden und der Wahrheit
und der Gerechtigkeit dienen,
dass ihre und aller Menschen Arbeit das Leben befördert.
Wir bitten dich auch für alle,
die dein Wort verkündigen,
die deine Schöpfung verteidigen,
dass sie im Kampf wachsam
und im Leiden menschlich bleiben.

Wir bitten dich für uns alle,
dass wir kritisch bleiben in aller Versuchung,
dass wir nicht selbstgerecht werden
gegenüber den anderen,
dass wir nicht zynisch werden
in unserer Enttäuschung,
dass wir ohne Selbstmitleid leben,
auf dieser wunderbaren Erde,
in der Hoffnung auf dein herrliches Reich.

In aller Not rufen wir dich um Hilfe.
In allem Glück danken wir für deinen Segen.
Mit jedem Atemzug loben wir
deinen herrlichen Namen,
dich, den ewigen und allmächtigen Gott,
den Vater und den Sohn und den Heiligen Geist.
Amen.

Reminiscere: Gerichtsperspektiven

Herr, heiliger Gott, allmächtiger Vater.
Du bist der Schöpfer der Welt,
der Retter der Menschheit,
der Richter des Bösen.
Du kennst unsere Taten,
aber auch unsere Gedanken und unsere Gefühle.
Befreie uns, Herr, von allen Mächten,
die uns von dir trennen wollen.
Besetze unsere Herzen mit deinem Geist,
erleuchte unsere Gedanken,
reinige unsere Gefühle,
ordne unser Leben.
Darum bitten wir dich
durch unseren Herrn Jesus Christus, deinen Sohn,
der mit dir und dem Heiligen Geist
lebt und regiert von Ewigkeit zu Ewigkeit.
Amen.

Im Glauben muss man das Gericht Gottes nicht länger verdrängen. Zu eindeutig reden die biblischen Schriften nicht nur von der göttlichen Gnade, sondern auch von seinem gewaltigen Zorn. Oft liefern in der Bibel Verhaltensmuster aus der Landwirtschaft die anschauliche Begründung. Die Gemeinde selbst wird aufgefordert zum Urteil über einen Weinberg, der schlechte Trauben hervorbringt, und kann die Entscheidung des Besitzers eigentlich nur unterstützen: »Ich will ihn wüst liegen lassen, dass er nicht beschnitten und gehackt werde, sondern Disteln und Dornen darauf wachsen« (Jesaja 5,1–7). Ähnliches gilt, wenn nicht der Boden, sondern die Arbeiter schlecht sind. Nachdem sie seine Vertreter zurückgeschickt und seinen Sohn sogar getötet haben, kann er nur noch eines tun. »Er wird kommen und die Weingärtner ums Leben bringen und den Weinberg anderen geben« (Markus 12,1–12). Im Blick auf solche Alltagserfahrungen können die Betroffenen nur sich selbst das vernichtende Urteil sprechen. Beim jüngsten Gericht werden Jona, aber auch die Heiden aus Ninive und die Königin aus dem Süden gegen die auftreten, die von Gott abgefallen sind und die Umkehr verweigert haben (Matthäus 12,38–42).

In den ersten Jahrzehnten nach Jesu Tod war diese Aussage eindeutig gegen die Juden gerichtet gewesen, die das Zeichen des Jona in Jesu Tod und Auferstehung nicht verstanden haben. Sehr betont markiert der außerirdische Logos im Johannes-Evangelium die entscheidende Differenz: »Ihr seid von unten, ich bin von oben; ihr seid von dieser Welt, ich bin nicht von dieser Welt. Darum habe ich euch gesagt, dass ihr in euren

Sünden sterben werdet; denn wenn ihr nicht glaubt, dass ich es bin, werdet ihr in euren Sünden sterben« (Johannes 8,21–30). Natürlich gilt das, was damals zu den Juden gesagt worden ist, erst recht für die Gemeinde derer, die sich im Namen Jesu versammeln. Auch sie sind dem Gericht Gottes nicht in der Weise entzogen, dass sie es einfach vergessen können. Sie haben das Urteil der Sündenvergebung, das Gott im Sterben seines Sohnes gesprochen hat, gewiss schon hinter sich, aber das Urteil Gottes über ihr eigenes Leben im Glauben oder Unglauben noch vor sich.

Weil sie keine Angst vor dem Gericht haben müssen, brauchen Christ/innen diese harte Wirklichkeit nicht zu leugnen. »Denn wenn ihr mit Gott versöhnt worden seid durch den Tod seines Sohnes, als wir noch Feinde waren, um wie viel mehr werden wir gerettet werden durch sein Leben, nachdem wir nun versöhnt sind.« Unter dem Einfluss des Geistes bildet sich in unserer Seele unvermeidlich die energetische Kette von Glaube und Liebe und Hoffnung (Römer 5,1–11). Neben vielen anderen Gestalten im Alten Testament bietet Abraham ein Beispiel für eine Lebenshaltung, die auch in der Fremde und im Alter von der Kraft Gottes bestimmt ist (Hebräer 11,12). Glaube ist nicht nur Annahme dessen, was in Christus geschehen ist, und Vertrauen zu dem, der uns durchs Leben begleitet, sondern auch und vor allem »eine gute Zuversicht auf das, was man hofft« (Hebräer 11,1).

Die evangelische Theologie hat in den letzten Jahrzehnten den Aspekt der Hoffnung sehr stark betont und dabei eine bestimmte Dimension besonders hervorgehoben. Die Zuversicht des Glaubens bezog sich dabei zentral auf das Kommen des Reiches Gottes. Aber diese Zukunft der neuen Welt sollte sich unvermeidlich auch in der Ankunft von Veränderungen in der vergehenden alten Welt ankündigen. In dieser Hinsicht wollte die »Theologie der Hoffnung« (J. Moltmann) immer auch eine politische Theologie sein.

Das kann man so stehen lassen, wenn man es nach zwei Seiten hin vor Missverständnissen schützt. Gewiss gibt es Zeichen der Hoffnung auch in der gefallenen Schöpfung, denn sie hört ja nicht auf, Schöpfung Gottes zu sein. Aber die Zukunftsperspektive der neutestamentlichen Zeugen richtet sich nur indirekt auf die Verbesserung der eigenen Lebensbedingungen. Entscheidend ist, dass man vor dem Endgericht keine Angst haben muss. Dadurch werden Kräfte frei, auch schwierige Lebenslagen tapfer und getrost zu bestehen. Hoffnung, die auf der anderen Seite allzu ungebremst einem Reich-Gottes-Fortschritts-Optimismus frönt, kann zur persönlichen Überforderung wie zu politischen Illusionen führen. Auf beiden Wegen kann man durch Skepsis und Resignation, aber auch durch diktatorische Fremd- wie Selbstbeherrschung zuschanden werden. Nicht nur Kommunismus und Kapitalismus können, wie wir es erleben, verglühen, sondern auch alle angeblich christlichen Experimente mit der Herstellung eines neuen Menschen enden mit Schrecken. Die Hoffnung des Glaubens rechnet frohgemut mit Gottes Gericht. Hoffnungen des Irr- oder Unglaubens müssen dagegen das letzte Gericht vor Anbruch des Reiches immer selbst praktizieren.

Lasset uns in Frieden den Herrn anrufen,
um seinen Frieden,
dass wir Frieden finden für unser Leben
und Frieden schaffen unter den Menschen,
um seine Gerechtigkeit,
dass alle Menschen ihr Recht finden
und von der Macht des Bösen errettet werden,
um seine Barmherzigkeit,
dass das Leiden der Schöpfung ein Ende hat
und dass auch wir mit unserer Schuld Erbarmen finden,
lasset uns zum Herrn rufen:
Herr, erbarme dich.

Für alle, deren Leben bedroht ist,
für die Kranken und die Sterbenden,
für die vom Krieg Heimgesuchten,
für die Hungernden,
für die ihrer Rasse oder Religion wegen Verfolgten,
für die Ausgebeuteten und die Gefolterten,
für die Einsamen und Verzweifelten,
für die Arbeitslosen und Armen,
dass alle errettet werden aus ihrer Not
und Hilfe finden für ein neues Leben,
lasset uns zum Herrn rufen:
Herr, erbarme dich.

Für alle, die Macht und Verantwortung tragen,
dass sie nicht hochmütig werden
und menschenverachtend,
dass sie dienen und nicht herrschen,
dass sie das Recht achten und das Leben fördern,
lasset uns zum Herrn rufen:
Herr, erbarme dich.

Für alle, die Böses planen und Böses tun,
dass ihre Pläne zuschanden werden
und ihre Absichten nicht gelingen,
für alle, die für Recht und Freiheit kämpfen,
die bedrohte Völker und gefährdete Arten erhalten wollen,
dass ihr Einsatz gesegnet werde,
lasset uns zum Herrn rufen:
Herr, erbarme dich.

Für alle, die das Wort zu verkündigen haben,
dass sie es ohne Menschenfurcht tun,
für alle, die den einzigen Gott bekennen,
dass sie sich nicht verführen lassen durch irdische Güter
und nicht kaufen lassen von menschlichen Machthabern,
lasset uns zum Herrn rufen:
Herr, erbarme dich.

Für uns alle,
dass wir nüchtern bleiben trotz aller Angst,
dass wir mutig ausharren auch in Ohnmacht,
dass wir uns nicht anstecken lassen von der Macht des Bösen,
lasset uns zum Herrn rufen:
Herr, erbarme dich.

Nimm dich unser gnädig an.
Rette und erhalte uns.
Denn dir allein gebührt
der Ruhm und die Ehre und die Anbetung,
dem Vater und dem Sohn und dem Heiligen Geist,
jetzt und immerdar und von Ewigkeit zu Ewigkeit.
Amen.

Oculi: Nachfolgewege

Herr, heiliger Gott, allmächtiger Vater,
du hast uns ins Leben gerufen,
du hast uns in deine Gemeinde geholt,
du hast uns heute zu diesem Gottesdienst versammelt.
Wir sind dir gefolgt,
so gut wir es wissen
und so schlecht wir es können.
Lass uns nun hören, wie es mit uns weitergehen soll.
Entscheidend ist,
was du mit uns vorhast,
nicht was wir wünschen und planen.
Lass uns heute und alle Zeit dir vertrauen
durch unsern Herrn Jesus Christus, deinen Sohn,
der mit dir und dem Heiligen Geist
lebt und regiert von Ewigkeit zu Ewigkeit.
Amen.

Wie alle Berufungsgeschichten zeigen, schlägt man den Nachfolgeweg nicht freiwillig ein. Vorwurfsvoll erinnert der Prophet Jeremia Gott an diesen gewaltsamen Akt: »Herr, du hast mich überredet und ich habe mich überreden lassen. Du bist mir zu stark gewesen und hast gewonnen« (20,7–11). Dass man auf diesem Weg selbst die Pietätspflicht der Beerdigung hinter sich lassen muss, erfährt ein Unbekannter in der Begegnung mit Jesus: »Lass die Toten ihre Toten begraben; geh du aber hin und verkündige das Reich Gottes« (Lukas 9,57–62). Wie Jesus selbst auf seiner Wanderschaft ist schon Elia obdachlos und hungrig durch die Lande gezogen und wunderbarerweise durch ein geröstetes Brot und einen Krug Wasser 40 Tage lang bei Kräften geblieben (1. Könige 19,1–8). Die Auswahl dieser Perikopen präsentiert Lebensformen, die sich von der bürgerlichen Welt des mitteleuropäischen Christentums erheblich unterscheiden. Überwältigung, Trennung und Unsicherheit, die den Nachfolgeweg in diesen Texten charakterisieren, müssen hier in anderen Mustern praktiziert werden können.

Menschen, die durch die Taufe »Gottes Nachfolger« geworden sind, sind dadurch in eine neue Wirklichkeitssphäre geraten. »Ihr wart früher Finsternis, nun aber seid ihr Licht im Herrn. Lebt als Kinder des Lichtes; die Frucht des Lichtes ist lauter Güte und Gerechtigkeit und Wahrheit« (Epheser 5,1–8). Auch ohne dass man Haus und Beruf und Familie verlässt, kann man in einen Raum versetzt werden, in dem andere, neue, gute Einflussfaktoren das Verhalten bestimmen. Christen leben als Fremdlinge in ihrer sozialen Umgebung, weil ihr Leben durch den Willen des heiligen Gottes bestimmt ist: »Ihr sollt heilig sein, denn ich bin heilig« (1. Petrus 1,13–21). Das Vorbild hat der Sohn Gottes geliefert, der sich selbst für andere geopfert hat. Hingabe in der Nachfolge muss aber keineswegs immer das eigene Leben kosten, sondern kann auch, wie man bei einer armen Witwe lernen kann, in der Bereitschaft bestehen, die eigenen Lebensmittel mit anderen zu teilen (Markus 12,41–44). In der göttlichen Ökonomie wird anders gerechnet. Hier zählt auch Weniges, das (fast) alles ist, mehr als der reine Zahlenwert aussagt.

Nachfolge ist immer das christliche Alternativprogramm in der Gesellschaft gewesen. Auf der einen Seite in Lebensformen einer religiösen Elite. Anhänger Jesu sind als Wanderprediger durch die Lande gezogen wie die Geißler im Mittelalter und die Starzen in Russland. Eremiten haben die Wüsten bevölkert, Mönche und Nonnen haben in Klöstern ihr Leben verbracht. Auch noch im protestantischen Pfarrhaus sollte man darstellen, dass man als Familie ohne viel Geld, aber mit guter Bildung ein Leben aus der Kraft des Glaubens gestalten kann. Dieses Projekt, das Martin und Käthe in ihrem Wittenberger Haushalt angestoßen hatten, zielte freilich auf mehr. Der Pfarrer mit seiner Familie sollte sich gerade nicht von den Gemeindegliedern unterscheiden, sondern sollte die bestehenden Schranken zwischen Priestern und Laien in der Lebensführung aufheben. Nachfolge hieß seit der Reformation für alle Christ/innen: ein Leben im weltlichen Beruf, aber als geheiligte Familie zu führen.

Dieses Projekt scheint derzeit, mindestens vorübergehend, ein Auslaufmodell zu sein. Viele Geistliche verstehen die Rede vom Priestertum aller Glaubenden so, dass nicht alle Christen priesterlich, sondern alle Pfarrer/innen weltlich leben dürfen. Aber auch ohne eine solche Verkehrung der reformatorischen Lehre stellen sich elementare Fragen. Was Nachfolge unter veränderten Lebensbedingungen heißt, ist heute generell schwer zu bestimmen. Lösungsmuster für Beziehungskrisen in der Partnerschaft und zwischen den Generationen haben sich verändert. Eindeutige Urteile über Ehescheidung und Homosexualität sind nicht mehr möglich. Dass alle Mitglieder einer Familie den christlichen Glauben teilen, ist nicht mehr selbstverständlich. Die Fähigkeit zur Versöhnung muss nicht unbedingt dazu führen, dass man bereit bleibt, »das Kreuz der Ehe«, wie es in alten Trauformularen hieß, gemeinsam für immer zu tragen. Versöhnung ist auch und gerade in Trennungsprozessen ein unverzichtbares Gut. Und ähnlich wie das Familienleben hat sich auch die berufliche Welt an entscheidenden Punkten verändert. Man bleibt nicht lebenslang in dem »Stand«, in den man hineingeboren ist. Man nimmt nicht einfach hin, was einem zugeteilt wird, sondern muss sich auf dem Arbeitsmarkt gegen zahlreiche Konkurrenten behaupten und muss gegenüber den Arbeitgebern die eigenen Rechte und Interessen kämpferisch durchsetzen.

Was heißt Nachfolge also für die Kinder des Lichts in der Gegenwart? Was bedeuten »Güte und Gerechtigkeit und Wahrheit« für die Auseinandersetzungen in der Familie und in der Gesellschaft? Wie lebt man »heilig«, wenn die Welt nach ganz und gar profanen, ökonomischen Gesetzen funktioniert?

Wer die Texte an diesem Sonntag ernsthaft hört und liest und weiterzusagen versucht, gerät unvermeidlich ins Fragen. Wo stehe ich? Wo stehen wir? Wie geht es weiter mit uns? Was soll mit uns werden? Die Kinder des Lichts benötigen immer wieder neu die Erleuchtung. Wahrscheinlich gibt es nur einen Weg, um zu erkunden, was heute Nachfolge heißt. Man muss sich und andere dazu anregen, über die eigene Glaubensgeschichte nachzudenken. Wann und wie hat es bei mir angefangen? Wo und wie habe ich versagt? Wo und wie bin ich den richtigen Weg gegangen? Wo stehe ich heute? Und wie kann es und wird es mit meinem Leben im Glauben weitergehen? Jeder Vers aus den Texten des Sonntags kann wichtige Antworten geben.

Herr, ewiger und allmächtiger Gott.
Vater unseres Lebens.
Bruder unseres Leidens und Sterbens.
Schöpfer unseres Glaubens, unserer Liebe, unserer Hoffnung.
Wir danken dir,
dass du uns dazu berufen hast,
dein Leben zu teilen,
deine Geschichte zu erzählen,
deine Arbeit zu tun.

Weil du ein tatkräftiger Gott bist,
ein freier Herr, voller Erbarmen,
bitten wir dich für alle Menschen,
die in Abhängigkeit und Knechtschaft leben:
für alle, deren Lebensrecht bestritten wird,
für Kinder, deren Lebensfreude zerstört wird,
für Frauen, deren Lebenschancen eingeschränkt werden,
für Arbeitslose, deren Lebenskraft vergeudet wird,
für Hungernde, deren Lebensmittel vernichtet werden,
für Kriegsopfer, deren Leben sinnlos verblutet.
Dein Reich, Herr, ist voller Heil und Leben.
Sende Rettung in diese Welt.

Weil du ein tatkräftiger Gott bist,
ein freier Herr, voller Erbarmen,
bitten wir dich für alle Menschen,
dass ihre Arbeit zum Wohl aller gelingt:
für Studium, Forschung und Lehre,
für Tätigkeiten in Haus und Beruf,
für Erziehung und Heilung,
für Wirtschaft und Politik, Verwaltung und Recht,
für Predigt, Seelsorge, Unterricht,
für Dienstleistung in allen Bereichen.
Lass Menschen ihre Macht nicht missbrauchen.
Lass Menschen ihre Seele nicht verkaufen.
Lass Menschen ihr Heil nicht verfehlen.
Dein Reich, Herr, ist voller Weisheit und Leben.

Sende Rettung in diese Welt.
Gib Arbeit und Freiheit und Brot.

Weil du ein tatkräftiger Gott bist,
ein freier Herr, voller Erbarmen,
bitten wir dich für uns alle:
dass wir uns auf unserem Lebensweg nicht verirren,
dass wir vor unserer Erwählung nicht fliehen
und an deiner Gnade nicht verzweifeln.
Dein Wort hat uns berufen.
Dein Geist erfüllt uns.
Dein Mahl will uns stärken für den Weg
in dein ewiges Reich.

Dir, dem ewigen und allmächtigen Gott,
dem Vater und dem Sohn und dem Heiligen Geist,
sei Ehre, Preis und Anbetung
jetzt und immerdar und von Ewigkeit zu Ewigkeit.
Amen.

Laetare: Lebensmittel

Herr, großer Gott, gnädiger Vater.
Du gibst uns auch heute unser tägliches Brot.
Dafür danken wir dir.
Aber du weißt auch,
dass wir nicht vom Brot allein leben können.
Unsere Seele braucht Trost,
wenn wir traurig sind.
Unser Leib braucht Kraft,
wenn wir müde sind.
Unser Gewissen benötigt Vergebung,
wenn wir schuldig geworden sind.
Um all das bitten wir dich
durch Jesus Christus, unseren Herrn,
der mit dir und dem Heiligen Geist
lebt und regiert von Ewigkeit zu Ewigkeit,
Amen.

Um am Leben zu bleiben, benötigt man Lebensmittel. Das Grundproblem, das unter den Alltagssorgen meistens verborgen bleibt, formuliert der johanneische Logos nicht zufällig in der Nähe griechischer Pilger. »Wer sein Leben liebt, verliert es; und wer sein Leben in dieser Welt hasst, wird es bewahren ins ewige Leben« (Johannes 12,12–19). Die Konzentration auf das, was man im Alltag zur Lebenserhaltung benötigt, ist zum Scheitern verurteilt, weil man dabei das Sterben verzögern, aber nicht aus der Welt schaffen kann. Erst eine radikale Umkehr, so gewaltig wie die Wendung von der Liebe zum Hass, kann dem unendlichen Lebenswillen genügen. »Ich bin das Brot des Lebens. … Wer von diesem Brot isst, der wird in Ewigkeit leben« (Johannes 6,47–51). Im Wirkungsbereich des Logos findet man eine Einnahmequelle, die unerschöpflich ist und unendlich weit wirkt.

Auch viele unter den Jüngern finden eine solche Behauptung »unerträglich«, weil sie das Gesagte auf gewöhnliche Weise und d. h. »fleischlich« verstehen. Aber »Fleisch und Blut« des Erlösers inkorporiert man in einer anderen Dimension. »Der Geist ist es, der lebendig macht; das Fleisch taugt dazu nicht. Die Worte, die ich zu euch geredet habe, die sind Geist und sind Leben« (Johannes 6,55–65). Der Glaube lässt sich auf Lebensmittel ein, die mehr sind, als sie haptisch, akustisch und optisch zu sein scheinen. In, mit und unter vergänglichen Worten und Elementen können einen sterblichen Leib Energien durchdringen, die ihn durch alle Vernichtungsprozesse im Leben und im Sterben hindurch erhalten.

Eine solche Lebenskraft verändert alle gefährlichen Lebenslagen. Man kann sich als Einzelner wie als Gemeinde von Gott verlassen fühlen. Es ist nicht zu bestreiten, dass man auch als Glaubender in solche Situationen geraten kann. Aber man bekommt dann irgendwann zu hören: »Ich habe mein Angesicht im Augenblick des Zorns ein wenig vor dir verborgen, aber mit ewiger Gnade will ich mich deiner erbarmen« (Jesaja 54,7–10). Paulus empfiehlt nachdrücklich jenes Lebensmittel, das in der Christusgemeinde für jedes Leid zur Verfügung steht, nämlich den »Gott allen Trostes, der uns tröstet in aller unserer Bedrängnis, damit auch wir trösten können, die in irgendeiner Bedrängnis sind, mit dem Trost, mit dem wir selber von Gott getröstet werden« (2. Korinther 1,3–7). Die, die eine sofortige Beendigung ihres Leidens erwarten, reden dann abschätzig von »Vertröstung«. Wer sein Dasein rein biologisch betrachtet, der muss das so sehen. Aber der entscheidende Trost besteht für den Glauben in der Gewissheit: »Christus ist mein Leben, und Sterben ist für mich Gewinn« (Philipper 1,15–21). In dieser Perspektive sind alle Leidenszeiten, so sehr man davon auch verschont bleiben möchte und wie sehr sie einen auch quälen mögen, nur Durchgangsstationen. Die, die in der Taufe mit Christus gestorben sind und in Ewigkeit mit ihm leben werden, werden in ihrem Leiden »auch wirklich getröstet durch Christus« (2. Korinther 1,5).

Brot des Lebens, Trost im Leiden – offensichtlich bietet der Glaube Lebensmittel (nur!?) für die menschliche Seele. Das kann man so sehen und auch so sagen, weil dieses Brot den leiblichen Hunger nicht stillt und dieser Trost die körperlichen Schmerzen nicht beseitigen kann. Entscheidend ist, wie man im Blick auf religiöse Lebensmittel das Verhältnis von Leib und Seele bestimmt. Im dualistischen Modell der Griechen gilt die Seele als jener unzerstörbare Kern, der in den leiblichen Krisen letztlich unerschütterlich bleibt und sich über alles Leiden gelassen zu erheben vermag. Für die biblische Tradition steckt in der Seele die Lebenskraft, die den Körper durchzieht und die von allen leiblichen Störungen natürlich auch betroffen wird. Das Brot des Lebens ist umgekehrt aber auch mehr als leibliche Speise, weil diese Nahrung der Seele umgekehrt auch den Körper erhält und stärkt. Und der Trost durch Christus fließt durch die Seele in alle körperlichen Bereiche und kann dort, so Gott will, Mut, Zuversicht und Genesung schenken.

Die meisten Menschen, die bei uns in den Gottesdienst kommen, benötigen Brot des Lebens für ihre Seele.

Herr, allmächtiger und barmherziger Gott.
Wenn wir an die Hungernden denken,
dann können wir nicht einfach sagen:
wir danken dir,
dass wir satt zu essen haben.
Wir wissen, dass wir unverdient gut leben.
Wir wissen auch,
dass wir auf Kosten anderer leben.
Lass uns dieses Wissen nicht verdrängen.
Lass uns nicht abstumpfen in unserem Überfluss.
Lass uns nicht resignieren,
weil unsere Hilfsmöglichkeiten begrenzt sind.

Wir bitten dich für die Hungernden in der ganzen Welt,
für die, deren Leben heute ohne Hoffnung beginnt,
für die, deren Leben heute ohne Glück zu Ende geht,
für alle, die nicht wissen,
was sie heute essen sollen.
Wir, die Satten,
denken jetzt einen Augenblick lang
an diese Menschen.
Wir wissen, dass unser Gebet sie nicht satt macht.
In einer gnadenlosen Welt befehlen wir sie
deiner unendlichen und unergründlichen Gnade.

Weil wir auf deine Gnade hoffen,
bitten wir um Weisheit und Entschlossenheit
für Politiker und Wirtschaftsleute,
dass sie ein neues, gerechtes Welternährungssystem entwickeln.
Weil wir auf deine Gnade hoffen,
bitten wir um Mut und Tatkraft
für die Menschen in den ausgebeuteten Ländern,
dass sie für ihr Lebensrecht kämpfen lernen.
Weil wir auf deine Gnade hoffen,
bitten wir um Erbarmen
mit unserer Hartherzigkeit
und um jene Liebe,
die für eine gerechte Verteilung
aller Lebensgüter eintritt.

Von deiner Liebe leben wir.
Nach deiner Gerechtigkeit verlangen wir.
Auf dein Reich hoffen wir.
Amen.

Judica: Menschenopfer

Heiliger Gott, ewige Allmacht, gütiger Vater.
In unserer Welt wird noch immer geopfert.
Auf unseren Straßen sterben Verkehrsopfer.
In vielen Ländern der Erde wird Kriegsopfern und Hungeropfern
das Leben genommen.
In der Natur wird deine Schöpfung
Opfer unserer Zerstörungswut.
Du, Herr, hast deinen Sohn geopfert,
um die Macht des Bösen zu überwinden.
Mach uns frei, Herr, von aller Gier nach Geld und Luxus.
Mach uns zufrieden mit dem, was wir benötigen, um leben zu können.
Mach uns bereit, deinem Beispiel zu folgen
und den Opfern in unserer Gesellschaft voller Liebe zu helfen.
Darum bitten wir dich
durch unseren Herrn Jesus Christus, deinen Sohn,
der mit dir und dem Heiligen Geist
lebt und regiert von Ewigkeit zu Ewigkeit.
Amen.

Dass Jesus aus Nazareth hingerichtet worden ist, halten manche für einen Justizirrtum, der im Gespräch zwischen liberalen Juden und aufgeklärten Christen annulliert werden sollte. Dass in diesem Geschehen mehr passiert, als die Beteiligten beabsichtigen, muss nach Johannes der Hohepriester gegenüber dem ratlosen Hohen Rat artikulieren. Es ist »besser für euch …, wenn *ein* Mensch für das Volk stirbt, als wenn das ganze Volk umkommt. Das sagte er aber nicht aus sich selbst heraus, sondern weil er in jenem Jahr Hoherpriester war, weissagte er« (Johannes 11,47–53). Rätselhaft bleibt der Tod Jesu aber auf jeden Fall. Denn schon in den Anfängen des Alten Bundes ist die Notwendigkeit von Menschenopfern fundamental überwunden. Abraham muss Isaak, seinen erstgeborenen Sohn, nicht schlachten, nachdem er seinen Glaubensgehorsam bis zum Äußersten bewiesen hat (1. Mose 22,1–13).

Jesus ist der Weg ans Kreuz nicht erspart geblieben. »Draußen vor dem Tor«, nicht im heiligen Tempel, sondern auf der Müllhalde der Gesellschaft, ist er gestorben (Hebräer 13,12–14). Dieser Sohn »hat in seinem Erdenleben Bitten und Flehen unter lautem Geschrei und unter Tränen vor den gebracht, der ihn vom Tod erretten konnte – und er ist auch erhört worden«; ja, dieser Hohepriester, der selbst gehorsam geworden ist bis in den Tod, ist »für alle, die ihm gehorsam sind, der Urheber ihres ewigen Heils geworden« (Hebräer 5,7–9). Unter seinen Anhängern gibt es deshalb ein neues Karrieremuster. »Wer unter euch groß sein will, sei euer Diener, und wer unter euch der Erste sein will, sei der

Knecht aller« (Markus 10,35–45). Herrschaft kann jetzt nur als Selbstbeherrschung gelebt werden. Das setzt ein intaktes Selbstbewusstsein voraus, unterscheidet sich also himmelweit von Minderwertigkeitsgefühlen wie vom Beliebtheitswahn.

Aber warum diese Kombination von Selbstaufgabe und Lebenshingabe? Vor allem: Warum dieses Opfer des Sohnes, nachdem Menschenopfer offiziell längst abgeschafft sind? Eine indirekte Antwort enthält vielleicht der unzugänglichste Text, den die Perikopenordnung für diesen Sonntag bereitstellt. Das Murren des Volkes auf dem Weg in die Freiheit wird von Gott mit einer Schlangenplage bestraft. Das Gegengift, das Mose bereitstellen darf, ist eine bronzene Schlange. »Wenn nun die Schlange jemanden gebissen hatte, so blickte er auf zu der Bronzeschlange und blieb am Leben« (4. Mose 21,4–9). Das Gift kann zum Heilmittel werden. Bis heute ist der Äskulapstab, um den sich die Schlange windet, Symbol der medizinischen Praxis. Das Schlangengift ist eingefangen im Schlangenbild. Auf ihrem langen Weg in die Freiheit blicken die Christen aufs Kreuz. Dort ist beides gebannt, die Gottverlassenheit und die Lebensvollendung. Deshalb lauten die letzten Worte, die von Dietrich Bonhoeffer vor seiner Hinrichtung am 9. April 1945 überliefert sind: »Das ist das Ende – für mich der Beginn des Lebens«.

Gemessen an Idealbildern von einem guten Leben ist das alles sehr inhuman. Dass Glauben und Gehorsam, Leben und Sterben, Gelingen und Leiden aufs engste zusammengehören, ist aber auf jeden Fall realitätsgerecht. Man kann mit der Abwehrparole: »Das ist nicht mein Problem« am Leiden der Anderen vorbei durchs Leben schleichen. Man kann sich durchsetzen wollen ohne Rücksicht auf die, die dabei zurückbleiben müssen. Die freie Wirtschaft füttert uns auf Kosten derer, die unsichtbar bleiben, die mit ihrem Leben für unseren Wohlstand bezahlen. Agrarsubventionen und Importzölle wie alle Rettungspakte für Banken und Industriegiganten sollen Arbeitnehmer im eigenen Land schützen, aber werden den Interessen der Arbeitgeber insofern dienen, als sie die Diskrepanz zwischen Arm und Reich in unserem Land durch alle Krisen hindurch fest zementieren. Wer in der eigenen Not seinen Blick auf das Kreuz richtet, beginnt zu ahnen, wie revolutionär die Parole ist, mit Ihm »aus dem Lager« zu gehen (Hebräer 13,13).

Herr, ewiger und allmächtiger Gott.
Herrlich ist die Welt,
in der wir leben dürfen.
Unberechenbar sind die Wege,
die du uns führst.
Heilig ist dein Name,
voller Macht und voller Gnade.

Am Kreuz Jesu Christi, deines Sohnes, unseres Bruders,
hast du dem Tod die Macht genommen.
Darum bitten wir dich für alle,
die im Schatten des Todes leben:
für die Kranken und die Sterbenden,

für die Armen und die Hungernden,
für die Unterdrückten und die Gefolterten,
für die Einsamen und die Verzweifelten,
für alle, die eine neue Heimat suchen,
für bedrohte Geschöpfe und die geschändete Erde;
stehe denen bei, die zu helfen versuchen,
zeige deine Macht
im Leben und im Sterben der Menschen.

Am Kreuz Jesu Christi, deines Sohnes, unseres Bruders,
hast du alles Klagen erhört
und alle Gottlosigkeit überwunden.
Darum bitten wir dich für alle,
die erfüllt sind von Hochmut oder von Angst:
für die Suchenden, dass sie dich finden,
für die Mächtigen, dass sie Demut lernen,
für die Klugen, dass sie weise werden,
für die Reichen, dass sie abgeben können,
für alle vom Wahn Besessenen,
dass sie die Wirklichkeit ertragen lernen;
wehre allem Bösen,
befördere das Gute,
begrenze die Prüfungen,
durch die wir hindurch müssen;
zeige deine Macht
im Leben und im Sterben der Menschen.

Am Kreuz Jesu Christi, deines Sohnes, unseres Bruders,
hast du allen Völkern der Erde
dein Heil geschenkt.
Darum bitten wir dich für alle,
die dein Wort verkündigen
und deine Gemeinde zu führen haben,
dass sie sich nicht verunsichern lassen
durch Entwicklungen in der Gesellschaft,
durch Ängste und Sorgen in der Kirche,
durch Eitelkeit und Menschenfurcht.
Lass alle Christinnen und Christen die Einheit suchen,
die Gemeinschaft pflegen,
für andere offen sein.
Erhöre, die zu dir rufen.
Segne das Werk unserer Hände.

Auf unserer Wanderschaft, Herr,
warten wir auf dein Reich.
In unserer Bequemlichkeit
brauchen wir manchmal deine Härte.
In unserer Hartherzigkeit
verändert uns dein Erbarmen.
In unserem Sterben
tröstet uns dein Kreuz.
Unser Ende ist der Anfang des Lebens.

Von dir, Herr, kommt alles.
In dir, Herr, ist alles.
Zu dir, Herr, geht alles.
Ehre und Lob und Anbetung sei dir,
dem ewigen und einzigen und allmächtigen Gott,
dem Vater und dem Sohn und dem Heiligen Geist,
jetzt und immerdar und von Ewigkeit zu Ewigkeit.
Amen.

Palmsonntag: Aufgaben

Allmächtiger Gott, barmherziger Vater,
du hast in unseren Herzen so oder so schon Einzug gehalten.
Manchmal haben wir dir für deine Hilfe gedankt.
Manchmal wollten wir dich voller Enttäuschung verlassen.
Du, Herr, hast dich dazu entschieden,
den Weg durch das Leben mit uns zu gehen.
Auch wenn wir dich aufgeben wollen,
willst du bei uns bleiben.
So komm auch heute zu uns
und stärke unseren Glauben
durch dein gutes Wort und deinen machtvollen Geist.
Darum bitten wir dich
durch unseren Herrn Jesus Christus, deinen Sohn,
der mit dir und dem Heiligen Geist
lebt und regiert von Ewigkeit zu Ewigkeit.
Amen.

Mit dem Einzug in Jerusalem hat Jesus seine Aufgabe fast erfüllt. Eine eigentümliche Spannung breitet sich aus. Die zum Fest versammelte Menge huldigt ihm als dem endlich erschienenen Messias mit Jubelrufen und inszeniert mit Palmzweigen einen Triumphzug. Die offiziellen Repräsentanten finden darin ihren schon vorher gefassten Tötungsbeschluss bestätigt. »Ihr seht, dass wir nichts erreichen; alle Welt läuft ihm nach« (Johannes 12,12–19). Jesus selbst zieht im hohepriesterlichen Gebet ein Fazit seiner Mission: »Ich habe deinen Namen den Menschen offenbart, die du mir aus der Welt gegeben hast« (Johannes 17,1–8). Und in Betanien salbt eine Frau seinen Leib ahnungsvoll mit kostbarer Nardensalbe. Gegen den Vorwurf der Verschwendung nimmt er sie ausdrücklich in Schutz: »Arme habt ihr immer bei euch …; sie hat meinen Leib im voraus für mein Begräbnis gesalbt« (Markus 4,3–9).

Die ersten Christen haben diese Etappe im Lebenslauf Jesu mit einem Hymnus deutlich markiert. Seine privilegierte Stellung an der Seite Gottes hat er aufgegeben und in der Niedrigkeit menschlicher Existenz sein Leben hingegeben (Philipper 2,5–11). Auf diesem Weg des Gehorsams folgt er dem alttestamentlichen Gottesknecht, der in seiner brutalen Leidenslage vertrauensvoll und herausfordernd von sich behauptet: »Siehe, Gott der Herr steht mir bei; wer will mich verdammen?« (Jesaja 50,4–9). An diesem Vorbild wird sich auch der Glaubensweg der Christen ausrichten. »Lasst uns das vor uns liegende Stück der Rennbahn mit zäher Ausdauer zu Ende laufen, im Aufblick zu Jesus, der diesen Lauf des Glaubens anführt und bereits ans Ziel gelangt ist« (Hebräer 12,1–3).

Für die Verdammten dieser Erde ist das Christentum mit einem solchen »Leitbild« durchaus attraktiv gewesen. Sklaven im Altertum wie in der Moderne, Unterdrückte und Ausgebeutete haben darin eine Hoffnungsperspektive gefunden. In den Verhältnissen satter Bürgerlichkeit dagegen konnte ein solcher »Ritter von der traurigen Gestalt« immer nur auf Ablehnung stoßen. Seine Erbärmlichkeit musste alle messianischen Erwartungen, aber auch alle Utopien von einer gewaltsamen Eroberung des Erdballs enttäuschen. Philosophen vermissten an ihm stoische Gelassenheit, Psychologen befürchteten durch ihn die Förderung masochistischer Tendenzen, Sozialreformer lehnten die an ihm sichtbare Ergebenheitshaltung ab. Ist das die Aufgabe Jesu gewesen, andere zur Selbstaufgabe zu führen?

Der Einzug Jesu in die Mitte der Welt und in die Mitte der Herzen löst Triumphgefühle und Verdammungsurteile aus. Mit beiden Reaktionen befindet man sich aber im Irrtum. Sein erstaunlicher Siegeszug durch die Geschichte, der nach Kreuz und Auferstehung beginnt, hat unendlich viel Leiden gekostet. Und alle Ablehnung und Verfolgung hat seine Botschaft dennoch nicht unterdrücken können. Das Geheimnis seiner Wirkung besteht letztlich im Wirklichkeitsgehalt dessen, was seitdem Evangelium heißt. Das Leiden muss man nicht suchen, es ist so oder so, unter welchen Lebensbedingungen auch immer, schon da. Es wird durch keine politische Befreiung, psychologische Bearbeitung oder medizinische Heilung vollkommen abgeschafft. Aber es kann ertragen und überwunden werden durch den Einfluss jener Gestalt, die die äußerste Erniedrigung nicht gefürchtet und die äußerste Erhöhung erreicht hat. »Wo der Name Jesu ausgerufen wird, da beugen sich die Knie aller himmlischen, irdischen und überirdischen Mächte« (Philipper 2,10). Diese Worte beschreiben keineswegs nur eine spekulative Himmelsreise im Rahmen eines vergangenen antiken Weltbildes. Vielmehr beziehen sie sich auf die Kraft dieses Namens in allen Bedrängnissen auf dem Weg zu Gott. Wer sich auf diesen Herrn beruft, wird im Leben wie im Sterben alle dämonischen Machthaber überwinden. Seine Lebensaufgabe ist die Aufgabe seines Lebens gewesen. Um seinetwillen können wir unser Leben getrost dem überlassen, der in unsere Herzen mit der Kraft seines Geistes einzieht und auch uns im Sterben nicht dem Tod überlassen wird.

Lasset uns in Frieden den Herrn anrufen:
um seinen Frieden,
dass wir Frieden finden für unser Leben
und Frieden schaffen unter den Menschen;
um seine Barmherzigkeit,
dass auch wir miteinander Erbarmen haben;
um seine Kraft,
dass wir das Leiden annehmen
und gegen das Leiden kämpfen.
Lasset uns zum Herrn rufen:
Herr, erbarme dich.

Für alle, die in Elend und Not und Verfolgung leben,
für die Hungernden und die Flüchtlinge,
für die Einsamen und die Verzweifelten,
für die Kranken und die Sterbenden,
dass alle Menschen aus ihrem Elend errettet werden;
für alle, die das wahre Leben suchen
und keinen Sinn finden,
für alle, die mit falschen Versprechungen
andere in den Untergang locken,
für die, die sich in Sicherheit wähnen
und sich mit ihrer Lage abgefunden haben;
dass alle Menschen die Wahrheit entdecken
und die Würde ihres Lebens,
dass sie Glück und Erfüllung finden.
Lasset uns zum Herrn rufen:
Herr, erbarme dich.

Für uns alle,
dass wir aus den Illusionen erwachen,
dass wir uns der Wirklichkeit stellen,
dass wir das Leiden ändern,
wo wir es ändern können,
und dass wir es annehmen,
wo es ein Stück unseres Lebens ist;
dass wir in diesem einen Leben
demütig und entschlossen,
wirklichkeitstreu und hoffnungsvoll bleiben.
Lasset uns zum Herrn rufen:
Herr, erbarme dich.

Nimm dich unserer gnädig an,
rette und erhalte uns.
Denn dir allein gebührt
der Ruhm und die Ehre und die Anbetung,
dem Vater und dem Sohn und dem Heiligen Geist,
jetzt und immerdar und von Ewigkeit zu Ewigkeit.
Amen.

Karfreitag: Das Geheimnis des Kreuzes

Herr, heiliger Gott, allmächtiger Vater.
Aus der Ewigkeit ist dein Sohn zu uns in die Tiefe der Zeit gekommen.
Er hat das Leben mit uns geteilt.
Er hat auch das Sterben wie wir erlitten.
Durch Juden und Heiden wurde er hingerichtet.
Die Schuld der ganzen Menschheit hat er getragen.
Lass uns in dieser Stunde voller Andacht sein Leiden betrachten.
Lass uns voller Demut unsere Schuld bedenken.
Lass uns durch deine Geistesgegenwart gewahr werden,
dass in der Tiefe dieser Elendsgestalt am Kreuz
dein Sohn auf dem Weg in die ewige Herrlichkeit ist.
Allmächtiger Gott, erbarme dich unser
durch unseren Herrn Jesus Christus, deinen Sohn,
der mit dir und dem Heiligen Geist
lebt und regiert von Ewigkeit zu Ewigkeit.
Amen.

Die Evangeliums-Texte zum Karfreitag sind auffällig lang. Dieser epischen Breite entspricht eine existentielle Dramatik. Sie wird am deutlichsten fassbar in der Spannung zwischen den letzten Worten Jesu und den Kommentaren der Repräsentanten des heidnischen Roms. Bei Matthäus endet das Leben Jesu mit einem voller Verzweiflung geschrienen Bibelzitat: »Mein Gott, mein Gott, warum hast du mich verlassen?« Nach Erdbeben und Tempelriss reagiert der Befehlshaber der Kohorte mit dem Bekenntnis: »Wahrhaftig, dieser ist Gottes Sohn gewesen!« (27,33–54). Bei Lukas übergibt Jesus, nachdem er für die Henkersknechte um Vergebung gebetet hat, sein weiteres Geschick der Obhut Gottes: »Vater, in deine Hände lege ich meinen Geist!« Dieser frommen Haltung entspricht das humanistisch gefärbte Urteil: »Dieser Mensch war tatsächlich ein Gerechter!« (23,33–49). Dass am Kreuz Jesu weltgeschichtlich etwas zu Ende geht, verraten auf ihre Weise die entscheidenden Aussagen bei Johannes. Der fleischgewordene Logos hat seine anstrengende Mission absolviert und stellt nicht verzweifelt, aber auch nicht demütig, sondern erleichtert fest: »Es ist vollbracht!« Was hier geleistet ist, hat Pilatus schon vor der Szene, gegen den Widerspruch der Hohenpriester, in drei Sprachen schriftlich fixiert: »Jesus aus Nazareth, König der Juden!« (Johannes 19,16–30). Mit dem Tod dieses Königs geht die Exklusivität der jüdischen Heilsgeschichte zu Ende.

Im Anhängerkreis Jesu hat man erst nach Ostern allmählich entdeckt, was mit diesem Sterben geschehen ist. Geholfen hat beim Begreifen dieses heilsgeschichtlichen Horizonts die Heilige Schrift. »Er ist um unserer Missetat willen verwundet und um unserer Sünden willen zerschlagen. Die Strafe liegt auf ihm, damit wir Frieden haben« (Jesaja

53,1–12). Dass am Kreuz Jesu ungläubige Juden und gottlose Heiden schuldig geworden sind, interessiert jetzt nicht mehr. Entscheidend ist, dass die menschliche Schuldgeschichte dergestalt ein Ende gefunden hat, dass das Gesetz nicht außer Kraft gesetzt, sondern erfüllt wird. Nun wird in der ganzen Welt »das Wort von der Versöhnung« gepredigt. Gottes Botschafter an Christi statt bitten: »Lasst euch versöhnen mit Gott! Denn er hat den, der ohne Sünde war, für uns zur Sünde gemacht, damit wir in ihm zur Gerechtigkeit Gottes werden« (2. Korinther 5,14b–21). Am Kreuz ist die Schuldverstrickung schon aufgehoben, aber die Ohnmachtserfahrungen der Kreuzesnachfolge bleiben. »Zum zweiten Mal wird er nicht der Sünde wegen erscheinen, sondern denen, die auf ihn warten, zum Heil« (Hebräer 9,15.26b–28). Der Glaube bewährt sich in der spannungsreichen Zeit zwischen Versöhnung und Erlösung, zwischen Verlassenheitsgefühl und Heilsgewissheit.

Die Predigten zum Karfreitag haben in der letzten Generation hinsichtlich ihrer zentralen Thematik eine erhebliche Akzentverschiebung erfahren. Einfach formuliert: Jahrhundertelange war der Sohn Gottes *für* unsere Sünden gestorben, jetzt hat der Sohn *mit* uns gelitten. Nicht mehr die Stellvertretung, sondern die Solidarität steht im Mittelpunkt der evangelischen Botschaft.

Die allen bekannte Schwierigkeit, Stellvertretung heutzutage überzeugend zur Sprache zu bringen, weist darauf hin, dass hinter dieser Entwicklung Mentalitätsverschiebungen in der gesamten Gesellschaft stehen. Noch einmal knapp formuliert: An die Stelle des ödipalen Konflikts ist der Narzissmus getreten. Das Ich schwankt jetzt zwischen Größenwahn und Verlorenheit und ist dankbar für jede Teilnahme an seiner Ohnmacht. Der Heilsweg, der im Kreuzweg Christi angelegt ist, führt von der Ohnmacht durch das Getragenwerden in die Geborgenheit. Weil der Gottessohn sich auf unsere Ohnmacht eingelassen hat, können wir mit seiner Begleitung auf die Zukunft in der Ewigkeit des allmächtigen Gottes hoffen. Im Rahmen dieser Mentalitätsverschiebung hat der Karfreitag seine Eigenständigkeit gegenüber dem Osterereignis verloren; denn dort findet nun die endgültige Rettung aus der Verlorenheit statt.

Das alles heißt freilich nicht, dass die Schuld und die Schuldgefühle verschwunden sind. Auf der Handlungsebene werden sie nicht mehr eindeutig greifbar, weil alte Normen gegenüber neuen technischen und gesellschaftlichen Entwicklungen oft nicht direkt angewendet werden können. Im affektiven Bereich gewinnen sie schnell moralischen Charakter. Wer sich im Kern ohnmächtig fühlt, kann für sein Verhalten auch keine Verantwortung mehr übernehmen. Die Unfähigkeit zum Sündenbekenntnis und die gleichzeitige Behauptung der persönlichen Mündigkeit verdecken und zementieren einen inneren Zwiespalt, vor dem die Versöhnungsbotschaft aber nicht kapitulieren muss.

Weil wir im Leben und Sterben darauf angewiesen sind, dass andere nicht nur mit uns, sondern auch an uns und für uns leiden, findet das klar formulierte und eindeutig artikulierte »pro nobis« auch heute Resonanz in menschlichen Herzen. Das Kreuz Jesu Christi rettet auch die, deren Untaten von keinem weltlichen Gericht bestraft werden können. Unsere Liebe bleibt immer mit Hass gemischt. Unseren Kindern werden wir beim besten Willen auch Schlechtes mitgeben. In den Beziehungen sind wir wankelmütig. Mit unserem Lebensstil zerstören wir unaufhörlich die Schöpfung. Unser Glaube bleibt immer gebrochen. Das Geheimnis des Kreuzes: Er tilgt alle Schuld, die wir gegenüber anderen Menschen und Gott gegenüber begehen. Jesus ist gestorben, wie wir sterben werden, aber er ist gestorben – für uns, damit wir leben werden.

Herr, ewiger und allmächtiger Gott.
Du bist der Grund unseres Lebens.
Du bist das Ziel unserer Wege.
Aus deiner Liebe kommen wir.
Aus deiner Kraft leben wir.
Auf dein Reich warten wir.
Du bist Gott,
im Geheimnis deines ewigen Seins,
der Vater und der Sohn und der Heilige Geist.

Weil du unsere Tiefe geteilt hast
und unseren Tod gestorben bist,
bitten wir dich für alle Menschen
in ihrem Elend:
für Arme, Alte, Arbeitslose,
für Kranke, Verzweifelte und Sterbende,
für Hungernde und Vertriebene,
für die Opfer von Krieg, Unfall und aller Art von Gewalt:
Herr, erbarme dich derer,
die leiden.

Weil du unsere Tiefe geteilt hast
und selbst unter dem Bösen gelitten hast,
bitten wir dich für alle Menschen
in Verblendung und Besessenheit:
beende Folter und Völkermord,
halte auf die Vergiftung von Wasser, Erde und Luft,
reiße Menschen aus Habsucht und Machtgier,
gib gute Regierung, gerechtes Gericht,
sorge für eine menschenfreundliche Wirtschaft,
für Nachrichten ohne Lüge,
für Wissenschaft, die dem Leben dient,
gib Arbeit und Brot, Frieden und Freiheit
in allen Ländern der Erde.

Weil du unsere Tiefe geteilt
und in unserer Mitte gewirkt hast,

bitten wir dich für alle,
die anderen zu helfen versuchen:
erfülle alle Herzen mit dem Feuer deiner Liebe,
erhelle alle Worte mit dem Licht deiner Wahrheit,
stärke alle Hände mit der Kraft deines Segens.

Du, Herr,
hast uns bei unserem Namen gerufen
und uns mit der Kraft deines Geistes begabt.
Begleite uns auf unserer Wanderschaft.
Wir kommen aus der Tiefe deiner Liebe.
Wir irren durch die Tiefen des Lebens.
Wir werden in der Ewigkeit deines Reiches versinken.
Du wirst sein alles in allem.

Deshalb loben und preisen wir dich,
den Herrn der Welt,
den Sinn des Lebens,
das Ziel der Geschichte,
den Vater und den Sohn und den Heiligen Geist,
jetzt und immerdar und von Ewigkeit zu Ewigkeit.
Amen.

Ostern

Das Osterfest

Wer seit dem Zweiten Weltkrieg ernsthaft Theologie studiert hat, trägt im Blick auf das Osterfest unvermeidlich fundamentale Fragen mit sich herum. Die erste betrifft den historischen Ablauf der Ereignisse. Wie kann man die Berichte vom leeren Grab und die Liste von Visionen einander zuordnen? Damit verbindet sich die Frage nach dem Realitätsgehalt des Berichteten. Geht es um empirische Fakten oder um psychogenetische Projektionen? Selbst wenn man darauf eine Antwort gefunden hat, stellt sich ein weiteres Problem. Wieso kann das vorübergehende Weiterleben eines Verstorbenen für andere Menschen in ihrer Sterblichkeit irgendeine Bedeutung gewinnen?

Auf diese drei Fragen muss man wenigstens andeutungsweise eine persönliche Antwort gefunden haben, wenn man zum Osterfest auf die Kanzel zu steigen wagt. Unter den 23 für dieses Fest vorgeschlagenen Perikopen formuliert Paulus an einer Stelle: »Wenn Christus nicht auferweckt ist, dann ist unsere Verkündigung leer, und leer ist auch euer Glaube« (1. Korinther 15,12–20). Bei der Arbeit an der Osterpredigt klärt sich immer ein Stück weit, wie sich die Probleme der Theologie und die Botschaft des Evangeliums zueinander verhalten. Das wird nicht immer ein Frage-und-Antwort-Spiel sein. Das Evangelium geht auf unsere manchmal sehr berechtigten Fragen so ein, dass es souverän auf eine Antwort verzichtet und uns einfach in die einleuchtende Wirklichkeit des Glaubens hineinholt. Irgendwann beginnt man dann zu entdecken, wie beides zusammengehört und wann sich endlich alle Fragen erledigen werden. »An dem Tag werdet ihr mich nichts mehr fragen«, verweist der Logos bei Johannes auf seine Wiederkunft (16,23). Bis dahin müssen und dürfen wir, nicht weil wir selbst glaubwürdig sind, das glaubwürdige Evangelium weitersagen.

1. Erfahrungen zu Ostern

Herr, du ewiges Licht, du heilige Kraft.
Dein Sohn ist am Kreuz gestorben
und nach deinem Willen und durch deine Kraft
nach drei Tagen auferstanden.
Seine Jünger haben ihn gesehen
und die Botschaft des neuen Lebens
voller Glauben in die Welt getragen.
Heute bitten wir dich:
Erleuchte uns mit der Kraft deines Geistes.
Erfülle uns mit der Hoffnung,
dass auch wir durch unser Sterben hindurch leben werden,
durch unseren Herrn Jesus Christus, deinen Sohn,
der mit dir und dem Heiligen Geist
lebt und regiert von Ewigkeit zu Ewigkeit.
Amen.

Das historisch älteste Zeugnis vom Auferstehungsgeschehen findet sich in einer formelhaften Liste, die Paulus nach seiner Bekehrung empfangen hat und die besagt, »dass er Kephas erschienen ist und dann den Zwölfen« sowie »mehr als fünfhundert Brüdern auf einmal«, dann dem Jakobus, allen Aposteln, »zu allerletzt aber ist er auch mir erschienen«. Offensichtlich ist dem Apostel daran gelegen, dass es für dieses erstaunliche Geschehen zahlreiche Augenzeugen gibt; und neben den unter den Christen bekannten Aposteln sollen von denen, die bei den Massenvisionen anwesend waren, »die meisten noch leben« (1. Korinther 15,1–11). Weil es sich dabei, abgesehen von Paulus, um Anhänger des Hingerichteten gehandelt hat, sind massensuggestive Erscheinungen im Rahmen von Trauerarbeit nicht ausgeschlossen; und Paulus selbst war durch seine aggressiven Aktivitäten gegen die neue Sekte von der Macht dieser Bewegung auch schon erfasst.

Ganz anders scheinen die Berichte vom leeren Grab fundiert. Sie erzählen von Frauen, die die Grabstätte Jesu besuchen und zu ihrer Verwunderung feststellen müssen, dass der schwere Stein, der den Zugang versperren sollte, weggerollt ist. Ein junger Mann mit weißem Gewand spricht sie an und schickt sie nach Galiläa, wo Jesus seinen Jüngern erscheinen wird (Markus 16,1–8). Bei Matthäus ist diese Szene weiter ausgestaltet, vor allem begegnet Jesus selbst ihnen hier so, dass sie seine Füße berühren können. Einen Augenblick lang entsteht zwischen ihnen also leiblicher Kontakt. Gleichzeitig wird durch den Gruß des Auferstandenen auch der Epiphanie-Charakter dieser Begegnung betont: »Fürchtet euch nicht!« (28,1–10).

In den Schilderungen der Ostererfahrung werden überirdische Wirklichkeit und spürbare Leiblichkeit auf jeweils neue Weise gemischt. Bei Johannes hält Maria Jesus zunächst für einen Gärtner und erkennt ihn erst an seiner Stimme. Aber diese Gestalt, die »noch nicht zum Vater aufgefahren ist«, verbietet ihr nachdrücklich: »Berühre mich nicht!« (20,11–18). Noch hintergründiger ist die Szene, die der als Historiker geltende Lukas berichtet. Auf dem Weg nach Emmaus treffen zwei Jünger auf einen Fremden, den sie über die Ereignisse in Jerusalem informieren und der das alles mit Hinweisen auf die Heilige Schrift zu kommentieren versteht. Erst beim Abendessen, als er »das Brot nahm, dankte, brach's und ihnen gab«, gehen ihnen die Augen auf (24,13–35). Und genau in diesem Augenblick, als sie ihn erkennen, verschwindet er. Erst in der nächsten Szene geht es bei Lukas betont drastisch zu. Jesus fordert die versammelten Jünger auf: »Fasst mich an und seht, denn ein Geist hat kein Fleisch und keine Knochen, wie ihr seht, dass ich sie habe.« Erkennbar soll schon hier der Verdacht abgewehrt werden, die Erscheinungen des Auferstandenen seien bloße Hirngespinste gewesen. Außerdem erhalten die Jünger hier ausdrücklich die Anweisung, in Jerusalem zu warten, »bis ihr mit Kraft aus der Höhe erfüllt werdet« (24,36–49). Die Kraft, die für die Auferweckung Jesu gesorgt hat, ist nötig auch für die, die das Heilsgeschehen weitersagen.

Weil man mit dieser Kraft rechnen muss, kann eine Theologie, die rein empirisch, historisch und psychologisch arbeiten möchte, das Ostergeschehen nie zureichend erfassen. Man muss, um zu Ostern predigen zu können, weder besonders klug noch besonders dumm, weder besonders kritisch noch besonders gläubig sein. Man muss eigentlich, an diesem Tag vielleicht mehr noch als sonst, nur um die Gegenwart dieser Kraft bitten, so dass sie beim Reden und Hören in unsere sterblichen Leiber einzieht.

Herr, ewiger und allmächtiger Gott.
Wir danken dir für das Wunder der Auferstehung,
die in unsere bedrohte Welt Leben bringt.
Wir danken dir für das Licht deines Wortes,
das uns in Angst und Verzweiflung Mut schenkt.
Wir danken dir für die Kraft deines Geistes,
weil wir voller Hoffnung auf dein himmlisches Reich
in den Wirrnissen dieser Zeit
leben und lieben, kämpfen und leiden können.

Du, Herr, auf deinem erhabenen Thron
regierst über Natur und Geschichte.
Dir gehört die Erde.
Du liebst die Menschen.
Du schenkst Erneuerung, Aufbruch und Neubeginn.
Beweise deine Macht,
indem du überall Frieden und Gerechtigkeit schaffst.
Wehre allem Bösen.
Gib gute Regierung, gesunde Nahrung, vernünftige Wissenschaft.
Hilf allen, die anderen zu helfen versuchen.

Du, Herr, hast in unserer Mitte gelebt
und willst in Gnaden unser Leben begleiten.
Schenke deinen Segen.
Für Arbeitslose, Arme und Alte.
Für Kranke und Verzweifelte.
Für Hungernde, Unterdrückte und Gefolterte.
Für Menschen, die sich finden, und Menschen, die sich trennen.
Für alle, die in unser Land kommen, dass sie hier eine neue Heimat finden.

Du, Herr, hast uns in Jesus Christus
das Geheimnis des Lebens gezeigt.
Lass uns auf unserer Wanderschaft ihm nachfolgen.
Lass uns mutig sein und nicht müde.
Lass uns lieben und nicht hassen.
Lass uns abgeben und nicht festhalten.
Lass uns in dieser Todeswelt die Hoffnung auf dein Reich nicht verlieren.

Nimm dich unser gnädig an, rette und erhalte uns.
Denn dir allein gebührt
der Ruhm und die Ehre und die Anbetung,
dem Vater und dem Sohn und dem Heiligen Geist
jetzt und immerdar und von Ewigkeit zu Ewigkeit.
Amen.

2. Erwartungen vor Ostern

Gott, heilige Macht, barmherziger Vater.
Du bist Herr über Leben und Tod.
Wir Menschen in deiner Schöpfung sind voller Sehnsucht,
dass wir durch unser Sterben in das neue Leben gelangen.
Jesus Christus ist diesen Weg vor uns und für uns gegangen.
Er ist am Kreuz gestorben
und durch deine Kraft auferweckt worden.
Nimm uns in dieser Stunde alle Angst vor dem Tod,
schenke uns die Gewissheit des Glaubens
jetzt und in der Stunde unseres Todes.
Durch unseren Herrn Jesus Christus, deinen Sohn,
der mit dir und dem Heiligen Geist
lebt und regiert von Ewigkeit zu Ewigkeit.
Amen.

Die bisher vorgestellten Texte beziehen sich an vielen Stellen auf alttestamentliche Traditionen. Was zu Ostern geschieht, ist höchst außergewöhnlich, aber doch vorgesehen und vorgeschrieben. Auch Jesus soll, wie schon die synoptischen Evangelien berichten, sein Schicksal dreimal vorhergesagt haben. Aber letztlich hat die Schöpfung insgesamt auf das Osterereignis gewartet.

Die Perikope, die für die Osternacht aus dem Johannes-Evangelium vorgeschlagen wird, greift einen zentralen Aspekt der alttestamentlichen Überlieferungen mit Blick auf die Christus-Geschichte heraus. »Wie der Vater die Toten auferweckt und lebendig macht, so macht auch der Sohn lebendig, wen er will« (5,19–21). Auferweckung der Toten entzieht sich dem menschlichen Begriffsvermögen, weil es sich einer speziellen, die Gesetze der Schöpfung transzendierenden Handlung Gottes verdankt. Dass dieses Ereignis gleichwohl nicht als totale Novität in die Schöpfung einbricht, sondern in der Schöpfung als Hoffnung für die Zukunft verankert ist, zeigt sich überall dort, wo man vom Schöpfer angemessen geredet hat.

Summarisch fasst eine Predigt des Petrus in der Apostelgeschichte diesen Rückblick zusammen. »Alle Propheten zeugen für ihn« (10,34a–43). Damit sind zunächst sicher die Gestalten der jüdischen Heilsgeschichte gemeint. Exemplarisch zieht die Perikope zwei Jesaja-Texte heran. Der Gott Israels »wird den Tod verschlingen auf ewig. Und Gott der Herr wird die Tränen von allen Gesichtern abwaschen« (25,8f.). Genau an diesem Punkt zeigt sich der Unterschied zwischen dem wahren Gott und den Götzen: »Tote werden nicht lebendig, Schatten stehen nicht auf … Aber deine Toten werden leben, ihre Leichname stehen wieder auf« (26,13–19). Die Einzigartigkeit dieser Macht besingt das Lied der Hannah: »Es ist niemand so heilig wie der Herr. … Der Herr tötet und macht lebendig, er führt hinab ins Totenreich und führt wieder herauf« (1. Samuel 2,1–8a). Seine Heiligkeit umfasst beides: das Recht auf Tötung und die Macht zur Rettung. Mögen diese Texte zu ihrer Zeit einen anderen, allgemeinen oder metaphorischen Sinn gehabt haben, so bezeugen sie für das Neue Testament doch auf jeden Fall eine Allmacht, die gewaltig ist – über Leben und Tod, über Tod und Leben.

»Alle Propheten zeugen für ihn«, heißt es in der Apostelgeschichte. Das gilt sicher für die Texte des Alten Testaments. Aber die Polarität von Sterben und Leben begegnet in der Religionsgeschichte auch sonst. »Vorstellungen von einem Fortbestand des Lebens angesichts des Todes sind seit frühesten, archaischen Stufen Bestandteil der religiösen Vorstellungen, als Hoffnung auf ein Bleiben des Lebens als solches beim Tod der Individuen, als Übergang der Seele in eine andere Welt, als Wiedergeburt unter Beibehaltung der Identität, die auf inneres Wissen, Offenbarung oder das menschliche Bedürfnis, Geliebtes festzuhalten, zurückgeführt werden kann. Bedingung für ein Leben nach dem Tode für die menschliche Seele ist dabei stets die Anteilnahme am Geist Gottes bzw. in nicht-deistischen Religionen am Göttlichen« (C. Dahlgrün 2001, 144).

All diese Vorstellungen und die dazugehörenden Feste und Rituale bezeugen auf ihre, manchmal sehr merkwürdige, Weise die Wahrheit dessen, was in der Wirklichkeit der Ostergeschichte passiert ist. Auch den Heiden hat Gott ja nach Paulus sein »unsichtbares Wesen, nämlich seine ewige Kraft und Gottheit« offenbar gemacht (Römer 1,19f.). Dass sie in den Religionen faktisch fremde Götter verehren, Götzen bis zum Gott Mammon hin, die ihnen nur den Tod bringen können, ist die eine Seite, die Unheilsgeschichte der Menschheit. Aber mit ihrem ganzen Irr- und Aberglauben können sie andererseits nur die Wahrheit der Heilsgeschichte demonstrieren, dass zur Göttlichkeit Gottes die Überwindung des Todes gehört. Was man Jahrtausende lang in manchmal sehr blutigen Kulten gespielt hat, ist zwischen Golgatha und Galiläa blutiger, aber auch triumphaler Ernst geworden.

Herr, ewiger und allmächtiger Gott,
unerforschlich in deinem Geheimnis,
unbegreiflich in deiner Macht.
Aus dem Nichts hast du alles geschaffen.
Aus dem Tod hast du das Leben gerufen.
Aus Verlorenheit und Verblendung
hat dein Wort uns erweckt.
Du tötest und machst lebendig.
Du willst unser irdisches Dasein
und führst uns in dein himmlisches Reich.
Du lässt uns manchmal verzweifeln
und erfüllst uns mit Glaubenskraft.

Weil du ein Gott des Lebens bist,
der die Welt geschaffen hat
und vom Tode befreit,
bitten wir dich für alle,
deren Leben bedroht ist:
für Kranke und Sterbende,
für Verzweifelte und Umnachtete,
für Süchtige und Lebensüberdrüssige,
für hungrige Kinder und einsame Alte,
für Verfolgte und Unterdrückte und vom Krieg Gequälte,
für alle leidende Kreatur:
deine Macht ist größer als alles Elend,
hilf du, so ist uns geholfen.

Weil du ein Gott es Lebens bist,
der die Welt geschaffen hat
und vom Tode befreit,
bitten wir dich für alle,
die ihr Leben verspielen:
die stolz, hochmütig und gefühllos sind,
die ihre Macht über Menschen missbrauchen,
die die Schöpfung zerstören,
die auf den Gott Mammon vertrauen,
die ohne Glaube und Liebe und Hoffnung
ihr Dasein fristen,
die nur vernünftig sein
oder nur Spaß haben wollen:
deine Macht ist größer als aller Wahn,
ruf du zur Umkehr, so ist ihr Leben erneuert.

Weil du ein Gott des Lebens bist,
der die Welt geschaffen hat
und vom Tode befreit,
bitten wir dich für alle,
die nach dir suchen
und nach deinen Geheimnissen fragen:
für alle,
die das Wunder der Auferstehung noch nicht begreifen,
für alle, die die Macht deines Geistes
nicht nur hören, sondern auch spüren wollen,
für alle, die nicht verstehen,
warum es in ihrem Leben
so viel Dunkelheit und Wirrnisse gibt:

deine Macht, Herr, ist größer als alle Zweifel,
schenke du Glauben, so sind wir gewiss.

Herr, ewiger und allmächtiger Gott.
Alles, was ist, beweist deine Macht.
Alles, was atmet, lobt deinen Namen.
Alles, was lebt, dient deinem Willen.
Alles, was stirbt, kehrt zurück zu dir.

Mit allen Geschöpfen im Himmel und auf Erden
loben und preisen wir
die Ewigkeit deines Seins,
die Herrlichkeit deines Namens,
die Unendlichkeit deiner Macht,
die Unermesslichkeit deiner Gnade,
die Unergründlichkeit deiner Wahrheit,
die Gegenwart deines Heils.
Kyrios Jesus.
Wir beten dich an, dich allein beten wir an,
den Vater und den Sohn und den Heiligen Geist,
jetzt und immerdar und von Ewigkeit zu Ewigkeit.
Amen.

3. Erwartungen nach Ostern

Heiliger Gott, gütiger Vater.
Jesus aus Nazareth ist um deiner unendlichen Liebe willen
am Kreuz für uns gestorben
und durch deine unendliche Macht vor uns auferweckt worden.
In unserer Taufe hast du unser Leben
mit der Geschichte Jesu Christi verknüpft.
Wir sind dadurch der Macht des Todes entrissen
und mit der Zuversicht auf ewiges Leben erfüllt.
In dieser Stunde bitten wir dich:
stärke unsere Leiber mit deiner Kraft,
erfülle unsere Herzen mit deiner Freude,
mach uns bereit,
dir in unserem ganzen Leben zu danken
und dir in der Stunde unseres Todes zu vertrauen.
Durch unseren Herrn Jesus Christus, deinen Sohn,
der mit dir und dem Heiligen Geist
lebt und regiert von Ewigkeit zu Ewigkeit.
Amen.

Dass Menschen für tot gehalten werden und nach einigen Stunden oder Tagen wieder aufzuleben beginnen, ist keine Seltenheit. Um die Rede von der Auferweckung für die kritische Vernunft zu retten, hat man in der Aufklärungszeit konzediert, er sei wahrscheinlich nur scheintot gewesen. Aber ein solcher Rettungsversuch hat dem Glauben nicht genützt, sondern geschadet. Denn damit war das Faktum zwar erklärt, aber die Heilsbedeutung dieses Ereignisses aufgelöst. Das einmalige Geschehen der Auferweckung dieses Mannes muss, wenn man sich darauf verlassen können soll, etwas enthalten, was in seinem Wirklichkeitsgehalt einmalig und in seiner Wirkungsbreite allgemein gültig ist.

Zeitlich am nächsten an dieses Ereignis heran führt eine Aussage des Paulus, der ca. 20 Jahre danach an die Gemeinde in Thessaloniki schreibt: »Wenn wir glauben, dass Jesus gestorben und auferstanden ist, so wird Gott ebenso auch die Entschlafenen durch Jesus mit ihm zum Leben führen« (1. Thessalonicher 4,13f.). Paulus selbst ist in diesem Moment noch der Meinung, dass die Wiederkunft Jesu zu seinen Lebzeiten stattfinden wird (V. 15), und versucht die Angehörigen von verstorbenen Christen mit diesen Worten zu trösten. Durch die Auferweckung Jesu hat für den Apostel die Geschichte ihr Ende gefunden. Der Auferstandene hat die Seinen nur für eine kurze Zeit verlassen, bis sich das Reich Gottes in Kraft und Herrlichkeit auftut. Dann werden auch die, die mit Jesus Christus in der Taufe (Römer 6,1ff.) gestorben sind, gerettet werden und das ewige

Leben empfangen (2. Timotheus 2, 8–13). Ähnlich heißt es später auch im Kolosserbrief: »Ihr seid gestorben, und euer Leben ist mit Christus in Gott verborgen. Wenn aber Christus, euer Leben, offenbar wird, dann werdet auch ihr mit ihm offenbar werden in Herrlichkeit« (3,1–4). Die Auferweckung Jesu ist mehr als ein historisches Faktum, das vor 2000 Jahren passiert ist. Entscheidend ist, dass dieses Geschehen auch in jeder Gegenwart Menschen zu erfassen vermag.

Jetzt ist in der Menschheitsgeschichte eine Zeitenwende erfolgt. »Weil durch *einen* Menschen der Tod über alle Menschen gekommen ist, kommt durch *einen* Menschen auch die Auferstehung von den Toten.« Freilich ist diese generelle Hoffnung mit einer konkreten Begrenzung verknüpft. Sie gilt allen, »die Christus gehören« (1. Korinther 15,19–28). Vollzogen wird diese Zugehörigkeit in einem sakramentalen Geschehen. Die Leiblichkeit der Auferweckung Jesu Christi vergegenwärtigt sich durch eine Handlung, in der auch unsere Leiblichkeit transformiert wird. »Das, was jetzt vergänglich ist, muss mit Unvergänglichkeit bekleidet werden, und was jetzt sterblich ist, muss mit Unsterblichkeit bekleidet werden« (1. Korinther 15,50–58). Wenn »der letzte Feind, der Tod« (V. 26), überwunden ist, kommt es nicht, wie es früher im Apostolikum hieß, zu einer Auferstehung des »Fleisches«, sondern zu einer Neuschöpfung des »Leibes«. Diese Vergegenwärtigung der Auferstehungsmacht erfolgt im sakramentalen Akt der Taufe. Dabei werden Menschen mit der Geschichte Jesu Christi so synchronisiert, dass sie in seinen Tod hineingenommen, aber zugleich der Macht dieses Todes entrissen werden. Deshalb ist der eigentliche Tauftermin in der Alten Kirche die Osternacht gewesen.

Wie soll man mit allen Sätzen, die irgendwie von Auferstehung reden und die so abseitig unmodern klingen, in der Predigt umgehen? Eine dogmatische Selbstsicherheit ist sicher ebenso unangemessen wie eine aufgeklärte Überheblichkeit. Was diese Texte zu sagen wagen, können wir kognitiv nicht genau erfassen, und erst recht wissen wir das alles nicht besser. Vielleicht hilft es, wenn man im Laufe der Vorbereitung einen einzigen Satz aus dem großen Angebot auf sich selber bezieht, etwa: »Es wird gesät in Schwachheit und wird auferstehen in Kraft.« Ja, das ist mein Leib, das bin ich, das werde ich sein.

Herr, ewiger und allmächtiger Gott.
In deiner unendlichen Gnade
hast du uns ins Leben gerufen.
In deiner unergründlichen Weisheit
hast du uns zum Sterben bestimmt.
In deiner unfasslichen Kraft
hast du uns für die Ewigkeit auserwählt.
Bleibe bei uns, Herr,
auf dem Weg,
der von dir kommt und zu dir führt.

Du, Herr, hast in Jesus Christus,
deinem Sohn, unserem Bruder,
die Dunkelheiten des Lebens erfahren.
Deshalb bitten wir dich für alle,
die unter Lebensüberdruss und Todesangst leiden:
für die Einsamen und Verzweifelten,
für die Kranken und die Sterbenden,
für die Hungernden und die Süchtigen,
für die Unterdrückten und die Gefolterten,
für alle Menschen,
die in der Nacht weinen mussten,
für alle, die sich nach Ruhe sehnen.
Sorge du für Hilfe.
Erlöse aus allem Leid.

Du, Herr, hast in Jesus Christus,
deinem Sohn, unserem Bruder,
unter den Mächten der Sünde gelitten.
Deshalb bitten wir dich für alle,
die vom Bösen bedroht sind:
für die Mächtigen, dass sie Gerechtigkeit üben,
für die Reichen, dass sie zu teilen beginnen,
für die Gebildeten, dass sie demütig werden,
für die Frommen, dass sie nicht selbstgerecht leben;
befreie Menschen aus allem Wahn,
aus Machtgier und Habsucht,
aus Nationalstolz und Rassendünkel,
aus der Unfähigkeit zu leiden,
aus der Illusion, niemals sterben zu müssen.
Sorge du, Herr, für Aufklärung.
Erlöse aus aller Verblendung.

Du, Herr, hast an Jesus Christus,
deinem Sohn, unserem Bruder,
die Kraft der Auferweckung bewiesen.
Deshalb bitten wir dich für alle,
die von dieser Kraft erfasst sind:
für die Getauften, dass sie glauben,
für die Suchenden, dass sie dich finden,
für die Hilfsbereiten, dass sie nicht müde werden,
für die Irrenden, dass sie umkehren,
für die Angefochtenen, dass sie dein Licht erblicken.

Gewaltig ist deine Kraft, Herr,
die uns durch Sterben ins Leben führt.
Unendlich ist deine Gnade, Herr,
die uns Sündern Vergebung gewährt.
Unvorstellbar ist deine Freiheit, Herr,
die uns aus aller Knechtschaft errettet.
Mit allen Geschöpfen,
mit den Weiten des Universums,
mit den Lichtjahren der Zeit,
beten wir dich an,
den einen und einzigen Gott.
Wir danken dir,
der du für Recht und Gerechtigkeit sorgst,
der von Sünde und Tod erlöst,
der zum ewigen Heil befreit,
der alles Fragen in Jubel auflösen wird.
Ehre, Preis und Anbetung
sei deinem heiligen, unaussprechlichen Namen,
dem Vater und dem Sohn und dem Heiligen Geist
jetzt und immerdar und von Ewigkeit zu Ewigkeit.
Amen.

Quasimodogeniti: Die neue Kraft

Ewiger und allmächtiger Gott, Herr über Leben und Tod.
Durch die Auferstehung deines Sohnes
ist neue Lebenskraft in die Welt gekommen.
Der Tod ist besiegt.
Der Weg in das ewige Leben ist frei.
Dir, Gott, sei Dank.
Dich, Macht aller Mächte, loben wir.
Dir, Retter der Verlorenen, Erlöser der Verdammten,
vertrauen wir.
Hilf du uns, so ist uns geholfen.
Darum bitten wir dich
durch unseren Herrn Jesus Christus, deinen Sohn,
der mit dir und dem Heiligen Geist
lebt und regiert von Ewigkeit zu Ewigkeit.
Amen.

Seit Ostern fließt ein neuer Kraftstrom durch die Geschichte. Was die alte Prophetie angesagt hat, ist nun Wirklichkeit geworden. »Den Ermatteten gibt er Kraft, und wo diese Kraft ist, gibt er große Stärke« (Jesaja 40,26–31).

Wirksam geworden ist diese neue Energie zunächst in den Begegnungen des Auferstandenen mit den Jüngern. Auf die ersten Meldungen von diesem Ereignis reagieren sie noch mit Unglauben. Erst als er persönlich vor ihnen erscheint, werden sie fähig, seinem Befehl zu folgen: »Gehet hin in alle Welt und predigt das Evangelium der ganzen Schöpfung« (Markus 16,9–14). Mission können offensichtlich nur die praktizieren, deren eigener Unglaube durch Ihn überwunden wird. Am See Tiberias bleibt der nächtliche Versuch des Petrus, Fische zu fangen, vergeblich. Erst als ein Unbekannter ihm konkrete Anweisungen erteilt, gelingt ein gewaltiger Fang, und alle wissen, ohne ihn direkt fragen zu müssen, wem sie das zu verdanken haben (Johannes 21,1–14). Seine Kraft wirkt schon hier anonym. Dass ihre Weitergabe nicht an solche sichtbaren Erfahrungen gebunden ist, hat der Evangelist jedoch in der vorhergehenden Szene klargestellt. Der ungläubige Thomas darf die Wundmale des Auferstandenen betasten, ausnahmsweise. Insgesamt aber gilt: »Selig sind, die nicht sehen und doch glauben!« (Johannes 20,19–29).

In diesem alten Evangelium des Sonntags ist auch festgehalten, in welcher Form und mit welchem Ziel sich dieser Kraftstrom unter den Menschen durchsetzt. Die Jünger werden angehaucht mit den Worten: »Empfangt den Heiligen Geist! Wem ihr die Sünden erlasst, dem sind sie erlassen; und wem ihr sie anrechnet, dem sind sie angerechnet.« Neben der Vollmacht zur Sündenvergebung spielt bei der Ausbreitung des Glaubens die Taufe immer eine zentrale Rolle. »Mit Christus seid ihr begraben worden durch die

Taufe, und mit ihm seid ihr auch auferstanden durch den Glauben an die Kraft Gottes, der ihn von den Toten auferweckt hat« (Kolosser 2,12–15). Um diese Bindung des Sakraments an die Christusgeschichte angemessen wiederzugeben, waren im Taufritual der Alten Kirche zwei Gestaltungselemente enthalten, die inzwischen verloren gegangen sind. Die Taufe fand in der Osternacht statt. Und an diesem Wendepunkt zwischen Tod und Leben, zwischen dem alten Adam und dem Dasein in Christus wurde nicht nur das Glaubensbekenntnis gesprochen, sondern als Voraussetzung dafür die dreifache Absage an das Böse. Die Taufe war dadurch mehr als eine theologische Lehre – sie wurde im sprachlichen Verhalten und im leiblichen Vollzug des Untertauchens als Herrschaftswechsel erlebt.

Was unter und in Menschen verschlossen ist, wird durch die Osterkraft aufgebrochen. Das galt für Türen, hinter denen sich die enttäuschten Jünger Jesu verschanzt hatten. Das gilt ebenso aber für die Herzen aller, die – aus welchen Gründen auch immer – den lebendigen Gott aus ihrem Leben ausgesperrt haben. Auferstehung, Unglaube und Mission sind und bleiben miteinander verbunden. Ohne die Einsicht in den eigenen Unglauben kann man den Unglauben der anderen nicht wahrnehmen. Und ohne den Einfluss von Gotteskraft bei sich selbst kann man vor dem Unglauben letztlich nur kapitulieren. Keine theologische Ausbildung, kein psychologisches Einfühlungsvermögen, keine kommunikative Kompetenz können ein versteinertes Herz und eine verfinsterte Seele aus der Gottverlassenheit retten. Der Lebensgeist des Auferstandenen muss unausgesprochen wirken, wenn man in Seelsorge, Predigt und Unterricht mit eigenen Worten das Wort Gottes zu ergreifen sucht. »Gelobt sei Gott, der Vater unseres Herrn Jesu Christi, der uns in seiner großen Barmherzigkeit wiedergeboren und mit Hoffnung auf Leben erfüllt hat durch die Auferstehung Jesu Christi von den Toten« (1. Petrus 1,3–9).

Herr, ewiger und allmächtiger Gott.
Wir danken dir, dass du lebst,
in deinem Geheimnis, in deiner Macht,
in deiner Ewigkeit.
Wir danken dir,
dass wir durch deine Gnade leben dürfen.
Alles hast du geschaffen, aus dem Nichts.
Alles willst du erretten, aus dem Tod.
Alles, was dir gehört,
wirst du heimführen in dein Reich.
Alles, was lebt,
lobt deinen ewigen Namen.

Weil du ein lebendiger und ein mächtiger Gott bist,
rufen wir dich an für alle Geschöpfe,
deren Leben bedroht ist:

für Kranke und Sterbende,
für Alte, Einsame und Verzweifelte,
für Arbeitslose und Arme,
für Hungernde und Verfolgte,
für alle, die unter Kriegen und Katastrophen leiden,
für bedrohte Völker, für aussterbende Arten,
für die ganze Erde,
die zerstört und vergiftet wird:
bewahre deine Schöpfung,
rette deine Geschöpfe,
beweise deine Allmacht
gegen die Mächte des Todes.

Weil du ein lebendiger und ein mächtiger Gott bist,
rufen wir dich an für alle,
die Leben schützen und retten sollen:
für die Verantwortlichen
in Wirtschaft und Politik,
in Wissenschaft und Verwaltung,
für Ärzte und Schwestern,
für Richter und Anwälte,
für Polizisten und Soldaten,
für alle Frauen und Männer
bei ihrer Arbeit in Beruf und Familie:
lass sie dem Leben dienen,
hilf das Gemeinwohl fördern,
sorge für Frieden und Recht,
beweise deine Allmacht
gegen die Mächte des Bösen.

Weil du ein lebendiger und ein mächtiger Gott bist,
rufen wir dich an für alle,
die die Botschaft des Lebens weiterzusagen haben:
für deine Kinder in aller Welt,
für alle, die nach dir suchen und deine Spuren entdecken,
für verfolgte Gemeinden, für irrende Gewissen,
für angefochtene Herzen:
gib Mut zum Bekenntnis des Glaubens,
gib Kraft für die Worte und Taten der Liebe,
gib Geduld und Festigkeit in der Hoffnung.

Deine Allmacht, Herr,
ist der Grund unseres Lebens.

Deine Allmacht, Herr,
ist der Trost unseres Leidens.
Deine Allmacht, Herr,
ist das Ziel unserer Wege.
Nimm dich unser gnädig an.
Rette und erhalte uns.
Denn dir allein gebührt
der Ruhm und die Ehre und die Anbetung,
dem Vater und dem Sohn und dem Heiligen Geist,
jetzt und immerdar und von Ewigkeit zu Ewigkeit.
Amen.

Misericordias Domini: Der gute Hirte

Ewiger, heiliger Gott,
du bist die Allmacht, du bist barmherzig.
Wenn wir schwach sind, behütest du uns.
Wenn wir stark zu sein scheinen, führst du uns.
In deinen Händen liegt unser Leben.
Wenn wir uns nicht auf dich verlassen,
sind wir allein in der Welt.
Stärke in dieser Stunde unser Vertrauen zu dir.
Tröste uns mit der Kraft deines Wortes.
Ermutige uns mit dem Licht deines Geistes.
Begleite unseren Weg mit deinem Segen
durch unseren Herrn Jesus Christus, deinen Sohn,
der mit dir und dem Heiligen Geist
lebt und regiert von Ewigkeit zu Ewigkeit.
Amen.

Das Lamm Gottes, das für alle geschlachtet wurde, ist kraft seiner Auferstehung zum Hirten geworden. Der Außerirdische, der nach Johannes alle Lebensmittel und Lebenswerte, wie Brot und Licht, wie Weg und Wahrheit, mitgebracht hat, ist im Verhältnis zu den Seinen vor allem eins: »Ich bin der gute Hirte. Der gute Hirte lässt sein Leben für die Schafe«. Er flieht nicht, und er lässt sich nicht kaufen. Seine Macht wirkt ohne Gewalt (10,11–16). Er ist gekommen, damit sie »Leben im Überfluss haben« (10,10). Dieses Leben im Überfluss umfasst auch den Weg, den Petrus in Zukunft wird gehen müssen. Die Selbstbestimmung hört auf, und »ein anderer wird dich führen, wohin du nicht willst« (21,15–19). Was das konkret bedeuten kann, hat vor 60 Jahren H. Gollwitzer im Bericht über seine russische Kriegsgefangenschaft festgehalten. Im Gefolge dieses Hirten wartet die Pflicht, aber auch die Fähigkeit zur Hingabe des Lebens für andere.

In den Episteltexten des Sonntags werden die Konsequenzen der Christologie für das Leben in der Gemeinde gezogen. »Ihr wart wie die irrenden Schafe; aber nun seid ihr bekehrt zu dem Hirten und Bischof eurer Seelen« (1. Petrus 2,21b–25). Die Übersetzung Luthers verweist schon auf das kirchliche Amt. Wörtlich bezieht sich »Episkopos« auf eine bestimmte Aufgabe des Hirten, nämlich auf die fürsorgliche Aufsicht über die ihm Anvertrauten. Aber ein weiterer Text aus dem 1. Petrusbrief macht klar, dass es schon hier in der Tat um hervorgehobene Positionen in der Gemeinde, nämlich um die »Ältesten« geht. Sie sollen ihren Auftrag nicht mit Zwang, nicht mit Gewinnsucht und Herrschaftsallüren wahrnehmen, sondern als »Vorbilder der Herde« wirken (1. Petrus 5,1–4).

Die »Hirten«, die für die Auswahl der Texte verantwortlich sind, haben dafür gesorgt, dass dieser kritische Aspekt nicht zu umfangreich wird. Aus der prophetischen Anklagerede des Ezechiel ist nur der Anfangssatz übernommen: »So spricht der Herr: Wehe den Hirten Israels, die sich selbst weiden!« Ohne die folgenden Schilderungen des pastoralen Versagens soll man sofort zur Verheißung springen: »Ich will das Verlorene wiedersuchen und das Verirrte zurückbringen und das Verwundete verbinden und das Schwache stärken …« (34,1+2.10–16.31). Natürlich sind die ausgelassenen Verse vor allem für eine Andacht in der Pfarrkonferenz besonders geeignet. Aber die kritischen Aspekte, die dort formuliert werden, könnten die Gemeinde zu einer biblisch fundierten Prüfung der Geister bei ihrem eigenen Geistlichen führen.

Lämmer, Schafe und Hirten sind aus der Lebenswelt der meisten Zeitgenossen fast vollständig verschwunden. Dennoch ist, jedenfalls bisher und in der älteren Generation, Psalm 23 einer der bekanntesten und beliebtesten Bibeltexte. In dieser Gestalt überlebt ein Muster der Menschenführung, das die tiefe Sehnsucht nach Geborgenheit anspricht. Einer trägt die Verantwortung und sorgt für Sicherheit, die anderen sind in der Herde behütet. Es ist auf jeden Fall lebenswichtig, dass in den Krisen des Lebens eine solche religiöse Basis für das Urvertrauen vorhanden ist. Und an den Grenzen des behüteten Lebens, wie bei der Taufe und bei der Beerdigung, ist die Regeneration dieses Urvertrauens verständlicherweise besonders wichtig. Dazwischen kann der gute Hirte den ihm Anbefohlenen nur empfehlen, den Weg in die Selbständigkeit, den Weg in die Freiheit zu wagen.

Wer Gott vertraut, kann nicht Mitläufer werden und muss deswegen manchmal auch die Umzäumungen des kirchlichen Milieus verlassen. Natürlich können Anvertraute dabei auch in Sphären der Verlogenheit und Verlorenheit geraten. Gut ist jener Hirte, der gegebenenfalls auch guter Vater und gute Mutter sein kann, der Mündige mit Schmerzen, aber auch in Frieden wegziehen lässt und in großer Geduld darauf wartet, dass sie, wenn nicht zu ihm, aber zu Ihm, zurückkehren werden, so Gott es will.

Lasset uns in Frieden den Herrn anrufen:
um seinen Frieden,
dass wir Frieden finden für unser Leben
und Frieden schaffen unter den Menschen.
Um seine Barmherzigkeit,
dass auch wir miteinander Erbarmen haben.
Um sein Leben,
dass wir den Sinn unseres Lebens entdecken
und einander zu einem glücklichen Leben helfen.
Lasset uns zum Herrn rufen:
Herr, erbarme dich.

Für alle, die Trauer tragen
um die Opfer der Kriege,
um den Verlust der Heimat,
um den Abschied von einem nahen Menschen,

dass sie weiterleben können
ohne Verzweiflung und ohne Resignation.
Lasset uns zum Herrn rufen:
Herr, erbarme dich.

Für alle, die heute leiden müssen,
die inmitten von Krieg und Bürgerkrieg leben,
für die Hungernden und die Unterdrückten,
für die, die gefoltert werden,
und die, die foltern,
dass ihr Elend ein Ende hat,
dass sie satt werden, ungefährdet und frei.
Lasset uns zum Herrn rufen:
Herr, erbarme dich.

Für uns und alle Menschen,
die wir im Schatten des Todes leben
und die wir einander mit der Drohung des Todes Gewalt antun,
dass wir uns auf unser Ende besinnen
und unsere Zeit nicht sinnlos verbringen,
dass wir endlich Heil und Erlösung finden.
Lasset uns zum Herrn rufen:
Herr, erbarme dich.

Nimm dich unser gnädig an,
rette und erhalte uns.
Denn dir allein gebührt
der Ruhm und die Ehre und die Anbetung,
dem Vater und dem Sohn und dem Heiligen Geist,
jetzt und immerdar und von Ewigkeit zu Ewigkeit.
Amen.

Jubilate: Siegesgesänge

Herr, Kraft unseres Lebens, Grund unseres Glücks.
Wir jubeln, wenn es uns gut geht.
Und wir klagen, wenn wir in Schwierigkeiten stecken.
Hilf uns, Herr,
dass wir in guten wie in schlechten Zeiten dich nicht vergessen.
Lass uns deinen Halt spüren,
wenn Lasten uns niederdrücken.
Lass uns darauf vertrauen,
dass deine Hand uns behütet.
Erfülle uns mit Zuversicht,
wenn Angst und Unruhe unsere Seele quälen.
Darum bitten wir dich
durch deinen Sohn Jesus Christus, unsern Herrn,
der mit dir und dem Heiligen Geist
lebt und regiert von Ewigkeit zu Ewigkeit.
Amen.

An diesem Sonntag kann im Gottesdienst etwas laut werden, was ansonsten auf Sportplätzen, aber auch am Kriegsende zu hören ist: Siegesgesänge. Am deutlichsten kommt diese Stimmung in einer Epistel zur Sprache: »Das ist der Sieg, der die Welt besiegt hat, unser Glaube.« Dieser Glaube kommt aus Gott, bezieht sich auf den Sohn Gottes und erfüllt in Liebe die Gebote Gottes (1. Johannes 5,1–4). Begründet ist der Sieg über die Welt in der Bindung an den himmlischen Erlöser. »Ich bin der Weinstock, ihr seid die Reben. Wer in mir bleibt und ich in ihm, der bringt viel Frucht; denn ohne mich könnt ihr nichts tun« (Johannes 15,1–8). Der Glaube lebt in einem symbiotischen Einfluss, in dem Lebens- und Liebeskraft fließt. Und der auch die Fragilitäten und Fraglichkeiten, mit denen der Glaubende weiterhin zu tun bekommt, zu verwandeln beginnt. Der Weg zum neuen Leben führt wie bei jeder Geburt durch Angst in die Freiheit. »Und auch ihr habt nun Leid; aber ich will euch wiedersehen, und euer Herz soll sich freuen, und eure Freude soll niemand von euch nehmen.« Auch alle Fragen, die sich in diesem Leben stellen, werden dann endlich beantwortet werden (Johannes 16,16–23a).

Der Siegesjubel kann dennoch schon heute beginnen. Dass man den Ablauf des Glaubenslebens bei jeder Geburt, also bei einem fleischlichen, weltlichen Vorgang wahrnehmen kann, signalisiert bereits, dass »Welt« nicht nur eine verderbliche Sphäre darstellt. »Am Anfang schuf Gott Himmel und Erde. … Und Gott sah an alles, was er gemacht hatte, und siehe, es war sehr gut« (1. Mose 1,1–4a.26–31; 2,1–4a). Wer zur »Welt« mit ihren lebensgefährlichen Mächten im Glauben auf Distanz geht, beginnt zu entdecken, dass sie in ihrem Ursprung gute Schöpfung Gottes ist. Der Jubel der Glaubenden gilt deshalb nicht nur ihrer Wiedergeburt und ihrer Entbindung aus der Welt durch die Bindung an den Erlöser, sondern enthält auch die Zustimmung zur Güte und Größe des geschöpflichen Daseins. In seiner Begegnung mit den Athener Philosophen auf dem Areopag lässt die Apostelgeschichte Paulus vorchristliche Sentenzen zitieren: »Und wirklich, für keinen von uns ist er in unerreichbarer Ferne! Denn in ihm leben wir, in ihm bewegen wir uns, in ihm sind wir, wie das einige von euren Dichtern gesagt haben: Wir sind von seinem Geschlecht!« (17,22–28a)

Im gottesdienstlichen Jubel der Christengemeinde findet die Welt zu ihrem Schöpfer zurück. Das gilt nicht zuletzt für den Umgang mit der eigenen Existenz. Die Vergänglichkeit unseres fleischlichen Daseins ist offensichtlich. Aber unsere Leiblichkeit wird deswegen nicht verachtet oder verdammt, sondern durch die Einwohnung des göttlichen Geistes permanent renoviert. »Wenn auch unser äußerer Mensch zerfällt, so wird doch der innere von Tag zu Tag erneuert« (2. Korinther 4,16–18). Im Unterschied zum philosophischen Dualismus der Antike ist unser Leib nicht das »Gefängnis der Seele«; vielmehr wird er durch die Symbiose mit Christus zum »Tempel Gottes«, in dem der Geist Gottes wohnt (1. Korinther 3,16). In jedem Augenblick, in dem Menschen mit Leib und Seele in Siegesgesänge, in den Jubel Gott gegenüber ausbrechen, ist die Schöpfung Gottes am Ziel und hat das Ende der Geschichte begonnen.

Lasset uns beten mit Worten aus dem »Gesang der drei Männer im Feuerofen«, einem Text, der am Rand des Alten Testaments überliefert ist:

»Gelobet seist du, Herr, der Gott unserer Väter, und müssest gepriesen und hochgerühmt werden ewiglich!
Gelobet sei dein herrlicher und heiliger Name und müsse gepriesen und hoch gerühmt werden ewiglich!
Es loben den Herrn alle seine Werke und müssen ihn preisen und rühmen ewiglich!
Ihr Himmel lobet den Herrn, preiset und rühmet ihn ewiglich!
Lobet den Herrn, ihr Engel des Herrn, preiset und rühmet ihn ewiglich!
Licht und Finsternis, lobet den Herrn, preiset und rühmet ihn ewiglich!
Die Erde lobe den Herrn, preise und rühme ihn ewiglich!
Berge und Hügel, lobet den Herrn, preiset und rühmet ihn ewiglich!
Alles, was aus der Erde wächst, lobe den Herrn, preise und rühme ihn ewiglich!
Ihr Brunnen, lobet den Herrn, preiset und rühmet ihn ewiglich!
Meer und Wasserströme, lobet den Herrn, preiset und rühmet ihn ewiglich!
Walfische und alles, was sich regt im Wasser, lobet den Herrn, preiset und rühmet ihn ewiglich!
Alle Vögel unter dem Himmel, lobet den Herrn, preiset und rühmet ihn ewiglich!

Alle wilden Tiere und Vieh, lobet den Herrn, preiset und rühmet ihn ewiglich!
Ihr Menschenkinder, lobet den Herrn, preiset und rühmet ihn ewiglich!
Israel, lobe den Herrn, preise und rühme ihn ewiglich!
Ihr Heiligen, die elend und betrübt sind, lobet den Herrn, preiset und rühmet ihn ewiglich!
Denn er hat uns erlöst aus der Hölle und hat uns geholfen vom Tode und hat uns errettet aus dem glühenden Ofen und hat uns mitten im Feuer erhalten!
Danket dem Herrn; denn er ist freundlich, und seine Güte währet ewiglich!
Alle, die den Herrn fürchten, lobet den Gott aller Götter, preiset ihn und rühmet, dass seine Güte ewiglich währet!«

Ehre sei
dem Vater und dem Sohn und dem Heiligen Geist
jetzt und immerdar und von Ewigkeit zu Ewigkeit.
Amen.

Kantate: Der Gesang der Beladenen

Herr, heiliger Gott, gütiger Vater.
Himmel und Erde rühmen deine ewige Ehre.
Der Gesang der Vögel, das Brüllen der Löwen, das Summen der Bienen,
gilt deiner Macht.
Heute wollen auch wir in diesen Lobgesang,
der deine ganze Schöpfung erfüllt,
mit Leib und Seele einstimmen.
Alle Sorgen lassen wir hinter uns.
Alle Zukunftsangst legen wir ab.
Von ganzem Herzen wollen wir dir danken
durch unseren Herrn Jesus Christus, deinen Sohn,
der mit dir und dem Heiligen Geist
lebt und regiert von Ewigkeit zu Ewigkeit.
Amen.

Singen kann man aus ganz verschiedenen Gründen. In Melodien kommen die Gefühle der Seele zum Ausdruck. Durch Rhythmen werden beim Tanz, aber auch bei der Arbeit Bewegungen synchronisiert. Der gemeinsame Gesang steigert das Gemeinschaftserleben. Eine Eigenart der meisten biblischen Beiträge zu diesem Verhalten zeigt sich im Evangelium des Sonntags. In den Worten Jesu werden Lob Gottes und Einladung an die Mühseligen und Beladen miteinander verbunden (Matthäus 11,25–30). Was Jesus bringt, bleibt den »Weisen und Klugen« verborgen, und um Jesu willen singen nicht nur die, die glücklich und frohgemut sind.

Die Lieder des Glaubens erklingen an den Grenzen des Lebens. Ihre Macht zeigt sich darin, dass Gefängnistore und Beamtenseelen durch ein Erdbeben erschüttert und für den Gott Jesu geöffnet werden (Apostelgeschichte 16,23–34). Voller Dank rühmen die Befreiten den Namen ihres Befreiers: »Siehe, Gott ist meine Rettung! Ich bin voll Vertrauen und habe keine Angst, denn meine Stärke und meine Kraft ist Jah, der Herr« (Jesaja 12). Vor dem Ausbruch des endgültigen Zorns singen die, die alle Versuchungen und Niederlagen schon überwunden haben, das Lied des Mose und das Lied Jesu: »Groß und wunderbar sind deine Werke, Herr, allmächtiger Gott! Gerecht und wahrhaftig sind deine Wege, du König der Völker« (Offenbarung 15,2–4).

Der Jubel des Glaubens ist nicht auf heilvolle Erfahrungen und glückliche Momente beschränkt. Weil er dem allmächtigen Gott gilt, kann er auch und gerade dort ausbrechen, wo vom Walten der Allmacht noch nichts zu sehen ist, sondern wo man einstweilen darauf nur warten kann. Der Jubel der Leidenden und der Todgeweihten hat einen beschwörenden Klang. Wo Gott gerühmt wird, kommt er zur Hilfe. Wer umgekehrt sich den Krafttaten Jesu gegenüber verschließt, muss mit dem Schicksal des Feigenbaums rechnen. Als Jesus an ihm keine Früchte findet, mit denen man seinen Hunger zu stillen vermag, wird er verflucht: »Für alle Zeit soll auf dir keine Frucht mehr wachsen!« (Matthäus 21,14–22). Was »Unmündige und Säuglinge« ganz ohne Bewusstsein vollbringen, den Lobpreis Gottes, das verschafft eine verkrustete und abgestorbene Seele nicht mehr.

Wie die ganze Schöpfung das Lob Gottes singt, darf auch das menschliche Leben dem Ruhm Gottes dienen. Soli Deo gloria! »Alles, was ihr tut mit Worten oder mit Werken, das tut alles im Namen des Herrn Jesus und dankt Gott, dem Vater, durch ihn.« Wer von Gott auserwählt, geheiligt und geliebt ist, der kann sicher auch mit einer gewissen inneren Distanz Nationalhymnen schmettern und Vereinslieder grölen. Ausgeschlossen ist aber eine Lebenshaltung, die in ihrer Grundorientierung dem Eigenruhm dient. Karriere machen! Berühmt werden! Beliebt sein! In dieser Hinsicht ist das Gotteslob ein glaubenstherapeutisches Medikament. Es lenkt ab von allen Formen des Selbstruhms. Wo Selbstsucht wohnt, zieht Selbstvergessenheit ein. Dieses Lob des einen und einzigen Gottes orientiert die Seele auf jene Macht, der sie ihr Leben verdankt. Und es stellt sie ein auf jene Fähigkeiten, die zum menschlichen Leben gehören: »herzliches Erbarmen, Freundlichkeit, Demut, Sanftmut, Geduld« (Kolosser 3,12–17).

Herr, ewiger Gott, gütiger Vater.
Dein Wille hat uns ins Leben gerufen.
Deine Barmherzigkeit hat uns bis heute durchs Leben begleitet.
Deine Fürsorge wird uns am Leben erhalten,
solange es dir gefällt.

Mit Leib und Seele danken wir dir,
dass du für uns da bist
und dass wir für dich da sein dürfen.
Um dich und deine Liebe zu loben,
bitten wir dich für alle Menschen,
die in dieser Stunde deine Hilfe brauchen:
für die Armen und die Alten,
für die Schwachen und die Kranken,
für Suchende und Verzweifelte,
für Hungernde und Entrechtete.
Hilf allen, Herr,
dann ist ihnen wirklich geholfen.

Mit Leib und Seele danken wir dir,
wir loben deinen Namen und preisen deine Herrlichkeit.
Um dich zu ehren und deine Barmherzigkeit zu würdigen,
bitten wir dich für alles,
was heute anfängt und was heute zu Ende geht:

für die, die eine neue Arbeit gefunden haben,
und für die, die gerade entlassen worden sind;
für die, die eine neue Beziehung beginnen,
und für die, deren Liebesgeschichte zu Ende geht;
für die, die heute geboren werden,
und für die, die heute sterben müssen.
Segne alles, was heute beginnt.
Gib Kraft all denen, die sich heute verabschieden müssen.

Mit Leib und Seele singen wir, Herr,
manchmal vor Glück,
manchmal voll bitterer Klage.
Manchmal können wir gar nicht mehr singen,
und werden doch mitgerissen von den Liedern,
die um uns erklingen und unsere Seele erfassen.
Lass, Herr, den Klang des Lebens,
der die ganze Schöpfung erfüllt,
auch in uns laut werden.
Lass uns deine Macht rühmen, wenn wir schwach sind.
Lass uns für deine Gemeinschaft danken,
wenn wir einsam sind.
Lass uns deine Herrlichkeit loben,
wenn uns unser Leben sinnlos erscheint.

Nimm dich unser gnädig an,
rette und erhalte uns,
denn dir allein gebührt der Ruhm und die Ehre und die Anbetung,
dem Vater und dem Sohn und dem Heiligen Geist,
jetzt und immerdar und von Ewigkeit zu Ewigkeit.
Amen.

Rogate: Von der Kunst anzurufen

Herr, heiliger Gott, gütiger Vater.
Wenn wir Hilfe benötigen,
bitten wir andere Menschen.
Wenn sie uns nicht helfen können,
dürfen wir dich anrufen,
dessen Macht unermesslich
und dessen Barmherzigkeit unendlich ist.
Weil wir dich im Leben so oft vergessen,
bitten wir in dieser Stunde:
Herr, lehre uns beten.
Stärke unser Vertrauen,
dass wir uns an dich wenden können.
Gib uns Zuversicht,
dass wir uns nicht einfach abspeisen lassen.
Erfülle uns mit der Gewissheit,
dass alles, was du willst,
letzten Endes gut für uns ist.
Durch unsern Herrn Jesus Christus, deinen Sohn,
der mit dir und dem Heiligen Geist
lebt und regiert, von Ewigkeit zu Ewigkeit.
Amen.

Das archaische Beten ist die Urform aller modernen Telephonie. Den Erdball umkreisen ungezählte Anrufe, die einander nicht stören und über Tausende Kilometer hinweg ihre Adressaten erreichen. Solche Fernkontakte hat es schon immer gegeben, freilich nicht an diesen Planeten gebunden, sondern gesendet durch alle Himmelssphären hindurch. Diese Kombination von zwischenmenschlicher und überirdischer Kontaktaufnahme findet sich auch in der Einladung Jesu: »Bittet, so wird euch gegeben.« Die Bitte Gott gegenüber ist so selbstverständlich, wie die entsprechende Äußerung gegenüber einem Freund oder gegenüber dem Vater (Lukas 11,5–13). Der Spruch ist erkennbar als ein Gesetz formuliert, als Beispiel für jenes Geschehen, das der französische Soziologe M. Mauss als »Gabentausch« analysiert hat. Es läuft ab im Dreischritt von Geben, Annehmen und Erwidern und setzt dabei voraus, dass in jeder Bitte auch eine Macht wirksam wird. Wer so spricht, kann damit rechnen, dass der Angesprochene sie annehmen und, wenn alles mit rechten Dingen abläuft, nur erwidern kann.

Deshalb kann man im Glauben auf alles laute und lange Plappern verzichten und sich auf das Not-Wendige beschränken. »Denn euer Vater weiß, was ihr nötig habt, bevor ihr ihn bittet«, sagt Jesus, als er den Seinen das Vaterunser schenkt (Matthäus 6,7–13).

Dass man dabei Gott manchmal durchaus auch mit Gründen bearbeiten muss, zeigt das Beispiel des Mose nach dem Abfall Israels durch die Anbetung des goldenen Stiers. Seine Fürbitte appelliert nicht an die Gnade oder die Barmherzigkeit Gottes, sondern in doppelter Hinsicht an seine Ehre. Er soll sich selbst treu bleiben und sein Image bei den Ägyptern nicht beschädigen (2. Mose 32,7–14). Umgekehrt sollen die Christen »für alle Menschen, für den Kaiser und für alle Regierenden« beten, »damit wir in aller Frömmigkeit und Ehrbarkeit ein ruhiges und stilles Leben führen können« (1. Timotheus 2,1–6a). Man kann das religiösen Lobbyismus nennen. Trotz der Unscheinbarkeit der damaligen Gemeinden nehmen die Christen Einfluss auf die Regierungsgeschäfte, nicht als Repräsentanten einer Großorganisation, sondern mit Hilfe jener Macht, die die ganze Schöpfung beherrscht. In diesem Gott- und Selbstvertrauen allein kann auch Mission gelingen. »Betet zugleich auch für uns, damit Gott uns eine Tür für das Wort auftut und wir das Geheimnis Christi predigen können« (Kolosser 4,2–6). Die Macht der Bitte wirkt übermächtig, wenn sie sich durch die Anrufung Gottes über jeden menschlichen Einfluss hinaus verstärkt.

Das Beten ist einfach, das Beten ist keine Kunst. Dennoch kann man dabei von einer Irritation heimgesucht werden. Auch das Johannes-Evangelium stärkt die Erhörungs-Gewissheit. »Wenn ihr den Vater in meinem Namen um etwas bittet, wird er's euch geben.« Aber gleichzeitig warnt Jesus die Glaubenden vor einem allzu sicheren frommen Selbstbewusstsein. »Siehe, es kommt die Stunde, ja sie ist schon gekommen, dass ihr zerstreut werdet und jeder nach Hause geht, und mich lasst ihr allein.« Eine solche Auflösung der Christus-Beziehung kann in der Verfolgung geschehen, wie sie der Text wahrscheinlich vor Augen hat. Aber sie kann auch am Sonntag nach dem Verlassen des Gottesdienstes ablaufen, wenn man die Geborgenheit des Gotteshauses hinter sich lässt und von den Nöten der Welt überwältigt wird. Für diese Situation sollte man die Ansage Jesu im Herzen behalten: »Das habe ich zu euch gesagt, damit ihr in mir Frieden habt. In der Welt habt ihr Angst; aber seid getrost, ich habe die Welt überwunden« (Johannes 16,23b–33). Gerade wenn diese Angst uns begleitet und Sorgen uns im Inneren beschäftigen, sind wir darauf angewiesen, dass wir durch einen Anruf die Verbindung mit Ihm wiederherstellen. Durch seine Kraft können wir alle Fragen, die das Leben uns stellt, können wir auch die Sinnlosigkeit, die uns überwältigen will, ertragen.

Herr.
Wir danken für die Freiheit
zum Reden und zum Schweigen.
Wir danken,
dass wir Angst und Sorge und Selbstbeobachtung
ablegen dürfen.
Wir danken,
dass unsere scheuen und skeptischen und verbrauchten Worte
mehr als unsre Worte sein sollen.

Wir bitten dich für die Menschen,
die beten können,
dass sie nicht selbstsicher werden.
Wir bitten dich für die Menschen,
die nicht zu beten vermögen,
dass sie kein schlechtes Gewissen haben.
Wir bitten dich für die Menschen,
die dir fluchen,
dass ihr Leiden ein Ende hat.
Wir bitten dich für die Menschen,
die zu beten versuchen,
dass sie sich nicht zwingen,
dass sie aber auch nicht verzweifeln müssen.

Wir nennen dich Vater
und können das nicht vergessen,
was unsere Väter uns hinterlassen haben an Gutem und Bösem.
Wir nennen dich Vater
und erschrecken davor,
wie unbrüderlich und unmenschlich unsere Welt aussieht.

So rufen wir dich an: Unser Vater …

Himmelfahrt: Kosmonautik

Herr, ewiger und allmächtiger Gott.
Herrscher über Himmel und Erde.
Du lebst jenseits aller Himmel.
Du bist unter uns auf der Erde gewesen.
Du bist jeden Augenblick bei uns.
Jesus Christus, dein Sohn, ist in einem Stall zur Welt gekommen,
und durch die Wolken hindurch ist er zu dir zurückgekehrt.
Kehr heute bei uns ein
mit deinem Heiligen Geist,
damit wir uns auf deine heiligen Werke besinnen
und uns an deinen guten Worten erfreuen.
Durch unseren Herrn Jesus Christus, deinen Sohn,
der mit dir und dem Heiligen Geist
lebt und regiert von Ewigkeit zu Ewigkeit.
Amen.

Zahlreiche Wirklichkeitsmodelle der Religion sind in der Gegenwart technisch realisiert. Das Gebet als Anruf der Götter hat seine Entsprechung im globalen Telefonnetz gefunden. Visionen finden im Alltag per Television statt. Und in die Himmelssphären werden heute regelmäßig Kosmonauten entlassen. Archaische Möglichkeiten religiöser Kommunikation sind durch Entwicklungen hoch komplexer Technologien imitiert und angesichts der darin angewandten naturwissenschaftlichen Rationalität für viele mehr oder weniger als Wunschtraum entlarvt.

Die Perikopen zum Himmelfahrtstag sind aber weit weniger spektakulär und spekulativ, als man im Blick auf die Bezeichnung des Festes vermuten könnte. In dem ausführlichsten Text, den das Neue Testament dazu bietet, geht es um eine Erfahrung, die die Jünger nicht nur ein paar kurze Augenblicke lang machen werden. »Ihr werdet die Kraft des Heiligen Geistes empfangen, der auf euch kommen wird, und ihr werdet meine Zeugen in Jerusalem, in ganz Judäa und Samarien und bis an die Enden der Erde sein« (Apostelgeschichte 1,3–11). Das Verschwinden durch die Wolken hindurch bildet die äußere Voraussetzung für das innere Geschehen, das alsbald, zu Pfingsten, vonstatten gehen wird. Die Überleitung zur Apostelgeschichte am Ende des Lukas-Evangeliums listet die entscheidenden Elemente dieses Abschieds stichwortartig auf. Jesus segnet die Jünger, sie beten ihn an, kehren voller Freude nach Jerusalem zurück und loben Gott über alles im Tempel (24,50–53). Für den Glauben findet mit der Himmelfahrt keine Trennung statt, sondern eine Veränderung der Gegenwart Christi, die gleichzeitig eine Verlängerung wie eine Verbreiterung darstellt. Jetzt erfüllt sich die Einheit mit den Seinen, um die er seinen Vater gebeten hat: »So wie du, Vater, in mir bist und ich in dir, so sollen auch sie in uns sein, damit die Welt glaubt, dass du mich gesandt hast« (Johannes 17,20–26). Durch den Geist bleibt Jesus mit den Seinen vereint, aber gleichzeitig ist sein Einflussbereich global ausgeweitet. Die Kraft, »die sich als Wirkung seiner Macht und Stärke an uns, den Glaubenden, zeigt … diese Kraft hat er an Christus wirken lassen, als er ihn von den Toten auferweckte und in den Himmel zu seiner Rechten setzte: hoch über jedes Regiment, jede Macht, Gewalt und Herrschaft« (Epheser 1,19–23). Deshalb sollen seine Anhänger nicht erstarrt und erstaunt in den (leeren) Himmel blicken: »Ihr Männer aus Galiläa, was steht ihr da und seht zum Himmel?« (Apostelgeschichte 1,11). Diese Himmelfahrt ist kein kosmisches Abenteuer, keine »Odyssee in den Weltraum«, wie sie im Film von S. Kubrick vorgeführt wird, sondern Akt der Thronbesteigung dessen, »der der treue Zeuge ist, der Erstgeborene von den Toten und Herrscher über die Könige auf Erden! Ihm, der uns liebt und von unseren Sünden erlöst hat mit seinem Blut und uns zu Königen und Priestern vor Gott, seinem Vater gemacht hat, ihm sei Ehre und Gewalt von Ewigkeit zu Ewigkeit« (Offenbarung 1,4–8).

Jesus entschwindet nicht in den Weltraum. Er hinterlässt keine kosmische Leere, sondern himmlische Fülle. Seine Herrschaft, die alles umfasst, konkretisiert sich in der Gemeinde. »Alles hat Gott unter seine Füße getan und hat ihn, der das Haupt über alles ist, der Gemeinde zum Haupt gegeben, sie ist sein Leib, nämlich die Fülle dessen, der alles in allem erfüllt« (Epheser 1,22f.). Seine Herrschaft, die alles umfasst, hat sie leiblich an alle weiterzugeben. Auch das Wort ist ja ein Kraftakt, das aus einem beseelten Körper kommt und in einen beseelten Körper eindringt. So missverständlich die Himmelfahrt Jesu ist, so unfassbar ist umgekehrt der Einzug des Heiligen Geistes in irdische Gebäude und menschliche Herzen. Bei der Einweihung des von ihm gebauten Tempels hat Salomo seinen Gott voller Verwunderung angerufen: »Sollte Gott wirklich auf Erden wohnen? Siehe, der Himmel und aller Himmel Himmel können dich nicht fassen – wie sollte es denn dies Haus tun, das ich gebaut habe? Wende dich zum Gebet deines Knechts und zu seinem Flehen, so dass du hörst das Flehen und Gebet deines Knechts heute zu dir« (1. Könige 8,22–28). Die Kosmonauten verschwinden oder kehren zurück. Der Kosmokrator herrscht über Himmel und Erde. Und alle, die auf ihrer letzten Reise seinen machtvollen Namen als Parole verwenden, werden die guten und bösen Mächte passieren lassen (Philipper 2,10).

Herr, ewiger Gott, allmächtiger Vater,
wir danken dir,
dass deine Welt auch uns offen steht.
Reiß uns heraus aus aller Verblendung,
dass wir allein dir vertrauen.
Befreie uns von allen Fesseln,
dass wir zu deiner Ehre leben.
Gib uns deinen Heiligen Geist,
dass wir den Kampf des Glaubens unverzagt bestehen.

Wir bitten dich für alle Elenden dieser Erde.
Für die Hungernden, dass sie satt werden.
Für die Unterdrückten, dass sie frei werden.
Für die Kranken, Einsamen und Verzweifelten,
dass sie getröstet werden.
Hilf du, und lass uns helfen.
Gib Mut und Hoffnung zum Leben.

Herr, wir bitten dich für alle,
deren Leben betäubt ist.
Die sich nicht mehr verstehen.
Die keinen Sinn mehr sehen.
Die in Alkohol und Drogen fliehen.
Die dumm gemacht
und in Angst gehalten werden.
Die dich nicht kennen
oder von dir nichts mehr erwarten.
Hilf du, und lass uns helfen.
Gib Mut und Hoffnung zum Leben.

Herr, wir bitten dich für alle,
die dir dienen wollen.
Dass sie keine falsche Versöhnung predigen
und keine billige Vertröstung.
Dass sie dem Leben dienen und nicht dem Tod.
Dass sie das Leiden nicht scheuen
und ohne Menschenfurcht dein Wort sagen.
Hilf du, und lass uns helfen.

Herr, du kennst die Feigheit unseres Herzens
und die Bequemlichkeit unseres Leibes.
Lass uns glauben, dass wir berufen sind,
in Freiheit zu leben.
Lass uns auf dieser Erde deinen Himmel suchen.
Lass uns in allem Leid Liebe üben,
bis du kommst.

Wir kämpfen, bis wir ausruhen dürfen.
Wir hoffen, auch wenn wir verzagen möchten.
Wir glauben, bis wir dich schauen werden.

So loben wir dich
mit allen irdischen Geschöpfen
und allen himmlischen Heerscharen,
den Vater und den Sohn und den Heiligen Geist,
jetzt und immerdar und von Ewigkeit zu Ewigkeit.
Amen.

Exaudi: Strömungen

Herr, allmächtiger Gott, himmlischer Vater.
Du hast uns in der Taufe zu dir gerufen
und unseren Namen mit deinem Namen verbunden.
Du hast uns bis heute mit deinem Wort begleitet
und bis hierher durchs Leben geführt.
Du hast deiner Gemeinde
deinen Heiligen Geist versprochen.
Deshalb bitten wir dich:
Mach uns frei von allen Sorgen,
nimm von uns die Lasten des Alltags
und die Schwierigkeiten mit anderen Menschen.
Lass uns deine Lebenskraft spüren
und erfülle uns alle mit deiner Liebe.
Durch unseren Herrn Jesus Christus, deinen Sohn,
der mit dir und dem Heiligen Geist
lebt und regiert von Ewigkeit zu Ewigkeit.
Amen.

An diesem Sonntag kündigt sich an, was zu Pfingsten passieren wird. Vorhergesehen ist es bei Jeremia, der im Namen Gottes einen neuen Bund angekündigt hat: »Ich will mein Gesetz in ihr Herz geben und in ihren Sinn schreiben, und sie sollen mein Volk sein, und ich will ihr Gott sein« (31,31–34). Was im Alten Bund das Gesetz äußerlich vorschreibt, wird jetzt das Energiezentrum jedes Menschen im Innern erfüllen. Gott und seine Gemeinde sind dann auf keinen Fall mehr zu trennen. Genau darin besteht das Neue im Neuen Bund. Jetzt lädt der Gottessohn ein: »Wer durstig ist, der komme zu mir und trinke! Wer an mich glaubt, aus dessen Innerstem werden Ströme lebendigen Wassers fließen« (Johannes 7,37–39). Die Lebenskraft des Geistes sorgt für einen ungestörten Kontakt mit Gott und den Menschen.

Das betrifft zunächst das Verhältnis zu Gott im Gebet. Stärke, Vollständigkeit, Perfektion sind jetzt nicht mehr gefordert, denn »der Geist selbst tritt für uns ein mit unaussprechlichem Seufzen«. Er selbst übersetzt unser Bitten und Klagen, Flehen und Fluchen in die glossolalische Sprache der Himmelswelt. Und auch sonst müssen »denen, die Gott lieben, alle Dinge zum Besten dienen« (Römer 8,26–34). Sie können »stark werden im inneren Menschen, so dass Christus durch euren Glauben in euren Herzen wohnt und ihr eingewurzelt und gegründet seid« (Epheser 3,14–23). Das ist deswegen wichtig, weil den Zeugen des wahren Wortes in der Welt Verfolgung droht. »Sie werden euch aus der Synagoge verstoßen. Es kommt sogar die Zeit, dass jeder, der euch tötet, meinen wird, Gott damit einen Dienst zu tun. Und das werden sie tun, weil sie weder meinen

Vater noch mich erkennen« (Johannes 15,26–16,4). Vor der Versuchung zum Abfall, mit der sie rechnen müssen, wird der Beistand des Geistes sie schützen. Eingebunden in die Liebe zwischen Vater uns Sohn, werden sie sich auf das Wort Jesu verlassen: »Ich lebe, und ihr sollt auch leben« (Johannes 14,15–19). Wen der Lebensstrom des Geistes erfasst, der muss sich auf Konflikte einstellen. Er wird auf Gegenströmungen stoßen, und seine Liebe wird mit Hass beantwortet werden.

Fast 2000 Jahre Kirchengeschichte haben die Beziehungen zwischen Kirche und Welt sehr viel komplizierter gemacht. Der Apostel ist aus einem Christenverfolger zu einem um Christi willen Verfolgten geworden. Aber durch den Einsatz von Missionaren und das Blut von Märtyrern ist eine Institution entstanden, die ihrerseits gegen Juden und Heiden, Ketzer und Hexen ungeheure Blutschuld auf sich geladen hat. Und rigide Normen wie hartherzige Repräsentanten sorgen bis heute dafür, dass die Ablehnung des Glaubens wie die Kritik an der Kirche Außenstehenden sehr leicht gemacht wird.

Nicht zuletzt die Tatsache, dass man gegen die Christen immer wieder biblische Aussagen ins Feld führen kann, macht ihre große Unsicherheit verständlich und führt dazu, dass sie sich auf aktuelle Zeitströmungen geradezu stürzen, um auf dem Mark der weltanschaulichen Möglichkeiten Bestand zu haben. Nicht durch äußere Verfolgungen werden die Kirchen in Mitteleuropa bedroht, sondern durch einen Prozess von innerer Selbstauflösung, in dem nicht nur Sicherheiten, sondern auch fundamentale Gewissheiten schwinden. Gelebter Glaube benötigt Kritik und braucht davor keine Angst zu haben. Aber er bleibt nur lebendig, wenn er im Umgang mit den Strömungen der Zeit Kraft, Klarheit und Urteilsvermögen unter dem Einfluss des Geistes erhält. Die Kirche muss nicht »stabil« sein, was die Statistiken anbelangt. Gerade wenn sie lebendig ist, lebendig jenseits soziologischer, psychologischer, kommunikationstechnischer Maßstäbe, wird sie von manchen verlassen werden, manche aber auch für den Glauben gewinnen. Das Pfingstfest kann man nicht organisieren. Man wird es, ordentlich vorbereitet, »nur« feiern können.

Herr, heiliger, ewiger, allmächtiger Gott.
Gepriesen seist du in deinem Geheimnis.
Gelobt sei dein herrlicher Name.
Dank sei dir in deiner Gemeinde,
hier und überall in der Welt.

Du hast diese Erde erschaffen.
Du hast unser irdisches Dasein geteilt.
Du kennst die Schmerzen des Leibes
und die Verzweiflung der Seele.
Deshalb bitten wir dich für alle,
die unter den Schrecken des Krieges leiden:
für Unterdrückte und Gefolterte,
für Hungernde und für Flüchtende,

für Ausgebombte, für Sterbende, für Trauernde,
für alle, deren Leben missbraucht wird.
Dein Friede ist höher als alle Vernunft.
Schenke den Menschen einen vernünftigen Frieden.

Du, Herr, hast diese Erde geschaffen.
Du hast unser irdisches Dasein geteilt.
Du kennst die Schmerzen des Leibes
und die Verzweiflung der Seele.
Deshalb bitten wir dich für alle,
die Verantwortung tragen:
bewahre die Herrschenden vor allem Wahnsinn,
begrenze Machtgier und Hass,
rette alle, die für politische Zwecke geopfert werden,
sorge für Ausgleich und Nüchternheit auf allen Seiten,
fördere die Kompromissbereitschaft,
verteidige, Herr,
das Menschenrecht auf Leben.

Du, Herr, hast diese Erde geschaffen.
Du hast unser irdisches Dasein geteilt.
Du kennst die Schmerzen des Leibes
und die Verzweiflung der Seele.
Deshalb bitten wir dich
um deinen heilsamen Einfluss:
befreie uns aus den Bindungen,
die unser Leben zerstören,
reiß uns heraus aus Strömungen,
die uns von dir wegtreiben wollen.
Gib allen die Kraft,
den Weg ihres Lebens zu gehen.
Lass alle die Aufgaben erkennen,
die du ihnen zugedacht hast.
Lass sie auch die Schwierigkeiten bestehen,
durch die sie geprüft und gestärkt werden sollen.
Lass, Herr, den Strom deiner Liebe
uns alle erfassen und durch uns hindurch weiterfließen.

Auf allen Umwegen, Herr,
kommen wir zu dir.
Durch alle Irrtümer finden wir deine Wahrheit.
In allem Leiden erfahren wir deine Freude.
Durch unser Sterben werden wir

Anteil an diesem Leben gewinnen.
Nimm dich unser gnädig an.
Rette und bewahre uns.
Denn dir allein gebührt
der Ruhm und die Ehre und die Anbetung,
dem Vater und dem Sohn und dem Heiligen Geist
jetzt und immerdar und von Ewigkeit zu Ewigkeit.
Amen.

Pfingsten

Das Pfingstfest: Die neue Gemeinde

Herr,
Schöpfer der Welt, Erlöser der Menschheit, Kraft des Lebens.
Unser Herz ist unruhig,
bis es Ruhe findet in dir.
Deine Gemeinde ist ratlos und schwach,
bis dein Geist Gegenwart wird.
So bitten wir dich in dieser Stunde:
Komm zu uns mit der Kraft deines Geistes.
Befreie uns von Sorgen und Angst,
von Unglauben und Mutlosigkeit.
Lass uns gute Worte hören,
die unser Leben hell machen
und unsere Zuversicht stärken.
Durch unseren Herrn Jesus Christus, deinen Sohn,
der mit dir und dem Heiligen Geist
lebt und regiert von Ewigkeit zu Ewigkeit.
Amen.

Nachdem Jesus von den Seinen Abschied genommen hat, beginnt zu Pfingsten das Leben der neuen Gemeinde. Die zwölf Texte, die für die beiden Festtage vorgesehen sind, stellen sicher, dass die Gegenwart des Gottessohnes nicht aufgehört hat. Er selbst hat angekündigt, dass er nicht mehr leiblich, aber in Gestalt des Geistes unter ihnen sein und ihr Leben bestimmen wird. Für die Geschichte der Kirche ist bis heute wichtig, dass ihre Entstehung dem Willen Jesu entspricht, dass sie von Anfang an spezifische Merkmale aufweist und dass sie sich dadurch von anderen Gruppen deutlich unterscheidet.

1. Die Verheißung des Geistes

Historisch gesehen gibt es zwischen dem Auftreten Jesu und der Bildung erster Christengemeinden erhebliche Brüche. Nach seiner Kreuzigung war seine Anhängerschaft verwirrt. Nach den Ostererscheinungen gab es Versuche, seine Verkündigung in den Rahmen jüdischer Religiosität zu integrieren. Dabei entstanden alsbald auch Spannungen hinsichtlich der Frage, ob, mit welchen Inhalten und auf welche Weise die Botschaft des Mannes aus Nazareth in die Welt zu tragen sei. Umso bedeutsamer ist für das entstehende Christentum, dass Er selbst die Fortsetzung seines Heilswerks gewollt und mit grundlegenden Vorgaben geprägt hat.

Den entscheidenden Faktor für die Zukunft nach seinem Verschwinden bildet die Gabe des Geistes. »Der Beistand, den mein Vater in meinem Namen senden wird, der

Heilige Geist, der wird euch alles lehren und an alles erinnern, was ich euch gesagt habe.« So bleiben seine Anhänger vor Angst und Schrecken geschützt (Johannes 14,23–27). Das ist wichtig; denn wenn der Geist kommt, »wird er der Welt aufdecken, was es mit der Sünde und der Gerechtigkeit und dem Gericht auf sich hat.« Solche Enthüllungen werden in der Hörerschaft keineswegs nur Begeisterung und Zustimmung auslösen (Johannes 16,5–15). Erst in diesem Kontext ist zu erfassen, was Jesus mit seiner erbaulich klingenden Zusage verspricht: »Den Frieden lasse ich euch zurück, meinen Frieden gebe ich euch« (14,27). Keine ruhigen Zeiten, kein zufriedenes Leben ist denen verheißen, die ihm nachfolgen wollen.

Denn das Neue, das jetzt entsteht, tangiert die Strukturen überkommener Religiosität. Gott wird nicht mehr ausschließlich an heiligen Orten verehrt, weder auf dem Berg der Samaritaner noch im Tempel zu Jerusalem. »Gott ist Geist, und die ihn anbeten, die müssen ihn im Geist und in der Wahrheit anbeten« (Johannes 4,19–26). Heiligung geschieht nicht nur durch Einfluss heiliger Räume auf sündige Menschen, sondern durch den Geist, der von der Sünde fortwährend bedrohte Leiber zu Tempeln Gottes macht (1. Korinther 3,16f.). Was Fleisch und Blut nicht offenbaren können, das widerfährt exemplarisch dem Petrus. Er wird fähig zur Bekenntnis: »Du bist Christus, der Sohn des lebendigen Gottes!« Und er empfängt die Vollmacht zur Sündenvergebung: »Alles, was du auf Erden binden wirst, soll auch im Himmel gebunden sein, und alles, was du auf Erden lösen wirst, soll auch im Himmel gelöst sein« (Matthäus 16,13–19). Das ist der entscheidende Punkt, an dem sich das Christentum von den beiden anderen abrahamitischen Religionen im Kern unterscheidet. Auch Judentum und Islam reden von der Vergebung, die im Endgericht stattfinden wird und auf die man sich durch ein regelgerechtes Leben einstellen kann. Dass sündige, sterbliche Menschen schon heute Sündenvergebung im Namen Gottes zusprechen können, das ist, selbst in den Augen vieler Christ/innen, schlechterdings unerhört, ja skandalös. Für die ersten Christen bildete diese Vollmacht eine entscheidende Heilsgabe ihres gekreuzigten und auferstandenen Herrn.

2. Das Ereignis des Geistes

Wenn der Geist Gottes Gegenwart wird, kann Versöhnung zwischen Gott und den Menschen geschehen. Und diese Versöhnung setzt sich fort in der Vereinigung unter den Menschen. Deshalb schildert die Apostelgeschichte am Anfang eine enthusiastische Szene, mit der eine neue Epoche für die Menschheit beginnt. Das Gegenbild dazu findet man in den Urgeschichten der Heiligen Schrift. Das hybride Unternehmen des babylonischen Tempelbaus wird dort mit einer globalen Kommunikationsstörung unterbrochen. »Dies ist erst der Anfang ihres Tuns; wohlauf, lasst uns herniederfahren und dort ihre Sprache verwirren, damit keiner des anderen Sprache verstehe!« (1. Mose 11,1–9). Die Pfingstgeschichte signalisiert, dass mit dem Einfluss des Geistes etwas Neues beginnt. Wobei zur Verwirrung bis heute beiträgt, dass das Problem anscheinend auf doppelte Weise gelöst wird. Einerseits heißt es: »sie wurden alle mit dem Heiligen Geist erfüllt und fingen an, in anderen Sprachen zu predigen, wie der Geist es ihnen eingab«.

Und andererseits wird gefragt: »Sind nicht alle, die hier reden, aus Galiläa? Wieso hört jeder von uns seine eigene Muttersprache?« (Apostelgeschichte 2,1–18). Was manche Ausleger auf unterschiedliche Quellen schließen lässt, ist wahrscheinlich aber nur die sachgemäße Wiedergabe einer Situation, in der die Unterscheidung zwischen sprachlichen Produzenten und Rezipienten eindeutig nicht mehr möglich ist. In dieser Situation beginnt Petrus seine Predigt, die exemplarisch den Inhalt der christlichen Botschaft zusammenfasst. Sie umfasst im Zentrum das Heilsgeschehen von Kreuz und Auferstehung Jesu Christi, eingebettet in Verheißungen des Alten Testaments und abgeschlossen mit der Einladung zu Buße und Taufe (Apostelgeschichte 2,23f.32f.36–39). Nach dem weltgeschichtlichen Rahmen, der das Ende der Sprachenverwirrung darstellt, wird jetzt der heilsgeschichtliche Horizont thematisiert. Was zu Pfingsten geschieht, bedeutet den Anfang der Endzeit. Ausführlich zitiert wird aus dem Prophetenbuch Joel: »Es soll geschehen in den letzten Tagen, spricht Gott, da will ich ausgießen von meinem Geist auf alle Menschen … Und es soll geschehen: wer den Namen des Herrn anruft, der soll gerettet werden« (Apostelgeschichte 2,17–21). Mit der Ausgießung des Geistes hat die Heilsgeschichte eine neue Dimension gewonnen, die in ihrer Tragweite vor allem von Paulus durchdacht worden ist. Sie ist nicht mehr an das Volk Israel und an das diesem Volk von Gott gegebene Gesetz gebunden. Das Alte Testament wird von nun an unter den Christen mit der Suche nach Aussagen gelesen, die die Regeln jüdischer Religiosität mehr oder weniger deutlich übersteigen.

3. Der Einfluss des Geistes

Unter dem Einfluss des Heiligen Geistes gewinnt ein Stichwort für den Glauben Bedeutung, das nach der Rettung aus der Sklaverei in Ägypten in Israel keine Rolle gespielt hat. »Das Gesetz des Geistes, der in Christus Jesus lebendig war, hat dich frei gemacht von dem Gesetz der Sünde und des Todes.« Durch die Symbiose mit dem Christusgeschick geraten die Christen in eine Sphäre, die nicht mehr von dem durch Sünde und Tod beherrschten Gesetz bestimmt wird; vielmehr will die Gerechtigkeit Gottes jetzt in Freiheit gelebt werden« (Römer 8,1f. und 10f.). Genau an dieser Stelle beginnen für die ersten Christen die Probleme der Lebensgestaltung. Freiheit kann philosophisch oder enthusiastisch verstanden werden. Was beide Konzepte miteinander verbindet, ist die Illusion einer selbstbezogenen Autonomie. Deshalb muss Paulus den Korinthern vor der Klärung ihrer Einzelfragen zunächst einschärfen: »Wir haben nicht den Geist der Welt empfangen, sondern den Geist aus Gott, so dass wir wissen können, was uns von Gott geschenkt ist.« Die Freiheit des Glaubens ist durch das Heilswerk Christi begründet und bleibt an dieses Heilswerk gebunden. Sie lässt die Normierung durch das Gesetz hinter sich, aber sie führt nicht in eine Beliebigkeit, sondern in den Kraftraum der im Gottessohn offenbaren Gottesliebe. Deshalb kann auch das Walten Gottes wie das Verhalten der Christen von natürlichen Menschen nur als »Torheit« beurteilt werden (1. Korinther 2,12–16). In diesem Freiheitsraum bilden Einheit und Vielfalt auf keinen Fall einen Widerspruch. Die Gemeinde hat einerseits »die Einigkeit im Geist zu wahren durch das Band des Friedens: ein Leib und ein Geist …, ein Herr, ein Glaube, eine Taufe; ein Gott und Vater aller, der über allen und durch alle und in allen ist.« Gerade weil dieser Raum von Gottes Geist erfüllt und bestimmt wird, darf es hier keine soziale Uniformität geben. Paulus verdeutlicht das an dieser Stelle mit den unterschiedlichen Charismen, die zur Gemeindearbeit gehören (Epheser 4,11–15). Offensichtlich im Blick auf konkrete Konkurrenzkonflikte und Machtansprüche von unterschiedlichen Begabungen in Korinth betont er an anderer Stelle: »Jedem Einzelnen wird die Offenbarung des Geistes gegeben zum Nutzen aller.« Der Grundsatz lautet auch hier: »Es gibt verschiedene Gnadengaben; aber es ist ein Geist. … Und es gibt verschiedene Kräfte, aber es ist ein Gott, der alles in allen wirkt« (1. Korinther 12,4–11).

Pfingsten hat im Unterschied zu Weihnachten und zu Ostern im christlichen und erst recht im öffentlichen Leben immer eine geringe Rolle gespielt. Verständlich wird das, wenn man die von Paulus formulierte Freiheitsparole ernsthaft bedenkt. Muss nicht eine Gemeinschaft, die auf eindeutige Normen und auf geordnete Machtstrukturen verzichtet, im Chaos enden? Beispiele für die Unbändigkeit eines christlichen Enthusiasmus kennt die Geschichte genug. Nicht zuletzt deswegen wohl hat die Perikopenordnung auch einen alttestamentlichen Text aufgenommen, in dem Geistverleihung und Machtverteilung miteinander kombiniert werden und also geordnet verlaufen. Als Mose auf dem Befreiungsweg aus Ägypten mit dem Murren des Volkes allein nicht mehr fertig wird, werden zu seiner Entlastung 70 ausgewählte Älteste durch Gott selbst eingeführt. »Der Herr fuhr in der Wolke herab und sprach zu ihm, und er nahm von dem Geist, der auf ihm ruhte, und legte ihn auf die 70 Männer, die Ältesten. Und als der Geist sich zu ihnen niederließ, gebärdeten sie sich wie Propheten, aber nur für kurze Zeit.« (4. Mose 11,11f.14–17.24f.). Eine solche dosierte und von oben kontrollierte Begeisterung sorgt für die Ruhe, die bis heute über dem kirchlichen Wesen in Mitteleuropa liegt. Sie wird auch die Gottesdienste prägen, die zu Pfingsten gefeiert werden. Und alle Versuche, beim Show-Business zu lernen und mit Methoden der Animation Stimmung zu machen, sind im religiösen Bereich zum Scheitern verurteilt. Im Gottesdienst muss es nicht so zugehen wie im Fußballstadion oder in der Disko. Hier kann auf ganz andere Weise unendlich viel »los sein«. Unter dem Einfluss des Geistes können Seelen verändert werden. Verschlossene und Engherzige öffnen sich, Ängstliche werden mutig, Verzweifelte gewinnen Hoffnung, Schwache erhalten Kraft, Gottlose werden angerührt. Weil Gottes Geist lebendiger ist als menschliche Müdigkeit und kirchliche Erschöpfung, kann auch heute die »neue Gemeinde« wachsen. Die Feuerzungen des Geistes sind stärker als jedes Burn-out.

Herr, ewiger und allmächtiger Gott.
Wir danken dir,
dass du dir in allen Ländern der Erde
eine Gemeinde berufen hast.
Die Beherrschten und die Herrschenden
dürfen Zeugen deiner Herrlichkeit sein.
Die dem Tod Geweihten
dürfen dein Leben verkündigen.
Die Elenden und Schwachen

dürfen in der Kraft deines Geistes
für Frieden und Gerechtigkeit kämpfen.

Wir bitten dich für alle,
die in Angst, Unterdrückung und Not leben.
Für die Kranken, die Verzweifelten und die Sterbenden.
Für die Arbeitslosen und für die Armen.
Für die Hungernden, für die Gefangenen, für die Gefolterten.
Für alle, die unter dem Wüten des Krieges leiden.
Gib Frieden, wo Kampf und Ausbeutung herrschen.
Schenke Gerechtigkeit,
wo Unrecht und Gewalt menschliches Leben zerstören.

Wir bitten dich für alle,
die in Staat und Kirche,
in Wirtschaft und Wissenschaft Verantwortung tragen.
Dass sie vor Wahn bewahrt bleiben
und die Wahrheit erkennen.
Dass sie ihre Macht nicht missbrauchen,
sondern sich dem Recht unterordnen.
Mach alle Menschen mutig,
dass sie vor dir ihr Leid klagen,
dass sie überall in der Welt Leben schützen.

Wir bitten dich für die Kirche
in allen Ländern und auch bei uns,
dass sie zum Bekenntnis fähig
und zum Leiden bereit wird.
Befreie sie aus der Angst vor den Herrschenden,
reiß sie heraus aus der Anpassung an das bequeme Leben.
Lass deine Zeugen Worte der Wahrheit finden
und Taten der Liebe tun.
Schenke allen, die an dich glauben,
Mut und Tapferkeit und Geduld.

Ewiger und allmächtiger Gott.
Du allein kannst dem Bösen wehren.
Du allein kannst uns vom Wahnsinn befreien.
Du allein kannst Himmel und Erde,
Wasser und Luft
und alle Kreaturen deiner unendlichen Gnade
am Leben erhalten.
Herr über Leben und Tod, bringe dein Reich zu uns,
damit Frieden und Gerechtigkeit bei uns herrschen.
Amen.

Trinitatis

Trinitatis: Das Bekenntnis des Glaubens

Gott, Vater, Sohn und Heiliger Geist.
Du bist die Macht aller Mächte,
die Wirklichkeit aller Wirklichkeiten,
das Leben alles Lebendigen.
Du bist das Geheimnis, das uns immer umgibt.
Du bist der Gott, den wir Menschen anrufen dürfen.
So bitten wir dich:
Komm zu uns in unsere Herzen.
Vertreibe alle Finsternis durch dein Licht.
Beende unsere Schwachheit durch deine Stärke.
Reinige uns durch deine Gnade von aller Schuld.
Sei in unserer Mitte
durch unseren Herrn Jesus Christus, deinen Sohn,
der mit dir und dem Heiligen Geist
lebt und regiert von Ewigkeit zu Ewigkeit.
Amen.

Nach Pfingsten beginnt für die Christ/innen das Leben im Geist. Der erste Sonntag dieser festlosen Zeit ist keinem Heilsereignis gewidmet, sondern vom christlichen Glaubensbekenntnis bestimmt. Die Lehre von der heiligen Dreifaltigkeit bzw. Dreieinigkeit liefert den theologischen Rahmen für alle Einzelprobleme, die im Lebenslauf gedanklich zu klären und praktisch zu bewältigen sind. Immer wird dabei zu berücksichtigen sein, dass es der eine, wirkliche und lebendige Gott ist, der uns in der Schöpfung, im Versöhnungswerk Christi wie im Einfluss des Geistes begegnet. Die Trinitätslehre entfaltet in all ihren hochkomplexen Nuancen den universalen Horizont des christlichen Glaubens.

Deshalb behandelt das alte Evangelium den Anfang des christlichen Daseins, das Bad der Wiedergeburt in der Taufe. Darin steckt ein Geheimnis, das dem Nikodemus in der Nacht anvertraut wird und sich in einem Naturgeschehen erschließt. »Der Wind weht, wo er will, und du hörst sein Sausen wohl; aber du weißt nicht, woher er kommt und wohin er geht« (Johannes 3,1–8). Wer vom Einfluss des Geistes angerührt wird, spürt ein Geschehen, dessen kosmisches Ausmaß ins Unendliche reicht. Die anderen Texte, die das Geheimnis dieser Erfahrung in Worten erfassen wollen, können deshalb das, was kein objektiver Gegenstand ist, nur in Formeln umschreiben. Jede begriffliche Fixierung würde die Unbegreiflichkeit des im Glauben Erfahrenen zerstören und durch Eindeutigkeit vergewaltigen. Der lebendige Gott west und waltet nicht »eindimensional«.

Was die Theologie reflektiert hat, stammt faktisch aus der Liturgie. Die entscheidenden Passagen der angeführten Texte sind der Gattung nach Segens- bzw. Anbetungsformeln. Durch sie wird die Kraft des göttlichen Namens auf die Gemeinde gelegt wie beim Aaronitischen Segen. »Der Herr segne dich und behüte dich; der Herr lasse sein Angesicht leuchten über dir und sei dir gnädig; der Herr hebe seine Angesicht über dich und gebe dir Frieden« (4. Mose 6,22–27). Sie stammen aber auch, wie bei der Berufung des Propheten Jesaja, aus dem Gottesdienst der himmlischen Welt: »Heilig, heilig, heilig ist der Herr Zebaoth; alle Lande sind seiner Ehre voll!« Was der Prophet zu sehen bekommt, ist so unbegreiflich, dass er damit das Herz seiner Hörer nur verstocken wird (Jesaja 6,1–13). Die Dreizahl ist dabei ebenso wichtig wie die Herkunft von oben und die globale Weite der Worte.

Die Texte aus dem Neuen Testament markieren in entsprechender Weise den Anfang bzw. das Ende brieflicher Kommunikation. Mit einer Doxologie beginnt der Epheserbrief seine Ausführungen zum Geheimnis der Berufung der Heiden in den Leib Christi (3,1–14). Der 2. Korintherbrief schließt mit Worten, die die trinitarische Differenzierung im Göttlichen sehr deutlich wiedergeben und wahrscheinlich deswegen in den Agenden als Kanzelgruß dienen (13,11–13). Geradezu plerophorisch preist Paulus die Tiefe, Unerforschlichkeit und Unbegreiflichkeit Gottes, nachdem er dessen heilsgeschichtliches Wirken im Verhältnis von Juden und Heiden beschrieben hat. Und unbeabsichtigt beantwortet er dabei auch die Frage nach der Herkunft und der Zukunft des Windes: »Denn von ihm und durch ihn und zu ihm sind alle Dinge. Ihm sei Ehre in Ewigkeit!« (Römer 11,33–36).

Der Trinitatistag ist ein Bekenntnis- und Anbetungsfest. Der Glaube lobt einen Gott, der die Welt mit ihren Universen geschaffen hat, der die Menschheit mit ihren Kulturen und Religionen erlöst hat und der die Seelen in allen Anfechtungen und Verfehlungen mit Frieden erfüllt. Aus dem Glauben an den einen Gott ist die Anschauung von der Einheit des Lebens, von der Gemeinschaft aller Menschen und der in ihrer Seele begründeten Würde gewachsen. Sie können heute im Wehen des Windes, im Aufgehen und Versinken der Sonne, im Rauschen des Meeres das ozeanische Gefühl einer Einheit mit dem All, ja selbst mit dem Göttlichen erleben. Und der Aaronitische Segen beschwört manchmal jenen Augenblick, in dem das leuchtende, gütige Angesicht unserer Mutter sich über unser Bettchen gebeugt und unser Schreien erhört hat. Die Welt, in der der Glaube an Gott lebt, ist die Welt Gottes. Trotz allem, was dagegen zu sprechen scheint!

Herr, ewiger und allmächtiger Gott.
Dein Wesen ist unergründlich.
Deine Werke sind unermesslich.
Deine Wege sind unerforschlich.
Wir danken dir,
dass du unser Gott bist.
Du hast uns geschaffen und erlöst
und in deine Gemeinde gerufen.

Herr, der du lebst im Geheimnis deines dreieinigen Seins,
wir bitten dich

um die Schöpfungskraft deines Geistes:
schenke den Kranken Heilung,
den Sterbenden Hoffnung,
den Verwirrten Klarheit,
den Verzweifelten Mut,
den Ratlosen Einsicht,
den Hilflosen Beistand.
Lass uns neue Möglichkeiten entdecken,
um Armut zu beseitigen,
um die Natur zu retten,
um Frieden zu finden für uns und alle Welt.

Herr, der du lebst im Geheimnis deines dreieinigen Seins,
wir bitten dich
um die Erlösungskraft deines Geistes:
befreie die Menschen aus der Macht des Bösen,
vergib denen, die schuldig geworden sind,
an sich selbst und an anderen,
geleite alle Kinder, die heute getauft werden,
mit deiner Liebe durchs Leben,
bewahre uns alle vor Irrtum und Zweifel.

Herr, der du lebst im Geheimnis deines dreieinigen Seins,
wir bitten dich
um die Offenbarungskraft deines Geistes:
lass Menschen über dich nicht nur reden,
sondern dein Dasein erfahren,
lass Menschen deine Wahrheit nicht nur glauben,
sondern deine Wirklichkeit auch schon schauen.
Bewahre die Kirchen
vor dem Willen zur Selbsterhaltung.
Befreie die Theologie
von Hochmut und Rechthaberei.
Schütze die Menschen,
die du mit deiner Gegenwart heimsuchst,
vor Angst und vor Wahn.

Dein Geist, Herr,
ist eine unheimliche Macht.
Lass uns nicht allein in der Welt.
Aber überfordere uns auch nicht
mit deiner Gegenwart.
Lass in uns abnehmen die Geister der Welt.

Lass in uns wachsen
den Glauben, die Hoffnung, die Liebe.
Herr, wir sind fähig,
dich zu erahnen.
Herr, mach uns bereit,
dich zu erfahren.
Herr, ergreife du uns mit deiner Macht
und führe uns in dein ewiges Reich.

Dich, den ewigen und allmächtigen Gott,
beten wir an.
Deinen heiligen und herrlichen Namen
preisen alle Geschöpfe.
Dir, dem Vater und dem Sohn und dem Heiligen Geist,
sei Ruhm, Ehre und Dank
jetzt und immerdar und von Ewigkeit zu Ewigkeit.
Amen.

1. Sonntag nach Trinitatis: Der nahe und der ferne Gott

Herr, ewiger, allmächtiger Gott.
Unendlich fern bist du uns, unbegreiflich,
gleichzeitig bist du immer in unserer Nähe.
Gewaltig ist deine Macht.
Grenzenlos ist deine Liebe.
So bitten wir dich:
Komm uns in dieser Stunde so nah,
dass wir dein gutes Wort zu hören bekommen
und von deinem guten Geist erfüllt werden,
durch Jesus Christus, unseren Herrn, deinen Sohn,
der mit dir und dem Heiligen Geist
lebt und regiert von Ewigkeit zu Ewigkeit.
Amen.

Von Gott her und durch Gott und zu Gott hin ist alles, was ist (Römer 11,36). Er ist »über alle und durch alle und in allen« (Epheser 4,6). Und dennoch findet der, der in Gottes Namen auftritt und von dem nach seinem Tod gepredigt wird, nicht überall Aufmerksamkeit. Der Gott, der allen Menschen nahe ist, bleibt vielen fremd. Selbst die, die die Heilige Schrift studieren, folgen ihm nicht, obwohl schon Mose von seinem Kommen geschrieben hat. »Wenn ihr Mose glaubtet, würdet ihr auch mir glauben« (Johannes 5,39–47). Und auch der Blick auf ihr künftiges Schicksal, ja selbst eine Totenerweckung wird die Reichen nicht dazu bewegen, ihr Leben zu ändern. »Hören sie nicht auf Mose und die Propheten, so werden sie sich auch nicht überzeugen lassen, wenn einer von den Toten aufersteht« (Lukas 16,19–31). Wirksam, lebensändernd und lebensförderlich, ist deshalb nicht harmloses Heilsgeplapper: »Ihr werdet Frieden haben!« – »Es wird kein Unheil über euch kommen!« Eine heilsame Lebenswende schafft nur jenes Wort Gottes, das »wie Feuer« verbrennt und »wie ein Hammer … Felsen zerschmettert« (Jeremia 23,16–29). Damit Menschen seine heilsame Nähe entdecken können, muss Gott ihnen manchmal gefährlich nahe kommen.

Der Weg zum Glauben ist also oft bedrohlich, das Leben im Glauben nicht einfach gemütlich. Dass die Botschaft des Glaubens dennoch Erfolg hat, dafür gibt es zwei Gründe. »Als er die Menge sah, hatte er Erbarmen mit ihnen allen; denn sie waren verschmachtet und zerstreut wie die Schafe, die keinen Hirten haben.« Ohne die Wahrnehmung der Verlorenheit und des Lebenshungers derer, die dem Glauben distanziert oder ablehnend begegnen, wird keine Gerichtsdrohung und keine Gnadenzusage ihre Seele erreichen. Barmherzigkeit mit denen, die am Rand oder außerhalb der Gemeinde leben, aber auch mit denen, die zum Kern oder gar zur Anhängerschaft des Pfarrers/der Pfarrerin gehören, bilden die Voraussetzung dafür, dass die Arbeit im Weinberg gelingt

(Matthäus 9,35–38; 10,1). Vom Unglauben darf man sich nicht abschrecken, durch Bewunderung nicht einwickeln, durch Freundlichkeit nicht neutralisieren lassen. Im geistlichen Amt hat man in jeder Situation nicht nur einen »Gott, der nahe ist«, sondern auch einen »Gott, der ferne ist« (Jeremia 23,23), zu vertreten.

Wie sich die Nähe Gottes konkret, d. h. körperlich, manifestiert, zeigt das spirituelle Ritual, das für die Existenz des alten Gottesvolkes konstitutiv geworden ist. Die Anrede, »Höre, Israel« füllt das eigene und das Herz anderer mit der Liebe zum einen und einzigen Gott. Aber die Worte des Bekenntnisses bestimmen nicht nur das Herz, sondern sollen auch das Wirken der Hände, die Wahrnehmung der Gedanken und die Atmosphäre des ganzen Hauses erfülle (4. Mose 6,4–9). »Höre, Israel: Der Herr, unser Gott, ist der einzige Herr.« Das gilt erst recht in der Gemeinde des Neuen Bundes, in der die Liebe Gottes leibhaftig erschienen ist und leibhaftig Gestalt gewinnen will. »Gott ist Liebe; und wer in der Liebe bleibt, der bleibt in Gott und Gott in ihm« (1. Johannes 4,16b–21). Die Nähe Gottes ergreift Menschen so, dass auch sie trotz aller Unterschiede und Unterscheidungen einander nahe kommen und nahe bleiben können.

Liebe ist dem Menschen schon durch die Schöpfung eingestiftet. Sie erleben sie leiblich in ihrer Triebhaftigkeit und seelisch in ihren Gefühlen. In beiden Formen bleibt sie ambivalent. Sexualität und Aggressivität, Sympathie und Antipathie treten zwischen Personen in immer neuen Mischungen auf. Entsprechend wechseln auch in den Beziehungen Augenblicke der Nähe und Erfahrungen der Ferne. Auch die Liebe zu Gott ist seitens der Menschen oft solchen Schwankungen unterworfen. Worauf man sich aber auch in der äußersten Verzweiflung und in letzter Gottesferne wirklich verlassen kann, ist jenes unbegreifliche und eigentlich auch unglaubliche Geheimnis des Glaubens: »Darin besteht die Liebe: nicht, dass wir Gott geliebt haben, sondern dass er uns geliebt hat und seinen Sohn gesandt hat zur Versöhnung für unsere Sünde« (1. Johannes 4,10). Die Liebe Gottes ist mit Blut besiegelt. Sie hat schon damit begonnen, dass wir zur Welt kommen durften.

Herr, ewiger und allmächtiger Gott.
Wir danken dir,
dass wir leben dürfen.
Wir danken dir,
dass du uns in allen Gefahren behütet
und in allen Krisen begleitet hast.
In unserer Schwachheit haben wir deine Stärke erfahren.
In unseren Ängsten hast du uns Mut gemacht.
In unserer Lieblosigkeit hast du unsere verhärteten Herzen erweicht.

Dich, den Gott, in dem alle leben und weben und sind,
bitten wir für die Menschen in ihrer Not:
für Hungernde und Ausgebeutete,
für Arme und Arbeitslose,

für Gefangene und Unterdrückte,
für Einsame und Verzweifelte,
für Süchtige und Verfinsterte,
für Kranke und Sterbende,
für Menschen ohne Heimat, ohne Hoffnung, ohne Liebe.
Erfülle ihren Atem mit deiner Kraft,
erwärme ihre Herzen mit deiner Liebe,
schenke uns Todgeweihten deinen Frieden.

Dich, den Herrn, der an seinem Tag alle Welt richten wird,
bitten wir für Menschen in ihrer Sünde.
Gib Einsicht zur Reue,
schenke Kraft zur Umkehr,
vergib alle Schuld,
lass ein neues Leben beginnen.
Wehre den Mächten des Bösen.
Beende alle Gottlosigkeit.
Lass Menschen menschlich werden.
Stärke Vernunft und Vertrauen.
Sorge für Gerechtigkeit und Frieden.
Bei uns und überall in der Welt.

Dich, den Gott, der sich im Evangelium Jesu Christi offenbart,
bitten wir für Menschen in ihrer Verblendung.
Lass Böse die Güte entdecken.
Lass Lügner sich an der Wahrheit freuen.
Lass Nörgler die Schönheit der Schöpfung sehen.
Gib allen, die deine Botschaft weitersagen,
das rechte Wort zur richtigen Zeit.
Lass deine Gemeinde sich auf die Kraft deines Geistes besinnen.
Steh denen bei, die um ihres Glaubens willen verfolgt werden,
und denen, die unter christlichem Hochmut zu leiden haben.
Sorge für Klarheit.
Überwinde die Feigheit.
Erleuchte uns in den dunklen Stunden des Lebens.

Dank deiner Gnade, Herr, sind wir deine Töchter und Söhne.
Durch deine Hände geschaffen.
Durch deinen Geist belebt.
Zu deinem Lob bestimmt.
Mit dem ersten Schrei nach unserer Geburt
haben wir dich zu Hilfe gerufen.
Nach dem letzten Atemzug unseres Leibes

wird uns deine Gnade umfangen.
Anbetung, Ehre und Ruhm sei dir,
dem einen und einzigen Gott,
dem Gott aller Götter,
der Macht aller Mächte,
dem Geheimnis aller Geheimnisse,
dem Vater und dem Sohn und dem Heiligen Geist,
jetzt und immerdar und von Ewigkeit zu Ewigkeit.
Amen.

2. Sonntag nach Trinitatis: Einladungen

Herr, unser Gott, unser guter Vater.
Du hast uns eingeladen,
um dich in deiner Herrlichkeit anzubeten
und dir für unser Leben zu danken.
Nun sind wir da.
Und laden dich ein,
zu uns zu kommen,
uns zu Herzen zu gehen
und uns ganz mit Liebe zu füllen.
Durch unseren Herrn Jesus Christus, deinen Sohn,
der mit dir und dem Heiligen Geist
lebt und regiert von Ewigkeit zu Ewigkeit.
Amen.

Der ferne, der ewige und allmächtige Gott lädt Menschen dazu ein, ihm nahe zu kommen. »Ohne Geld und umsonst« können sie alles erhalten, was sie für ihr Dasein benötigen. »Höret, so werdet ihr leben!« (Jesaja 55,1–3b). Diese großherzige Einladung wird nicht überall akzeptiert. Die einen entschuldigen sich mit den Alltagsgeschäften, so dass Platz für Außenseiter und Randsiedler, für Arme, Lahme und Obdachlose entsteht (Lukas 14,15–24). Aber auch unter diesen Spätberufenen gibt es manchen, den man herausschmeißen muss, weil er für diesen herrschaftlichen Empfang nicht angemessen bekleidet ist. Die Einladung Gottes gilt allen, aber nicht alle sind zum Eintritt in das Reich Gottes bereit. »Denn viele sind berufen, aber wenige sind auserwählt« (Matthäus 22,1–14).

Auf dieser nicht sehr eindeutigen Basis haben die ersten Christen ihre Gemeinde gebaut. Der ferne Gott ist jetzt allen Menschen nahegekommen. Die Trennwand zwischen Israel und den Völkern ist aufgehoben. Für alle Getauften und gerade für die früheren Heiden gilt: »So seid ihr nun nicht mehr Gäste und Fremdlinge, sondern Mitbürger der Heiligen und Gottes Hausgenossen«, durch Jesus Christus zusammengehalten und im Wachstum begriffen »zu einem heiligen Tempel im Herrn« (Epheser 2,17–22). Wie schwierig die Arbeit an diesem Wachstum ist, muss Paulus erfahren, der seine Berufung zum Apostel als schicksalhaften »Zwang« erlebt; denn bei seiner missionarischen Tätigkeit hat er sich Menschen in allen Lebenslagen anzupassen: »Weil ich frei bin gegenüber allen, habe ich mich zum Sklaven aller gemacht, um möglichst viele zu gewinnen« (1. Korinther 9,16–23). Auch im Gottesdienst können Menschen für den Glauben gewonnen werden, wenn dort nicht nur in himmlischen, theologischen oder frommen Zungen, sondern prophetisch geredet wird. Ein Außenstehender, von Bekannten oder Verwandten mitgebracht, kann im Gewissen aufgerüttelt und in der Seele angerührt werden. »Das Verborgene seines Herzens wird offenbar, und so fällt er auf sein Angesicht, wird zu Gott beten und bekennen: In der Tat, Gott ist in eurer Mitte« (1. Korinther 14,1–3.20–25).

Bis heute erfüllt jeder Gottesdienst, der seinen Namen verdient, diese Aufgabe, die Einladung Gottes an Menschen in ihren vielfältigen Lebenssituationen weiterzugeben. Und bis heute bekommen Pfarrer/innen Entschuldigungen zu hören, wenn sie zum Gottesdienstbesuch einladen. Sie können im Hinweis auf Arbeitsüberlastung bestehen, sind aber häufig mit einer Kritik an der jeweiligen Gottesdienstform verknüpft. Der ist zu altmodisch, zu langweilig, zu politisch, zu unverständlich usw. In der Regel sind das vorgeschobene Begründungen, hinter denen manchmal die Ahnung steckt: Im Gottesdienst kann mir etwas passieren, was mein Leben wirklich umkrempeln wird. Deshalb ändern Gottesdienstreformen meist nicht den Gottesdienstbesuch, sondern vor allem die Entschuldigungsgründe dafür, dass man nicht hingeht.

Dass Menschen sich vor der Nähe Gottes drücken, ist nur allzu verständlich. Selbst im Gottesdienst kann das geschehen, wenn die Suche nach Zwischenmenschlichkeit und die Sucht nach Gemütlichkeit alles andere beherrscht. Wir feiern dann unseren Gottesdienst, in unserer Gemeinde, in unserer Kirche. Dass mit einem Gottesdienst etwas Größenwahnsinniges versucht wird, nämlich die Nähe des Göttlichen zu realisieren, das wissen die, die das Unternehmen für unsinnig halten, genau. Nur dass sie (noch) nicht glauben können, dass dieser Größenwahn Wirklichkeit wird. Bis auch ihre Stunde schlägt und sie bekennen: »In der Tat, Gott ist in unserer Mitte.«

Herr, ewiger und allmächtiger Gott.
Wir danken dir,
dass wir trotz aller Angst und Verzweiflung,
die uns manchmal befallen,
zu dir kommen
und dir vertrauen dürfen.
Wir danken dir für manche Worte,
die uns durchs Leben tragen.
Wir danken dir,
dass deine Macht und deine Gnade größer sind
als aller Hass und alles Elend der Welt.

Wir bitten dich für alle Menschen,
die kein Vertrauen mehr haben,
für die Kinder,
die in Heimen aufwachsen müssen,
für die Jungen und Alten, die einsam sind,
für die Hungernden und für die Gefolterten,
für die Sterbenden
und für die, die ihr Leben von sich aus beenden wollen.

Lass sie Menschen finden,
die ihnen beistehen in ihrer Not.

Wir bitten dich für alle,
die Vertrauen vermitteln sollen,
für die Lehrer, Eltern und Erzieher,
für die Partner in Ehen und anderen Lebensformen,
für Ärzte und Therapeuten, Seelsorger und Sozialarbeiter.
Wir bitten dich auch für die Gruppenbeziehungen unter den Menschen,
für ein geordnetes Miteinanderleben der Völker,
für die Verwirklichung der Menschenrechte
in allen politischen Systemen,
für einen gerechten Ausgleich der Interessen
in unserem Land,
in Wirtschaft und Politik.
Lass das Vertrauen wachsen und das Misstrauen abnehmen,
damit wir auch in Konflikten friedlich miteinander leben können.

Du, Herr, bist der Grund aller Liebe.
Du, Herr, bist das Ziel aller Hoffnung.
Du, Herr, bist der Sinn allen Glaubens.
Dir allein vertrauen wir
im Leben und im Sterben.
Deshalb rühmen wir deinen herrlichen Namen,
den Vater und den Sohn und den Heiligen Geist,
jetzt und immerdar und von Ewigkeit zu Ewigkeit.
Amen.

3. Sonntag nach Trinitatis: Einladung an die Sünder

Herr, heiliger Gott, Vater im Himmel.
Wir alle dürfen zu dir kommen,
die Guten und die Bösen,
die Frommen und die Gottlosen.
Lass uns in dieser Stunde neue Menschen werden.
Menschen, die dir vertrauen
und auf dich hoffen.
Menschen, die einander lieben
und füreinander da sind.
So bist du für uns da,
durch unseren Herrn Jesus Christus, deinen Sohn,
der mit dir und dem Heiligen Geist
lebt und regiert von Ewigkeit zu Ewigkeit.
Amen.

Die Einladung Gottes gilt allen Menschen, besonders aber den Sündern. Sie sind extrem gefährdet. Denn nach Ezechiel gilt das Gesetz: »Jeder, der sündigt, muss sterben.« Aber gleichzeitig formuliert der Prophet auch einen Satz der Verheißung: »Ich habe keinen Gefallen am Tod des Sterbenden, spricht Gott der Herr. Darum bekehrt euch, so werdet ihr leben« (18,1–4.21–24.30–32). Diese Absicht Gottes ist mit dem Auftreten Jesu endgültig Wirklichkeit geworden. »Zuverlässig ist das Wort und würdig, vorbehaltlos angenommen zu werden: Jesus Christus ist in die Welt gekommen, um Sünder zu retten« (1. Timotheus 1,12–17). Das Verhalten Gottes in der Heilsgeschichte findet erstaunlicherweise schon immer seine Entsprechung im schöpfungsgemäßen Verhalten des Menschen. Wenn sich ein Schaf verlaufen hat, sucht der Besitzer, was er verloren hat, und freut sich, wenn er es findet (Lukas 15,1–7). Und wenn ein Sohn, der sich sein Erbe hat auszahlen lassen, nach Jahren der Völlerei und des Elends zurückkehrt, freut sich der Vater, läuft ihm entgegen und lädt ihn zum Festessen ein mit den Worten: »Dieser mein Sohn war tot und ist wieder lebendig geworden; er war verloren und ist wiedergefunden worden« (Lukas 15,1–3.11–32). Die Einladung Gottes an die Sünder ist, so könnte man sagen, einfach menschlich. Und in jedem Akt von Menschlichkeit, selbst in der Fürsorge für ein Tier, schimmert die Barmherzigkeit Gottes durch.

Worauf die Einladung Gottes zielt, kann man mit theologischen Begriffen umschreiben. Die intendierte Umkehr vollzieht sich in einem Doppelschritt; »wenn wir … unsere Sünden bekennen, ist er treu und gerecht und macht uns rein von aller Ungerechtigkeit.« Dass dieses Handeln Gottes kein Willkürakt ist, dafür hat der Sohn Gottes gesorgt: »das Blut Jesu, seines Sohnes, macht uns rein von aller Sünde« (1. Johannes 1,5–2,6). Das Gesetz, das den Tod des Sünders verlangt, hat Gott selbst erfüllt. Und auch im Verhalten des Menschen wird das respektiert, dadurch nämlich, dass er seine Schuld nicht länger leugnet oder verdrängt, sondern sie im Sündenbekenntnis übernimmt. Das Evangelium, so muss man theologisch gegenüber dem verbreiteten Antinomismus sagen, stellt keine Aufhebung oder gar Beseitigung des Gottesgesetzes dar. Gott bleibt sich treu, indem er selbst der Forderung seines heiligen Wortes um der Rettung des Menschen willen gerecht wird.

Was in den Definitionen und Distinktionen der Theologie so kompliziert klingt, kann im gelebten Leben manchmal einfach vonstatten gehen. Er ist klein gewachsen, aber reich geworden. Ein Mann aus der verhassten Gruppe der Steuereintreiber klettert neugierig auf einen Baum, um beim Einzug Jesu in Jericho alles mitzubekommen. Und in der Tat: Jesus lädt sich selbst, zum Ärger der anderen, bei diesem Obersünder ein und löst damit eine erstaunliche Wirkung aus. »Zachäus aber trat vor den Herrn und sagte: Hier, die Hälfte meines Vermögens gebe ich den Armen, Herr, und wenn ich von jemandem etwas erpresst habe, will ich es vierfach zurückgeben« (Lukas 19,1–10). Jeder Hausbesuch in Seinem Namen kann, gerade bei den Randsiedlern der Gemeinde, eine Einladung zur Umkehr sein und wird so oder so nicht ohne Folgen bleiben.

Lasset uns in Frieden den Herrn anrufen:
um seinen Frieden,
dass wir Frieden schaffen unter den Menschen
und Frieden finden für uns selbst.
Um seine Barmherzigkeit,
die täglich neu ist und ohne Ende,
dass auch wir miteinander Erbarmen haben.
Um die Macht seiner Gnade,
die allen Menschen gilt,
dass sie uns Gottlose ändert.
Lasset uns zum Herrn rufen:
Herr, erbarme dich.

Für alle Menschen, die arm sind,
für die, die betteln müssen, um leben zu können,
für die, die heute nichts zu essen haben,
für die Kranken und Einsamen,
für die Verfolgten und Gefangenen,
für die Opfer von Naturkatastrophen
und für die Opfer politischer Systeme,
dass sie Beistand erfahren und Hoffnung finden,
dass andere Menschen ihnen zu helfen vermögen.
Lasset uns zum Herrn rufen:
Herr, erbarme dich.

Für alle Menschen, die reich sind,
für uns alle,
die wir deinen Namen missbrauchen
und dennoch auf deine Gnade vertrauen,
dass wir mutig werden zu geben,
dass wir ein neues Leben wagen,
dass wir frei werden aus unserer Verfallenheit,
frei für dich,
frei für die anderen,
frei für uns selbst.
Lasset uns zum Herrn rufen:
Herr, erbarme dich.

Nimm dich unserer gnädig an,
rette und erhalte uns.
Denn dir allein gebührt
der Ruhm und die Ehre und die Anbetung,
dem Vater und dem Sohn und dem Heiligen Geist,
jetzt und immerdar und von Ewigkeit zu Ewigkeit.
Amen.

4. Sonntag nach Trinitatis: Böses erwidern

Herr, du Gott aller Gnade und Barmherzigkeit.
Um Jesu Christi willen
hast du uns unsere Schuld vergeben
und von der Macht des Bösen befreit.
Deshalb werden wir uns vor dir
für unser Leben verantworten müssen.
Gib uns die Kraft,
das Böse, das uns widerfährt,
nicht mit Bösem vergelten zu wollen.
Lass uns miteinander gut leben,
übereinander gut reden,
und füreinander Gutes tun.
Durch unseren Herrn Jesus Christus, deinen Sohn,
der mit dir und dem Heiligen Geist
lebt und regiert von Ewigkeit zu Ewigkeit.
Amen.

Wer im Glauben das Machtfeld des Bösen verlassen darf, lernt einen neuen Umgang mit dieser Macht. Die Grundregel für das Verhalten ist im alten Evangelium formuliert: »Gebt, so wird euch gegeben.« Wer Böses mit Bösem vergelten will, verdrängt dabei leicht, wie schlecht es um ihn selbst bestellt ist. »Was siehst du aber den Splitter im Auge deines Bruders und nimmst nicht den Balken in deinem Auge wahr?« (Lukas 6,36–42). Die Anwendung des Vergeltungsprinzips ist für den Glaubenden nicht nur unmöglich, weil er selbst Vergebung erfahren hat, sondern bleibt auch gefährlich, weil er damit in die alte, gesetzliche Form des Gabentausches zurückfällt.

Nur wer sich selbst von aller Schuld freisprechen kann, darf andere in Gottes Namen bestrafen. Das gilt für den Umgang der Frommen mit der Ehebrecherin. »Wer unter euch ohne Sünde ist, der werfe den ersten Stein auf sie« (Johannes 8,3–11). Und nachdem er von Gott durch alle Widrigkeiten hindurch beschützt worden ist, kann, ja muss Josef der Vergebungsbitte seiner Brüder entsprechen: »Ihr gedachtet, es böse mit mir zu machen, aber Gott gedachte es gut zu machen.« Deshalb muss auch zwischen den Brüdern nun alles gut werden (1. Mose 50,15–21).

Für den Glauben gibt es also zwei Gründe, auf das Vergeltungsgesetz zu verzichten: die Dankbarkeit für die empfangene Vergebung und die Furcht vor der drohenden Vergeltung. Das einzige Ziel kann jetzt nur sein, den Kreislauf dieses destruktiven Prinzips, den Gott selbst schon unterbrochen hat, mit dem eigenen Verhalten ebenfalls zu beenden. Auch die Strafe für das Böse wird ja mit den Gewaltmethoden des Bösen verwirklicht. Deshalb kann die dringende Empfehlung nur lauten: »Lass dich nicht vom

Bösen überwinden, sondern überwinde das Böse mit Gutem« (Römer 12,17–21). Zu dieser Überwindung gehört dann auch ein Verhalten, das dem anderen keinen Anlass zu »Anstoß und Ärgernis« gibt. Zur Rechenschaft vor den Richterstuhl Gottes werden wir auch dann gezogen, wenn wir, vielleicht sogar unabsichtlich und kaum vermeidbar, zur Quelle von Gerede geworden sind (Römer 14,10–13).

Das scheint in der Praxis kaum realisierbar zu sein. Der sicherste Weg, an einer solchen negativen Reaktion nicht schuldig zu werden, wird im 1. Petrusbrief vorgeschlagen. »Vergeltet nicht Böses mit Bösem … Im Gegenteil: Segnet, denn ihr seid dazu berufen, Segen zu erben« (3,8–15a). Dass ein Verzicht auf die persönliche Anwendung des Vergeltungsprinzips die Schuld des anderen nicht beseitigt, darf bei alledem nicht übersehen werden. »Rächt euch nicht selbst, meine Lieben, sondern gebt Raum dem Zorn Gottes« (Römer 12,19). Was denen, die Vergebung erfahren haben, nicht mehr möglich ist, können sie nur dem überlassen, der den Menschen das gibt, was sie selber gegeben haben, »es sei gut oder böse.«

Solche Überlegungen zum Umgang mit dem Bösen sind deswegen beschwerlich, weil sie auf das Netzwerk verweisen, in das wir im Alltag verstrickt sind. Hier geht es nicht um strafbewehrte Vergehen oder Verbrechen, sondern um die Art, wie wir in jeder Situation übereinander denken, miteinander reden, aneinander handeln. Im alltäglichen Austausch von Gedanken, Worten und Werken ist so viel Negatives enthalten, dass wir es in der Regel verdrängen möchten. Aber sobald wir innerlich wahrnehmen, wie sehr wir selbst von Gnade und Barmherzigkeit leben, können wir uns auch dazu verstehen, anderen herzlich und freundlich zu begegnen. Vergebung will vergolten und also weitergegeben werden.

Herr, ewiger und allmächtiger Vater,
du einzig lebendiger Gott.
Wir danken dir,
dass du bist von Ewigkeit zu Ewigkeit
und dass wir durch deine Gnade sein dürfen.
Alles Leben hast du geschaffen.
Alles Leben hast du von der Herrschaft des Todes befreit.
Alles Leben ist dazu bestimmt,
mit jedem Atemzug dich zu loben
und deinen Namen zu preisen.

Wir bitten dich für diese bedrohte Erde,
für vergiftetes Wasser, verseuchten Boden, verpestete Luft,
für Pflanzen und Bäume, Tiere und Menschen,
dass die Geschichte des Lebens
auf diesem Planeten weitergeht,
dass menschliche Zerstörungswut beendet wird
und alle Geschöpfe durch Kampf und Lust und Fürsorge

zu dem Ziel kommen,
das du für sie bestimmt hast.

Wir bitten dich für alle Menschen,
die von den Mächten des Todes bedroht sind,
für Einsame und Verzweifelte,
für Kranke und Sterbende,
für Hungernde und Gefolterte,
für Arme und Arbeitslose,
dass ihnen allen geholfen wird;
für die Verantwortlichen in Wirtschaft, Politik und Wissenschaft,
in der Justiz und in den Medien,
in den Schulen und Hochschulen,
in dieser Gemeinde und in unseren Familien,
dass alle dem Leben dienen
und das Gemeinwohl befördern
und notwendige Veränderungen in Angriff nehmen.

Wir bitten dich für alle,
die kraft deiner Berufung wissen dürfen,
dass sie auf dieser Erde Gäste und Fremdlinge sind.
Lass sie deiner Verheißung vertrauen.
Lass sie vorwärts schauen und nicht zurück.
Bewege erstarrte Hände,
versteinerte Herzen,
verschlossene Lippen.

Du, Herr, bist ein lebendiger Gott.
Du hast uns ins Leben gerufen.
Du führst uns in dein himmlisches Reich.
Du schenkst uns Lebenskraft
durch Fleisch und Blut deines Sohnes.
Dir, dem Vater und dem Sohn und dem Heiligen Geist,
sei Anbetung, Ehre und Preis,
jetzt und immerdar und von Ewigkeit zu Ewigkeit.
Amen.

5. Sonntag nach Trinitatis: Nachfolge durch Berufung

Herr, allmächtiger Gott, gütiger Vater.
Du hast uns in deine Gemeinde berufen.
Du hast uns Glauben geschenkt.
Du hast uns in dunklen Stunden geholfen.
Du hast uns das Leben manchmal auch schwer gemacht.
Deshalb bitten wir dich in diesem Gottesdienst:
stärke unseren Glauben,
erfülle uns mit Liebe,
lass uns geduldig sein
mit uns selbst, mit anderen Menschen und auch mit dir
durch unseren Herrn Jesus Christus, deinen Sohn,
der mit dir und dem Heiligen Geist
lebt und regiert von Ewigkeit zu Ewigkeit.
Amen.

Auf das Heilswerk Jesu Christi lassen sich Menschen nicht durch eigene Entscheidung oder kirchliche Werbung ein. Dazu ist das, was damals geschehen ist und heute gepredigt wird, zu skandalös. »Denn die Juden fordern Zeichen, und die Griechen fragen nach Weisheit, wir aber predigen den gekreuzigten Christus, den Juden ein Ärgernis und den Griechen eine Torheit.« Nur für die, die berufen sind und gerettet werden, ist »das Wort vom Kreuz … Gottes Kraft« (1. Korinther 1,18–25). Das macht alle Schwierigkeiten bei der missionarischen Arbeit verständlich und reduziert die Erfolgsaussichten beträchtlich.

Dass diese Arbeit dennoch nicht vergeblich bleiben wird, ist schon in der Urgeschichte deutlich geworden. Beim Auszug Abrams aus Ur in Chaldäa wird ihm eine Verheißung mitgegeben, die sich in der Christusgeschichte erfüllt. »Ich will segnen, die dich segnen, und verfluchen, die dich verfluchen; und in dir sollen gesegnet werden alle Geschlechter auf Erden« (1. Mose 12,1–4a). Gottes Heilsgeschichte wirkt von Anfang an unter Menschen als Berufungsgeschichte. Die Kraft Gottes zeigt sich beispielhaft in der Berufung des Petrus. Nach einer erfolglosen Ausfahrt bekommt er von Jesus den Rat zu einem zweiten Versuch unter erschwerten Bedingungen – und jetzt ist die Masse der Fische kaum zu bewältigen. Fassungslos sind nicht nur die Netze. Und energisch wird der biedere Familienvater zum Menschenfischer berufen (Lukas 5,1–11).

Dass es dabei auch andere Trennungsprozesse gegeben hat, verrät das Johannesevangelium. Mindestens ein Bruder des Simon hat zur Anhängerschaft des Täufers gehört und führt von da aus seinen Bruder zu Jesus. Der »sah ihn an und sprach: du bist Simon, der Sohn des Johannes, du sollst Kephas genannt werden! Kephas heißt ›Fels‹« (1,35–42). Kein Kraftakt in der Natur, sondern ein Namenswechsel, der eine gewaltige

Identitätsveränderung darstellt, löst die bisherige und begründet eine neue Bindung.

Dass man dabei angesichts aller möglichen Lockangebote vorsichtig bleiben und vernünftig verfahren muss, betonte Lukas an einer anderen Stelle. Wer dem »Wort vom Kreuz« folgt, muss wissen, dass auch er selbst das Kreuz zu tragen hat. Das will wohl überlegt sein! Baupläne und Kriegsunternehmen muss man genau kalkulieren, sonst geht alles schief. »Ebenso kann keiner von euch mein Jünger sein, der nicht alles aufgibt, was er hat« (14,25–33).

Werbestrategen, die behaupten, dass mit dem Glauben das Leben einfacher wird, sind Seelenverkäufer. Wer nachfolgt, gewinnt großen Lohn, zahlt aber auch einen hohen Preis. Was man erhält, klingt beim flüchtigen Lesen bescheiden. »Der Glaube ist nicht jedermanns Sache. Aber der Herr ist treu; der wird euch stärken und vor dem Bösen bewahren.« Der Seitenwechsel wird unwiderruflich von Gott begleitet. Das Herz wird erfüllt von jenen göttlichen Energien, die man in allen schwierigen Situationen benötigt, mit »der Liebe Gottes« und »der Geduld Christi« (2. Thessalonicher 3,1–5). Die Kraft Gottes befähigt zu einem Leben ohne Hass und Gewalt.

Das ist leichter gesagt als gelebt. Das Herz von Christ/innen ist immer noch überreichlich mit Verachtung, Verurteilung, Veränderungswünschen erfüllt. Und angesichts der Hektik, die berufliche und private Beziehungen begleitet, fällt es ungeheuer schwer, sich selbst und anderen Zeit zu lassen. Liebe bleibt geduldig, gerade wenn sie auch streng sein muss. Und Geduld benötigt Liebe, um den untergründig schwelenden Forderungen nicht zu erliegen. In der Gotteskraft der Liebe gönnt man sich selbst und anderen sein Dasein. Mit der Gotteskraft der Geduld lässt man sich selbst und anderen die not-wendige Zeit. In den Berufungsgeschichten Jesu hat Gott in einem Augenblick zugeschlagen. Mit unseren auch im Glauben begrenzten Kräften brauchen wir in den meisten Fällen mehr Zeit, um anderen diesen Glauben zu schenken.

Lasset uns in Frieden den Herrn anrufen,
um seinen Frieden für unser Leben,
dass wir Frieden finden auf dieser Erde,
um seine Gerechtigkeit,
dass sein heilsames Recht allen Menschen zuteil wird
und alle aus der Gefangenschaft der Sünde gerettet werden,
um seine Barmherzigkeit,
dass wir unserer Berufung folgen
und Erbarmen lernen mit uns und mit anderen,
lasset uns zum Herrn rufen:
Herr, erbarme dich.

Für alle, die in Gefangenschaft leben,
für die Kranken,
dass sie mit ihrem Leid nicht allein bleiben,
für die Süchtigen,

dass sie einen Neuanfang finden,
für alle von Machtgier und Habsucht Besessenen,
dass sie befreit werden zu einem menschlichen Leben,
für alle Angeklagten,
für alle, die eine Strafe zu verbüßen haben,
für alle Verfolgten,
für alle Gefolterten,
dass sie an Leib und Seele bewahrt werden,
lasset uns zum Herrn rufen:
Herr, erbarme dich.

Für alle Menschen in ihren Beziehungen,
dass sie einander im Leben beistehen können,
dass sie miteinander Erfüllung finden,
dass sie gemeinsam Schwierigkeiten bestehen,
für alle, die einsam sind,
für alle, die aneinander leiden,
für alle, die auseinander gehen,
für Eltern und Kinder,
für Lehrer und Schüler,
dass sie miteinander Geduld haben
und aufeinander zu hören vermögen,
lasset uns zum Herrn rufen:
Herr, erbarme dich.

Für alle, deren Leben durch die Macht des Geldes bedroht ist,
für die Hungernden in aller Welt,
für die Arbeitslosen,
für Menschen ohne Obdach und ohne Heimat,
für die, die unter Krieg leiden und in Lagern leben,
für die verpestete Luft,
für die geschändeten Meere,
für Arten und Rassen,
die vor der Ausrottung stehen,
dass die Herrschaft des Bösen ein Ende hat,
dass Umkehr gelingt und gerettet wird,
was von Vernichtung bedroht ist,
lasset uns zum Herrn rufen:
Herr, erbarme dich.

Du, Herr, hast Grenzen überschritten,
nimm unsere Herzen und unsere Hände,
dass wir zu lieben beginnen.

Du, Herr, hast Treue gehalten,
mach uns fest in den Beziehungen unseres Lebens.
Du, Herr, hast deinen Sohn zum Opfer gegeben,
gib allen, was sie zum Leben brauchen.

Nimm dich unser gnädig an,
rette und erhalte uns.
Denn dir allein gebührt
der Ruhm und die Ehre und die Anbetung,
dem Vater und dem Sohn und dem Heiligen Geist,
jetzt und immerdar und von Ewigkeit zu Ewigkeit.
Amen.

6. Sonntag nach Trinitatis: Die Taufe des Einzelnen

Herr, heiliger und allmächtiger Gott.
Du bist unser Vater.
In der Taufe
hast du uns zu deinen Kindern gemacht,
zu deinen Töchtern und Söhnen,
zu den Erben in deinem Reich.
Dafür danken wir dir.
Und wir bitten dich:
Lass uns so leben,
dass wir dir Ehre machen,
dass wir deine Liebe weitergeben
und andere Menschen für dein Reich gewinnen.
Durch unseren Herrn Jesus Christus, deinen Sohn,
der mit dir und dem Heiligen Geist
lebt und regiert von Ewigkeit zu Ewigkeit.
Amen.

Das Leben im Glauben beginnt für die berufenen Sünder mit der Taufe. Das ist deswegen überraschend, weil Jesus aus Nazareth das Sakrament zwar durch den Täufer Johannes empfangen, aber selbst nie gespendet hat. Erst nach Tod und Auferstehung, bei seiner letzten Erscheinung vor den Jüngern, erteilt er mit der Aussendung zur weltweiten Mission auch den Taufbefehl. Beide Anweisungen sind eingebettet in Aussagen, die die Heilsgewissheit des Glaubens begründen. »Mir ist gegeben alle Gewalt im Himmel und auf Erden« – die Taufe wird durch den Kosmokrator gestiftet. »Und siehe, ich bin bei euch alle Tage bis an das Ende der Welt« – die Taufe sichert die Realpräsenz dieses Weltenherrn bis zum Ende der Zeiten (Matthäus 28,16–20).

Was in dieser grandiosen Aktion dem Einzelnen widerfährt, hält das alttestamentliche Lied vom Gottesknecht fest: »Fürchte dich nicht, denn ich habe dich erlöst; ich habe dich bei deinem Namen gerufen, du bist mein!« (Jesaja 43,1–7). Vor allem seitdem das Sakrament in die Geburtsrituale integriert worden ist, konkretisiert sich mit diesem Satz die Ungeheuerlichkeit des Geschehens. Der Name eines winzigen Erdenwurms wird mit dem Namen des ewigen und allmächtigen, des einzigen und dreieinigen Gottes verknüpft. Eine andere alttestamentliche Perikope benennt den Grund für diese Begegnung zwischen höchst ungleichen Lebewesen. »Nicht hat euch der Herr erwählt, weil ihr größer wäret als alle Völker – denn du bist das kleinste unter allen Völkern –, sondern weil er euch geliebt hat« (5. Mose 7,6–12).

Die Liebe Gottes, die in der Taufe ein Menschenkind explizit erfasst, vollzieht sich in einem Doppelschritt, der in den meisten Taufgottesdiensten an den Rand gedrängt wird. In dieser Handlung vergegenwärtigt sich das Geschick, das Jesus aus Nazareth widerfahren ist. Wie er für uns sterben musste, so dürfen auch wir mit ihm sterben. »Wir sind mit ihm begraben durch die Taufe in den Tod, damit – wie Christus durch die Herrlichkeit des Vaters von den Toten auferweckt worden ist – auch wir in einem neuen Leben wandeln.« In diesem Akt der mortificatio, der Totmachung, erleiden wir jenen »Herrschaftswechsel« (E. Käsemann), der uns aus der Macht des Bösen befreit, aber auch die Macht von Eltern und anderen Machthabern relativiert. Wir sind dann noch nicht auferstanden, wie man in einem anderen Paulus(?)-Brief lesen kann (Kolosser 2,12). Aber uns ist damit von Gott her die Fähigkeit verliehen, ein neues, vorsichtig formuliert: besseres Leben zu führen (Römer 6,3–8).

Denn dieser Herrschaftswechsel hat die Betroffenen in herrschaftliche Positionen versetzt. »Ihr seid das auserwählte Geschlecht, die königliche Priesterschaft, das heilige Volk, Gottes eigenes Volk.« Das sind Ehrentitel des Alten Bundes, und ausdrücklich wird darauf hingewiesen, dass die Aufnahme in den Geltungsbereich der Erwählung nicht selbstverständlich ist (1. Petrus 2,2–10). Menschen, die getauft sind, müssen sich vor Hochmut und Selbstüberschätzung hüten. Aber sie sollten auch die Demut, die zum Glauben gehört, nicht mit jenen Minderwertigkeitskomplexen verwechseln, die sie manchmal am offenen Bekenntnis gegenüber den Mitmenschen hindern.

Ein ungelöstes Problem ist in der Kirchengeschichte die Säuglingstaufe geblieben. Möglicherweise aus Mangel an eindeutigen Belegen hat man die Taufgeschichte eines Erwachsenen aufgenommen, die sich von der späteren kirchlichen Praxis erheblich unterscheidet. Philippus wird auf wunderbare Weise zur Begleitung eines hochgestellten Eunuchen aus Nubien delegiert, der auf der Rückreise von Jerusalem eine Papyrusrolle mit dem Propheten Jesaja liest. Der Apostel kann ihm so eindringlich das Evangelium vermitteln, dass der Kämmerer aus dem fernen Land alsbald erklärt: »Siehe, da ist Wasser; was hindert's noch, dass ich mich taufen lasse?« (Apostelgeschichte 8,26–39). Für die alte Kirche hätte es an dieser Stelle viele Hindernisse gegeben. Ein Taufaspirant brauchte die Empfehlung von Bürgen, den späteren Paten, eine dreijährige Unterweisung, eine abschließende Prüfung. Selbstverständlich konnte sich die neue Religion in der Anfangszeit nur dadurch schnell ausbreiten, dass man auf solche umständlichen Prozeduren verzichtet hat. Und wahrscheinlich hat man in diesem Vorgehen später dann einen Beleg für die Möglichkeit der Säuglingstaufe gesehen.

Diese ist bis heute nicht ausgeschlossen, wenn zwei Voraussetzungen erfüllt sind. Biblische Vorkenntnisse, wie in der Philippus-Geschichte, sollten unter Eltern und Paten vorhanden sein, ebenso elementare Stücke des Katechismus. Die Eltern sollten mit dem Kind und für das Kind beten können. Manchmal wäre ein Taufunterricht für die Angehörigen durchaus angebracht. Notwendig ist aber auch der ernste Hinweis darauf, dass in der Taufe mit dem Kind etwas geschieht, was niemand mehr ungeschehen machen kann, auch nicht ein Austritt aus der Landeskirche. Denn das heilige Sakrament kann kein staatlicher Verwaltungsakt auslöschen. Oft verbirgt sich unter dem Wunsch nach der Taufe das, was man nach jeder Geburt für den kleinen Menschen benötigt: den Segen der Gottheit.

Herr, ewiger und allmächtiger Gott.
Wir danken dir für dein heilsames Wort.
Als die Welt erschaffen wurde,
da hast du uns erwählt.
Als Vater und Mutter nichts von uns wussten,
da hast du uns ins Leben gerufen.
Wir sind auf deinen Namen getauft.
Wir sind durch deinen Geist geheiligt.
So loben wir deinen ewigen und einzigen Namen.

Weil du das, was nicht ist, ins Leben rufst
und das, was verdammt ist, erlöst,
bitten wir dich für alle Menschen in ihrem Elend:
für die noch Ungeborenen,
dass sie willkommen sind,
für hungernde Kinder,
für verzweifelte Mütter,
für arbeitslose Männer und Frauen,
für alle, die einsam und verlassen sind,
für alle, die keinen Ausweg mehr sehen,
für Gefangene, Gefolterte und Unterdrückte,
für Kranke und Sterbende:
stärke das Leben,
segne alle menschliche Hilfe.

Weil du das, was nicht ist, ins Leben rufst
und das, was verdammt ist, erlöst,
bitten wir dich für alle Menschen,
die der Umkehr bedürfen:
befreie, die von der Macht des Bösen gefangen sind,
erweiche verhärtete Herzen,
erleuchte verblendete Augen,
befriede verfeindete Gruppen,
vertreibe Habgier und Mordlust,
wehre dem Unrecht und allem Missbrauch von Macht,
beende die Zerstörung der Schöpfung,
stärke das Leben,
schenke Möglichkeiten zum Neubeginn.

Weil du das, was nicht ist, ins Leben rufst
und das, was verdammt ist, erlöst,
bitten wir dich für alle Menschen,
die auf der Suche sind:

in den Religionen und Konfessionen,
in den Landeskirchen und den Freikirchen,
in den Jugendsekten und den esoterischen Zirkeln,
für alle, die Bekehrung erfahren,
für alle, die die heilige Taufe empfangen,
dass dein Name bekannt wird
und dein Geist sie erreicht,
stärke das Leben,
segne alles Reden in deinem Namen.

Du, Herr, schenkst Erlösung
auch denen, die zum Tode verurteilt sind:
So vergib uns unsere Schuld.
Du, Herr, rufst das, was nicht ins, ins Leben:
So schenke uns Glauben und Liebe und Hoffnung.
Nimm dich unser gnädig an,
rette und erhalte uns.
Denn dir allein gebührt
der Ruhm und die Ehre und die Anbetung,
dem Vater und dem Sohn und dem Heiligen Geist,
jetzt und immerdar und von Ewigkeit zu Ewigkeit.
Amen.

7. Sonntag nach Trinitatis: Essen in der Gemeinschaft

Herr, gütiger Gott, barmherziger Vater:
Du hast uns bisher unser tägliches Brot gegeben.
In deiner Gemeinde dürfen wir das heilige Abendmahl feiern.
Dank sei dir für alles Gute,
das du an uns getan hast.
Wir bitten dich:
Vergib uns auch heute unsere Schuld.
Befreie uns von allen Sorgen.
Erweiche unsere harten Herzen.
Hilf uns zu einem guten Leben
und einem seligen Sterben
durch unseren Herrn Jesus Christus, deinen Sohn,
der mit dir und dem Heiligen Geist
lebt und regiert von Ewigkeit zu Ewigkeit.
Amen.

Durch die Taufe werden einzelne Menschen berufen, aber sie bleiben nicht vereinzelt und auch nicht nur Mitglieder ihrer Familie oder Bürger/innen ihres Volkes. Sie geraten in eine neue Gemeinschaft. Dabei geht es zuvörderst um ein Geschehen, das die ersten Gemeinden sofort als etwas bestürzend Neues erlebt haben. In ihrer Mitte ereignet sich »Geistesgegenwart«, und damit das, was man im Judentum beim Ausbruch der Endzeit erwartet hat. Dieser Einfluss des göttlichen Geistes bewirkt Erfahrungen von und begründet Ermahnungen zu intensiver Mitmenschlichkeit, ja bildet die Basis für die innere Entwicklung und die äußere Ausbreitung der neuen jüdischen »Sekte«. Alles, was die Christ/innen in den ersten Jahren erleben durften, konnten sie als Wirkung jener göttlichen Kraft verstehen, die ihre persönlichen Möglichkeiten weit überstieg. Der Gottesdienst war nicht zuletzt deswegen das Zentrum des Lebens im Glauben, weil hier der Einfluss der göttlichen Energien am deutlichsten spürbar wurde.

Anders als das moderne Stichwort es suggeriert, war diese Geistesgemeinschaft keine rein spirituelle Truppe, in der man fromme Übungen und ekstatische Erlebnisse machen konnte. Bei den Zusammenkünften geschahen Heilungen, wurden Besitztümer geteilt und wurde, religiös und profan, gemeinsam gegessen. Die Wirklichkeit des Geistes manifestiert sich bis heute in leiblichen Wirkungen. Beim Essen trifft sich nicht nur eine Gesinnungsgruppe, die in Reden und Gebeten ihre inneren Überzeugungen wechselseitig artikuliert. Durch die gemeinsame Einnahme von Lebensmitteln wachsen in der »Geistesgemeinschaft« Heilungs- und Teilungspotentiale, die in der sozialen Umgebung Erstaunen und Zustimmung auslösen (Apostelgeschichte 2,41–47).

Das gemeinsame Essen stärkt das Gottesvolk gerade in schwierigen Zeiten. Als beim Exodus die Sehnsucht nach den Fleischtöpfen Ägyptens nicht aufhört und zu immer neuen Nörgeleien führt, fällt »Manna« vom Himmel, aber mit einer Rationierung, die bis heute nachdenklich stimmen sollte. »Jeder hatte gesammelt, so viel er zum Essen brauchte.« Und dieses »Brot« gab es täglich neu, man konnte es nicht über Nacht aufbewahren (2. Mose 16,2–3.11–18). Zukunftsplanungen und Versicherungsmaßnahmen sind im Gottvertrauen gut aufgehoben. Das gilt erst recht für die neue Gemeinde, in der es mehr gibt als »in der Wüste das Manna«. Der Gott, der Israel damals gerettet hat, hat jetzt seinen Sohn in die Welt gesandt, und der behauptet von sich: »Ich bin das Brot des Lebens. Wer zu mir kommt, wird nie mehr hungrig sein; und wer an mich glaubt, wird keinen Durst mehr haben« (Johannes 6,30–35).

Wer kann es wagen, solche Sätze in der Gegenwart zu wiederholen? Das Wirtschaftssystem, das Einzelne überreich und sehr viele bettelarm macht, ist in die Krise geraten. Was haben die Perikopen von der Speisung der 5.000, die gleich in zwei Jahrgängen auftauchen, den Menschen heute zu sagen? Wahrscheinlich haben die wirklich Armen, wenn sie diese Geschichten zu hören bekamen, das Wunder besser begriffen als wir Reichen. Für uns war es und ist es vielleicht immer noch ein mirakulöses Geschehen, zum antiken Weltbild gehörig, aktuell allenfalls von einiger Symbolkraft. Aber: was hört ein Hungriger, wenn er das Fazit bei Lukas hört: »sie aßen und wurden alle satt?« (9,10–17). Eine mögliche Antwort findet das Johannesevangelium, wenn es Jesus so reagieren lässt: »Als Jesus nun merkte, dass sie kommen würden, um ihn mit Gewalt zum König zu machen, zog er sich wieder auf den Berg zurück, er allein« (6,1–15). Die Armen wollen in einem neuen, wenn auch irdischen Reich leben. Haben sie damit gar nichts, haben sie ihn nicht wenigstens zur Hälfte verstanden? In einer Gemeinde, die nicht nur für die Armen spendet, sondern die zusammen mit den Hungrigen isst, können beide, Reiche und Arme, lernen, was Hunger ist und wer das Brot des Lebens ist.

Herr, ewiger und allmächtiger Gott.
Wir danken dir,
dass du uns zur Umkehr rufst
und in deiner Gemeinde leben lässt.
Wir sind oftmals verblendet,
du führst uns durchs Dunkel ins Licht.
Wir sind manchmal gefangen,
du machst uns durch schmerzhafte Krisen frei.
Wir vertrauen gerne den Götzen,
die ein leichtes Leben versprechen und unaufhörliches Glück,
du rufst uns durch harte und klare Worte
zu dir.

Herr, weil du ein Freund der Armen und Schwachen,
aber auch ein reicher und starker Gott bist,

rufen wir dich an
für alle, die hungern,
für alle, die ohne Arbeit, ohne Wohnung, ohne Kleidung sind,
für die Kranken und Einsamen,
für die Verzweifelten und die Sterbenden,
für Flüchtlinge und Kriegsopfer,
für Straßenkinder und Slumbewohner,
für alle, deren Elend wir nicht sehen können
oder nicht sehen wollen,
hilf du,
und mach uns zur Hilfe bereit.

Herr, weil du ein Freund der Armen und Schwachen,
aber auch ein reicher und starker Gott bist,
rufen wir dich an
für alle, die im Überfluss leben,
dass sie bereit werden zum Teilen,
für alle, die Macht haben in Wirtschaft und Politik,
dass sie für Gerechtigkeit sorgen,
für alle, die besessen sind von Habgier und Selbstsucht,
dass sie zur Umkehr bewegt werden,
hilf du,
und mach uns zur Hilfe bereit.

Herr, weil du ein Freund der Armen und Schwachen,
aber auch ein starker und reicher Gott bist,
rufen wir dich an
für die Christen in aller Welt,
dass sie sich an die Seite der Armen stellen,
für deine Kirche, vor allem in unserem Land,
dass sie für gerechte Strukturen eintritt
und die Gewissen überall schärft,
für die Predigt deines Wortes,
dass Sünder zur Buße gelangen,
Gottlose zu glauben beginnen
und schwankende Christen
den Weg der Heiligung gehen,
hilf du,
und mach uns zur Hilfe bereit.

Du, Herr, willst, dass wir leben.
Wir sind nicht so stark, wie wir wähnen.
Wir sind nicht so schwach, wie wir tun.

Schenke uns Eindeutigkeit
in unseren menschlichen Beziehungen.
Sorge für Klärung in unseren finanziellen Verhältnissen.
Lass uns die Kraft entdecken,
die Glaube und Hoffnung und Liebe
in uns bewirken.

Deine Heiligkeit fürchten wir.
Deine Herrlichkeit preisen wir.
Deinen Namen beten wir an.
Für deine Gnade danken wir.
Auf dein Reich warten wir.
Du bist unser Reichtum, unsere Freude, unser Glück.
Dir allein gebührt Ruhm und Ehre,
Preis und Anbetung,
dem Vater und dem Sohn und dem Heiligen Geist,
jetzt und immerdar und von Ewigkeit zu Ewigkeit.
Amen.

8. Sonntag nach Trinitatis: Kinder des Lichts

Herr, heiliger Gott, gütiger Vater.
Gewaltig ist deine Macht.
Voller Gnade ist deine Freiheit.
Du lässt deine Sonne aufgehen
über Gerechte und Ungerechte.
Du lässt das Licht deines Wortes
laut werden unter Menschen,
die glauben und dennoch Sünder sind.
Herr, wir bitten dich: erleuchte die Dunkelheiten unseres Lebens.
Öffne unsere Augen und unsere Herzen,
damit wir das Licht deiner Liebe
in uns und durch uns wirken lassen.
Deine Kraft begleite uns an allen Tagen
durch unseren Herrn Jesus Christus, deinen Sohn,
der mit dir und dem Heiligen Geist
lebt und regiert von Ewigkeit zu Ewigkeit.
Amen.

Im Episteltext für den Sonntag wird ein urchristliches Tauflied zitiert: »Wach auf, der du schläfst, und steh auf von den Toten, so wird dich Christus erleuchten.« Im neuen Leben, das sie empfangen haben, sind die Menschen »Kinder des Lichts« (Epheser 5,8b–14). Sie haben als Blindgeborene sehen gelernt, wobei die Frage nach Schuld und Strafe nicht mehr aktuell ist. So sagt Jesus über einen Sehbehinderten: »Weder dieser noch seine Eltern haben gesündigt, sondern an ihm sollen die Werke Gottes offenbar werden« (Johannes 9,1–7). Die Verblendung, von der die Menschen erfasst sind, ist nicht Problem irgendeiner Kausalität, sondern ist final zu betrachten. Die Blinden jedweder Art sollen erleuchtet werden. Deshalb können sie einerseits Erfahrungen machen, wie sie von den Propheten berichtet werden. So heißt es in der Friedensschau bei Jesaja: »Da werden sie ihre Schwerter zu Pflugscharen und ihre Spieße zu Sicheln machen.« Die wahre Vision vom »Ewigen Frieden« wächst nicht aus vernünftigen Überlegungen oder emotional gefütterten Wünschen. Sie ist »Wort des Herrn von Jerusalem« und gilt auch, wenn gerade dort zerstörerischer Unfriede herrscht (Jesaja 2,1–5).

Die Kinder des Lichts haben sehen gelernt und können deshalb ihrerseits werden, was Jesus Christus zunächst von sich selbst gesagt hat: »Ich bin das Licht der Welt« (Johannes 9,12). Mit offenen Augen, offenen Herzen und offenen Händen können sie andere für den Glauben gewinnen. »So soll euer Licht leuchten vor den Menschen, damit sie eure guten Taten sehen und euren Vater im Himmel preisen.« Als »Leuchtfeuer« verändern sie die Wahrnehmung der Welt, als »Salz der Erde« bereichern sie den Geschmack, ja den Genuss und die Würze des Daseins (Matthäus 5,13–16). Vor allem helfen sie bei der Grundausrichtung, bei der Bestimmung der Ziele. Auch in unserer säkularisierten Gesellschaft reden wir andauernd von »Orientierung«, von der Verostung, die wir benötigen. Und gerade in Krisenzeiten ist die Frage nach dem Lohn aktuell, den man für seine Lebensleistung am Schluss zu erwarten hat. Zur Erleuchtung eines Menschen gehört, dass er zwischen Ungerechtigkeit und Heiligung zu entscheiden beginnt. »Denn der Lohn der Sünde ist der Tod; die Gabe Gottes aber ist das ewige Leben in Christus Jesus, unserem Herrn« (Römer 6,19–23).

Die Christ/innen in Mitteleuropa haben während der letzten Jahrzehnte die Freiheit zur Weltlichkeit, die für den Glauben wesentlich ist, neu zu entdecken gelernt. Aber inzwischen ist überall, bis in die Pfarrerschaft hinein, klar, dass das gar nicht so schwierig ist. Moral kann gesetzlich verdorben sein. Verbote können Entwicklungen hemmen und Erfahrungen verhindern. Die Verpflichtung zum anständig geführten Leben kann engherzig und hochmütig machen. Aber allmählich gibt es auch unter Zeitgenossen, die dem kirchlichen Milieu sehr fern stehen, eine neue Suche nach verbindlichen Lebensregeln, die die Freiheit nicht einschränken, sondern steuern. Sie ermöglichen in schwierigen Situationen Entscheidungen, verlangen aber auch u. U. harten Verzicht. Der Lasterkatalog, den Paulus im 1. Korintherbrief zusammengestellt hat, führt eine lange Liste problematischer Lebensformen und Taten auf. Sicher muss man daraus für die Predigt eine Auswahl treffen. Einiges ist auf jeden Fall dabei, dem man auch auf und unter der Kanzel begegnen kann. Entscheidend ist die Begründung, die der Apostel liefert. Das Licht Gottes, das Menschen mit der Taufe erfasst hat, will sich leiblich realisieren. »Oder wisst ihr nicht, dass euer Leib ein Tempel des Heiligen Geistes ist, der in euch wohnt und den ihr von Gott habt, so dass ihr nicht euch selbst gehört?« (6,9–14.18–20). Wer sein Leben durch die Enteignung Gottes verloren hat, wird sich selbst in der Freiheit des Geistes gewinnen.

Herr, ewiger und allmächtiger Gott,
Grund allen Lebens,
Macht aller Liebe,
Ziel aller Hoffnung,
Licht durch alle Dunkelheiten hindurch.
Wir danken dir,
dass dein heilsames Wort unsere Verblendung durchbricht
und unsere Herzen öffnet zum Vertrauen
auf deine Gnade und deine Macht.
Lass uns das Geheimnis des Lebens,
das du in deinem Sohn aufgetan hast,
hören und verstehen und bewahren
an allen Tagen,
die du uns noch geben wirst.

Weil du ein unsichtbarer, aber auch unergründlicher Gott bist,
bitten wir dich für alle Kinder,
die heute unter Schmerzen geboren werden,
dass sie gute Eltern finden,
dass sie warm und satt und geborgen aufwachsen,
dass sie später für sich und andere arbeiten können
und das verwirklichen,
was du für ihr Leben bestimmt hast.

Weil du ein unsichtbarer, aber auch unergründlicher Gott bist,
bitten wir dich für alle,
die unter den harten Schlägen des Lebens zusammenbrechen:
die von Naturkatastrophen betroffen sind,
die unter Krieg und Unterdrückung leiden,
die von Krankheit und Unfall heimgesucht werden,
die nicht wissen, wie es weitergehen soll
in ihrer Familie, in ihrem Beruf und in ihrer Arbeitslosigkeit.
Gib neue Lebenschancen,
wecke Hoffnung,
schenke Befreiung.

Weil du ein unsichtbarer, aber auch unergründlicher Gott bist,
bitten wir dich für alle,
deren Leben heute zu Ende geht,
dass sie danken können für ihre Zeit,
dass die Schmerzen erträglich bleiben
und die Verzweiflung begrenzt,
dass sie in ihren letzten Stunden nicht einsam sind,
dass sie dir vertrauen und sich dir überlassen.

Du, Herr, bist ein unergründlicher, ein unsichtbarer Gott.
Zeige deine Macht gegenüber allen,
die das Leben zerstören,
die die Zukunft unserer Kinder gefährden,
die uns mit Drohungen einschüchtern
und mit Versprechungen kaufen wollen.
Decke die Lügen auf.
Weise Hochmut und Anmaßung der Menschen in Schranken.
Lasse alle bösen Pläne so scheitern,
dass das Leben dabei nicht zugrunde geht.

Für alles, was wir sind und was wir haben,
danken wir.

Auf dich, den einzigen und wahren Gott,
vertrauen wir.
Auf dein Reich, auf deine Freiheit
warten wir.

Nimm dich unser gnädig an,
rette und erhalte uns.
Denn dir allein gebührt der Ruhm und die Ehre und die Anbetung,
dem Vater und dem Sohn und dem Heiligen Geist,
jetzt und immerdar und von Ewigkeit zu Ewigkeit.
Amen.

9. Sonntag nach Trinitatis: Kluge Investitionen

Herr, ewiger und allmächtiger Gott.
In deiner Güte und Barmherzigkeit
hast du uns Menschen
mit Willen und Verstand ausgestattet.
Wir können überlegen, was gut für uns ist.
Wir können entscheiden, was wir zu tun haben.
Herr, oft setzen wir unsere Hoffnungen auf das, was irdisch ist und vergeht.
Oft entscheiden wir uns für Menschen und für Wege,
die uns in die Irre führen.
Herr, gib uns Weisheit und Kraft,
damit wir dich suchen,
und gib uns dein Wort und deinen Geist,
damit wir dich finden.
Durch unseren Herrn Jesus Christus, deinen Sohn,
der mit dir und dem Heiligen Geist
lebt und regiert von Ewigkeit zu Ewigkeit.
Amen.

An diesem Sonntag geht es um vernünftige Kalkulationen und entschlossene Investitionen, die zum Glauben gehören. Vorbild ist jener Kaufmann, der eine kostbare Perle findet und alles andere veräußert, um sie zu erwerben (Matthäus 13,44–46).

Auch die Güter, die einem anvertraut sind, darf man nicht einfach vergraben; man soll damit arbeiten, um noch mehr zu gewinnen (Matthäus 25,14–30). Ebenso muss man beachten, auf welcher Grundlage man den Bau eines Hauses wagt; wer auf Jesus hört, hat garantiert festen Boden unter den Füßen (Matthäus 7,24–27).

An der Berufung des Jeremia wird deutlich, dass auch Gott risikoreich operiert. Die Jugend des Propheten, die ihn in den eigenen Augen disqualifiziert, hindert Gott nicht, ihn zum Sprachrohr seines Willens zu machen (Jeremia 1,4–10). Paulus kann im Rückblick seinen Wechsel zum Christusglauben sehr drastisch mit den Worten charakterisieren, er sei den Weg von der »Scheiße« (in den Übersetzungen »Dreck« bzw. »Unrat«) zur Auferstehung von den Toten gegangen (Philipper 3,7–11). Während alles, persönlich wie universal, zu Ende geht, kann man im Glauben »besonnen und nüchtern« bleiben und im Gebet, in der wechselseitigen Liebe und beim Dienst an der Gemeinde aus der Kraft Gottes handeln (1. Petrus 4,7–11).

Die Perikopen gerade dieses Sonntags argumentieren besonders deutlich phänomenologisch. Die evangelischen Texte zeigen am alltäglichen Wirtschaftshandeln, dass man im Leben eindeutige und überlegte Entscheidungen treffen muss. Die drastische Wortwahl des Paulus bezieht sich auf jenen energetischen Austausch in unserem Leib, dem neue Lebenskraft nur nach dem Ausstoß von Unrat zugeführt werden kann. Die Selbsteinschätzung, die wir bewusst oder unbewusst andauernd vollziehen, kann durch Gottes Einfluss auf ungeahnte Weise erweitert werden. Und für alle, die ihr Ende bedenken oder erahnen, bleibt die im Alltag gelebte Verbindung mit der göttlichen Kraft, nüchtern gesehen, die einzige Chance. Der Glaube, wie ihn die Texte an diesem Sonntag vorstellen, ist keineswegs blind, sondern fähig, das Alltagsgeschehen besonders genau wahrzunehmen. Er ist auch nicht todesverliebt, sondern zielt darauf, angesichts der unübersehbaren Sterblichkeit, die Quelle unbegrenzten Lebens zu finden. Und er ist auch nicht feige, sondern zu allem entschlossen und setzt auf jene Macht, die letzten Endes »alles in allem« sein wird (1. Korinther 15,28).

Die Frage nach dem richtigen Einsatz des eigenen Lebens ist hoch aktuell in einer Zeit, in der alle finanziellen Investitionen sich als trügerisch zeigen. Die Öffentlichkeit ist erfüllt vom Klagen derer, die manchmal ihr ganzes Geld verloren haben. Managern von Banken und Hedgefonds wird vorgeworfen, dass sie die Spielräume, die ihnen staatlicherseits eingeräumt wurden, entschlossen ausgenutzt haben. Und die immensen Gehälter auf den Top-Positionen großer Konzerne sollen mehr oder weniger rigide begrenzt werden.

Das alles sind Reaktionen und Maßnahmen, die in der Logik des kritisierten Wirtschaftssystems verbleiben und nur dessen Auswüchse einzugrenzen versuchen. Die Predigt sollte auf jeden Fall deutlich machen, dass es zu alledem eine radikale Alternative gibt. Der entscheidende Einsatz des eigenen Lebens kann in die Kraft und die Herrlichkeit des Reiches Gottes erfolgen. Wer darauf investiert, kann alles gewinnen, was er zum Leben benötigt: Gewissheit für sich selbst, Liebe für andere, Mut zum Kampf für Gerechtigkeit und Frieden auf Erden. Auch die Wirtschaftskrise enthält eine Chance. Sie zerstört Illusionen und öffnet auf ihre Weise, wenn die Betroffenen in ihrer Verlorenheit geistlich angerührt werden, den Weg zum Glauben.

Herr, ewiger und allmächtiger Gott.
Wir danken dir, dass wir leben.
Durch Zufall gezeugt,
ins Dasein geworfen,
sind wir nach einem ewigen Willen da.
Deine Schöpfung ist unsere Welt.
Dein Sohn ist unsere Rettung.
Dein Geist ist unser Leben.
Dein Reich ist unser Ziel.

Herr, zwiespältig, unheimlich ist vieles,
was uns umgibt.
Deshalb bitten wir dich
um die Klarheit deines Wortes
und die Eindeutigkeit deiner hilfreichen Tat:

für alle Menschen in ihrem Leid,
für Einsame, Arme und Alte,
für Verzweifelte, Kranke und Sterbende,
für Hungernde, Gefangene, Gefolterte,
für alle, die ein Krieg heimsucht,
für alle, denen Unheil droht.
Erhöre das Klagen.
Vergib alles Fluchen.
Schaffe Hilfe und Rat.

Herr, zwiespältig, unheimlich ist vieles,
was uns umgibt.
Deshalb bitten wir dich
um die Klarheit deines Wortes
und um die Eindeutigkeit deiner hilfreichen Tat:
für alle, die vor schweren Entscheidungen stehen,
in Wirtschaft, Politik und Verwaltung,
in den Personalabteilungen der Betriebe,
bei Tarifverhandlungen,
in Forschung und Lehre,
in den Kliniken und Gerichten,
bei allen persönlichen Fragen,
in denen Lebensentscheidungen fallen
und über die Zukunft von Menschen bestimmt wird.
Befördere das Gute,
sorge für Frieden und Recht,
gibt Glück und Gelingen.

Herr, zwiespältig, unheimlich ist vieles,
was uns umgibt.
Deshalb bitten wir dich
um die Klarheit deines Wortes
und um die Eindeutigkeit deiner hilfreichen Tat:
für alle, die zu deiner Gemeinde gehören,
dass deine Wahrheit uneingeschränkt verkündigt wird,
dass die Macht des Bösen gebrochen wird,
dass Menschenfurcht aufhört und Gottesfurcht einzieht,
dass Glaube wächst, Liebe gedeiht
und Hoffnung neue Lebensmöglichkeiten entdeckt.
Segne alles,
was in deinem Namen geschieht.

Herr, zwiespältig, unheimlich bist auch du,
der du uns von allen Seiten umgibst.
Heilig sind deine Werke,
rätselhaft deine Wege,
verborgen und unverständlich ist vieles,
was du uns schickst.
Du hast uns gewollt,
du hast uns ins Leben gerufen.
Du hast uns zum ewigen Leben erwählt.
So loben wir deinen herrlichen Namen.
Mit allen deinen Geschöpfen,
mit der ganzen irdischen und himmlischen Welt
danken wir dir,
ewiger und allmächtiger Gott,
im Geheimnis deines dreieinigen Seins,
dem Vater und dem Sohn und dem Heiligen Geist,
jetzt und immerdar und von Ewigkeit zu Ewigkeit.
Amen.

PS: Auf die religiöse Alternative zur gegenwärtigen Wirtschaftskrise verweist ein Gedicht von Johann Andreas Wiegleb (1695–1716), das A.H. Francke 1721 veröffentlicht hat (zit. nach DIE ZEIT vom 6.11.2008, 68).

Gott ist Capitalist

Es ist im Sternen-Saal
  Ein Banco angeleget,
Da ist manch Capital,
  Das viel an Zinsen träget,
Man legt ein Schärfgen ein,
  Die Zinsen aber geben
Was ewig Noth mag seyn
  Aufs herrlichste zu leben.
GOTT ist Capitalist,
Der keinen hat betrogen
  Und so es wenig ist,
Es keinem vorgezogen.
  Wer Armen guts gethan
Mit eifrigem Bemühen,
  Denselben sieht er an,
Als wenn ers ihm geliehen.

10. Sonntag nach Trinitatis: Der Tempel in Jerusalem

Herr, ewiger und allmächtiger Gott.
Aus allen Völkern der Welt
hast du Israel auserwählt.
In diesem Volk ist Jesus aus Nazareth,
dein Sohn, zur Welt gekommen.
Durch sein Kreuz und seine Auferstehung hast du dir
in der ganzen Welt eine neue Gemeinde gesammelt,
zu der wir gehören dürfen.
Herr, lass uns nicht vergessen,
dass Juden und Christen trotz aller Unterschiede
miteinander verbunden bleiben durch Jesus Christus, deinen Sohn,
der mit dir und dem Heiligen Geist
lebt und regiert von Ewigkeit zu Ewigkeit.
Amen.

Das Christentum ist nicht, wie man nach den Fernsehbildern meinen könnte, in Rom und auch nicht Athen, sondern in Jerusalem entstanden. Vom Anfang an hat deshalb diese Stadt, ihre Bewohner, ihr Tempelgebäude, den neuen Glauben beschäftigt. Jesus selbst soll die baldige Zerstörung voller Trauer angekündigt und die Geschäftemacher aus dem Heiligtum vertrieben haben (Lukas 19,41–48). Dass durch diese Zerstörung hindurch ein Neubeginn möglich ist, wird sich am »Tempel seines Leibes« erweisen, der drei Tage nach der Hinrichtung von den Toten auferweckt werden wird (Johannes 3,13–25). So hat sich jetzt erfüllt, was der Prophet Jeremia seinen Zeitgenossen kritisch angekündigt hat. Wer sich auf den Tempel verlässt, ohne sein Leben zu ändern, wird von Gott selbst verlassen werden (Jeremia 7,1–15).

Der Tempelkult war durch bestimmte Gesetze geregelt. Wie Jesus über die bevorstehende Tempelzerstörung getrauert hat, so trauert Paulus über die unzerstörbare Bindung seiner jüdischen Geschwister an das traditionelle Gesetz. »Christus ist das (endgültige) Ziel des Gesetzes, zur Gerechtigkeit für jeden, der glaubt« (Römer 9,1–5; 10,4). Zum Geheimnis der Erwählungsgeschichte Israels gehört aber auch, dass die, die das Evangelium jetzt ablehnen und dadurch »Feinde Gottes« geworden sind, um dessen Barmherzigkeit willen mit »ganz Israel gerettet« werden (Römer 11,25–32).

Der Tempel, das Heiligtum, der heilige Ort in vielerlei Gestalt bildet für die Religion die konkrete Gelegenheit zur Gottesbegegnung. Hier wohnt die Gottheit, hier kann man ihre Kraft erfahren und ihr gegenüber Anbetung praktizieren. Auch im Alten Testament hat Gott sich an diesen Ort gebunden; aber er lässt sich dort nicht gefangen nehmen. »Hier ist des Herrn Tempel! Hier ist des Herrn Tempel! Hier ist des Herrn Tempel!« Das ist eine Einladung für alle, die Gott suchen. Aber diese Einladung wird zur Lüge, wenn sie im Kontext religiöser und sozialer Gottlosigkeit erfolgt. Was die Bibel zur Gottesgeschichte in und mit Israel sagt, gilt uneingeschränkt auch für das Dasein der Kirche.

Ohne Geistesgegenwart kann die Heilige Schrift zum gesetzlichen Buchstaben werden. Die Treue zum überlieferten Bekenntnis kann den aktuellen Verkündigungsauftrag verfehlen. Kein Stempel, kein Firmenschild kann garantieren, dass Kirche dort ist, wo Kirche drauf steht. Die Heilsgeschichte rechnet, uns allen zum Trost, mit der unaufhörlichen Kontinuität des göttlichen Heils. Aber zu ihr gehört unvermeidlich auch die Erfahrung der Brüchigkeit menschlicher Glaubenskonstanz. Gerade wenn man am Alten festhalten will, kann man die Gegenwart Gottes verfehlen. Und wenn die Gottesgemeinde durch Neuerungen, die man aus anderen Lebensbereichen unverändert übernimmt, erhalten werden soll, kann man das lang Gewachsene selbstverschuldet auflösen. Kirche ist »Christus als Gemeinde existierend« (D. Bonhoeffer). Auch für sie gilt deshalb der Doppelaspekt der Christologie. Sie ist sein heiliger Leib, aber zugleich menschliche Institution. Sie benötigt immer wieder Reformen, um zeitgemäße Strukturen zu finden. Aber sie lebt aus einer permanenten Reformation, aus der Umkehr zum Wort und der Einkehr des Geistes.

Herr, Gott Abrahams, Isaaks und Jakobs,
Gott des Mose,
Gott Jesu,
Herr, unser Gott.

Wir leben, ohne dich zu erfahren.
Wir hören, ohne dich zu sehen.
Wir beten zu dir und müssen zugleich nach dir fragen.

Herr, Gott der Väter, unser Gott.
Wir danken dir, dass du so bist:
dass du nicht gebunden bist an die Gottesbilder
und die Gottesvorstellungen der Vergangenheit,
dass auch wir nicht gebunden sind an die
Gottesverehrung unserer Väter.

Wir bitten dich für alle,
die zu deiner Gemeinde Israel gehören.
Lass sie deinem Wort folgen
und von deinem Geist erfüllt werden.
Erhalte sie in deiner Gnade
und führe sie zu ihrer letzten Bestimmung.

Lass die Kirche mit dem Ende der Tempel
nicht vergehen.
Lass die Christen mit dem Ende der Gotteserfahrung
nicht ihren Glauben verlieren.
Sei mit denen, die an deiner Verborgenheit leiden,
die sich an der Selbstsicherheit der Kirche ärgern,
die die Bibel nicht verstehen,
die nicht mehr beten können.

Du entlässt uns in die Freiheit einer weltlichen Welt.
Du entlässt uns in die Freiheit eines menschlichen Lebens.
Gib, dass wir diese unheimliche Freiheit
verstehen, aushalten
und dir in deiner Freiheit dienen.

Herr. Du wirst sein, der du sein wirst,
der Gott,
der die Toten lebendig macht
und das, was nicht ist,
ins Dasein ruft.
Erweise dich als Gott
am Elend, am Unrecht, am Sterben der Welt.
Nimm dich unser gnädig an,
rette und erhalte uns.
Denn dir allein gebührt
der Ruhm und die Ehre und die Anbetung,
dem Vater und dem Sohn und dem Heiligen Geist,
jetzt und immerdar und von Ewigkeit zu Ewigkeit.
Amen.

11. Sonntag nach Trinitatis: Wahre Frömmigkeit

Herr, ewiger und allmächtiger Gott.
Manchmal nehmen wir dich nicht ernst,
wir leben und denken so wie viele andere Menschen.
Manchmal fühlen wir uns aber auch ganz stark im Glauben
und blicken auf alle herab,
die voller Zweifel durchs Leben irren.
Herr, in dieser Stunde bitten wir dich,
befreie uns von allem Kleinmut,
aber auch von allem Hochmut im Glauben.
Lass uns dein Wort hören,
dass unsere Seele mit Frieden erfüllt wird
und voller Liebe zu anderen Menschen findet.
Durch unseren Herrn Jesus Christus, deinen Sohn,
der mit dir und dem Heiligen Geist
lebt und regiert von Ewigkeit zu Ewigkeit.
Amen.

Das alte Evangelium des Sonntags stellt in zwei Gestalten die Möglichkeiten vor, fromm zu leben. Der Pharisäer rühmt sich seiner spirituellen Praxis, der Zöllner dagegen bekennt sich offen zu seiner Schuld und bittet demütig um Gottes Gnade. Gottes Urteil, das Jesus schon jetzt formuliert, spricht nicht den Hochmütigen gerecht, sondern den, der sich selbst erniedrigt (Lukas 18,9–14). Was der Zöllner gegenüber sich selbst als Bußübung vollzieht, das praktiziert die große Sünderin am Leib Jesu. Ihr wird, im Unterschied zu ihren Kritikern, den Pharisäern, Vergebung zugesprochen; »denn sie hat viel Liebe erwiesen«. Ein ungeheurer Satz; denn er bezieht sich nicht nur auf ihr aktuelles Verhalten, sondern auch auf ihre Vergangenheit, und enthält dabei den Anspruch, im Namen Gottes zu gelten (Lukas 7,36–50). Bei Matthäus sind beide Perikopen zusammengefasst. Zöllner und Huren, damals exemplarische Gestalten der Sünde, »kommen eher ins Reich Gottes«, weil sie, anders als selbstgerechte Fromme, ihre Verlorenheit Gott gegenüber wahrnehmen können (Matthäus 21,28–32).

Wie Frömmigkeit, die vor Gott gilt, aussieht, zeigt sich auch in der Heilsgeschichte. David, Israels großer König, ist auch ein großer Sünder gewesen und hat sich, ohne es zu wissen, bei der Intervention des Propheten Nathan sein eigenes Todesurteil gesprochen. Er selbst wird am Leben bleiben; aber der erste Sohn aus seiner ehebrecherischen Beziehung muss sterben (2. Samuel 12,1–15a). Weil der Sohn Gottes für alle Gesetzesübertretung gestorben ist, kann der Jude Paulus sein Leben nicht mehr durch die Einhaltung des Gesetzes gewinnen. »Ich bin mit Christus gekreuzigt. Nun lebe nicht mehr ich, sondern Christus lebt in mir« (Galater 2,16–21). Und diese Schicksalsgemeinschaft mit dem Erlöser, die sich durch Taufe und Glaube bildet, reicht so weit, dass der Epheserbrief behauptet: Gott »hat uns mit ihm auferweckt und zusammen mit ihm in die himmlische Welt versetzt« (2,4–10).

Spiritualität ist gegenwärtig ein »Containerbegriff« (G. Ruhbach), mit dem man alle Spielarten philosophischer, psychologischer, religiöser Lebenskunst werbewirksam anpreisen kann. Die biblischen Texte markieren die elementaren Strukturen, die das christliche Verständnis spiritueller Praxis charakterisieren. Frömmigkeit schließt Selbstbespiegelung und Selbstüberschätzung aus. Sie befreit zur Sündenerkenntnis und Gnadenerfahrung. Sie rechnet selbstverständlich damit, dass man zum neuen Leben nur durch Sterben hindurchgelangt, und sie akzeptiert, dass die Freiheit des Glaubens nur durch die Bindung an die Auferstehungsmacht Christi bewahrt werden kann.

Bei der Predigt wird man beachten müssen, dass es heutzutage in der Gemeinde nicht nur den Hochmut der Frommen, sondern auch das Selbstbewusstsein einer säkularisierten Christenheit gibt. Ein »schlechtes Gewissen« darf ein moderner Christ nicht mehr haben. Und dass man sein Leben ernsthaft ändern muss, kommt allenfalls bei ökologischen Überlegungen in Betracht. »Gott liebt die Mörder«, hat ein Gefängnisseelsorger in der Presse lauthals verkündet. Nein! So einfach darf man das nicht sagen. Gottes Liebe ist so groß, dass er auch Menschen, die anderen durch Taten, Worte oder Wünsche das Leben nehmen, um Christi willen wieder aufzunehmen bereit ist, wenn sie ihr heilloses Tun und Trachten reumütig hinter sich lassen. Die Predigt realisiert diese Liebe Gottes, indem sie Menschen dazu bewegt, den Weg von der Sünde zur Gnade mit Gottes Hilfe einzuschlagen. Nur Sünder können verstehen, dass sie zum Leben die Gnade Gottes benötigen. Und nur wer selbst immer wieder aus der Vergebung lebt, ist einigermaßen gefeit gegen die Versuchung, andere von oben zu betrachten und abschätzig zu verurteilen.

Lasset uns in Frieden den Herrn anrufen:
um seinen Frieden,
dass wir Frieden finden für unser Leben
und Frieden schaffen unter den Menschen.
Um seine Barmherzigkeit,
dass auch wir miteinander Erbarmen haben.
Um sein Reich,
dass alles Elend ein Ende hat
und unser Leben seinen Sinn.
Lasset uns zum Herrn rufen: Herr, erbarme dich.

Für alle Menschen,
die zur Gemeinde gehören.
Dass sie Gott nicht vergessen
und in ihrem Glauben nicht nachlassen.
Dass sie aber auch nicht hochmütig werden

und andere verurteilen und verachten.
Dass die Verlorenen zurückfinden
und die Irrenden errettet werden.
Lasset uns zum Herrn rufen: Herr, erbarme dich.

Für alle Menschen, die im Streit leben,
in der Ehe und in der Familie,
in der Nachbarschaft und am Arbeitsplatz,
für alle, die unterschiedliche Interessen vertreten,
in der Politik, in der Wirtschaft
und auch in der Kirche,
für alle, die in den Bannkreis der Gewalt geraten sind,
für die Opfer von Unterdrückung und Ausbeutung,
von Terrorismus und Krieg,
dass sich Auswege finden aus der Konfrontation,
dass sich faire Kompromisse ergeben
und gerechte Lösungen für die Armen.
Lasset uns zum Herrn rufen: Herr, erbarme dich.

Für alle Menschen,
für die Bürger und für die Außenseiter,
für die Selbstzufriedenen und für die Suchenden,
dass die, deren Leben in ordentlichen Bahnen verläuft,
vor Hochmut und Menschenverachtung bewahrt bleiben,
dass die, die mit neuen Lebensformen experimentieren,
Mut, Phantasie und Ausdauer haben,
dass die, die mit ihrem Leben zu scheitern drohen,
nicht in Resignation und Verzweiflung enden,
für die Kranken und die Einsamen,
für die Alten und die Sterbenden,
für uns alle, dass wir Liebe finden und Liebe geben können.
Lasset uns zum Herrn rufen: Herr, erbarme dich.

Nimm dich unser gnädig an,
rette und erhalte uns.
Denn dir allein gebührt
der Ruhm und die Ehre und die Anbetung,
dem Vater und dem Sohn und dem Heiligen Geist,
jetzt und immerdar und von Ewigkeit zu Ewigkeit.
Amen.

12. Sonntag nach Trinitatis: Erfolgreiche Arbeit

Herr, allmächtiger Gott, barmherziger Vater.
Alles, was wir Menschen tun,
wird vergehen und schließlich vergessen werden.
Unsere Arbeit lebt von deinem Segen.
Und selbst wenn wir ohne Beschäftigung sind,
können wir durch deine Kraft und mit deiner Liebe
anderen helfen.
Sei du mit uns,
dass wir im Beruf, in der Familie und in der Freizeit
das verwirklichen,
wozu du uns bestimmt hast.
Lass uns erfolgreich und glücklich leben
und dir vertrauen in allem,
was du uns zumutest und was du uns schenkst.
Durch unseren Herrn Jesus Christus, deinen Sohn,
der mit dir und dem Heiligen Geist
lebt und regiert von Ewigkeit zu Ewigkeit.
Amen.

Alle Mitarbeiter/innen im Dienst an der Gemeinde gehen einer letzten Prüfung entgegen. Das Vergängliche wird verbrennen. Für das, was Bestand hat, werden sie Lohn empfangen. Schlimmstenfalls werden sie auf der Basis des Christusglaubens »wie durch Feuer hindurch« gerettet werden (1. Korinther 3,9–15). Dass schon der Weg in diesen Dienst nicht einfach ist, kann man am Beispiel des Paulus lernen. Die Berufung zum Apostelamt hat ihn durch eine tiefe Krise hindurchgeführt. Drei Tage lang ist er blind und ohne Nahrung geblieben (Apostelgeschichte 9,1–9). Erfahrungen des Scheiterns und Sterbens gehören unvermeidlich zum christlichen Leben.

Nur auf diesem Hintergrund ist auch die positive Kehrseite zu verstehen. Die biblischen Wunderberichte wollen eine lebenswichtige Einsicht vermitteln: Es gibt neues Leben im alten. Das kann man schon bei Jesaja finden, der eine große Wandlung für die Welt und die Menschen ankündigt (Jesaja 29,17–27). Das bezeugen ebenso die Heilungen Jesu an einem Taubstummen (Markus 7,31–37) und einem Blinden (Markus 8,22–26). Und das vermitteln auch die Gefolgsleute Jesu, z. B. Petrus, der einen Gelähmten, der jahrelang am Tempeleingang gesessen hat, zum aufrechten Gang befreit (Apostelgeschichte 3,1–11). Auffällig in diesen Texten ist die Kombination in der Methodik. Hand und Mund, bis in die Verwendung des Speichels hinein, wirken zusammen, wenn sich neue Lebensmöglichkeiten erschließen. Mitarbeiter/innen im Gemeindedienst schaffen etwas Bleibendes, wenn sie im Spannungsfeld zwischen zwei Polen wirken. Das Bekenntnis behauptet: »einen anderen Grund kann niemand legen als den, der gelegt ist; das ist Jesus Christus« (1. Korinther 3,11). In der Erfahrung erweist sich: »Jesus ist Sieger!« (J. Chr. Blumhardt). Verkündigung ohne Behandlung kann zur reinen Kopfarbeit verkommen. Heil ohne Heilung verbreitet oft nur gute Ideen. Der Retter allein sorgt für erfolgreiche, Leib und Seele erfassende Arbeit.

Dass so viel geschieht, darf man nicht planen. Aber man muss damit rechnen. Viele Predigten verstellen die Wirkung der biblischen Texte schon dadurch, dass sie allzu lange reflektieren, was sich in der modernen Welt verändert hat und was dadurch eigentlich unmöglich geworden ist. Jesus ist Sieger! Das verlangt keine Kritik an Erkenntnissen der Natur-, Bio- und Psychowissenschaften. Sondern ermutigt zur Wahrnehmung gegenwärtiger Wirkungseffekte der Kraft Gottes. Menschen werden sehend, wenn ein einziger Satz ihnen die Einsicht in ihr verfehltes Leben eröffnet. Sie können auf einmal hören, was sie sich vorher nie haben sagen lassen. Ein Licht geht ihnen auf, und sie geraten in eine neue Lebensbewegung. Erst auf dem Sterbebett fängt mancher an zu begreifen, dass ewiges Leben auch auf ihn wartet. Moderne Wissenschaften, aber auch antike Wunderberichte taugen nicht als Leitbilder der Verkündigungsarbeit. Die Aufgabe kann immer nur sein, die Lebenskraft alter Geschichten auch in einer aufgeklärten Welt so zur Sprache zu bringen, dass Unerwartetes, Unverhofftes und Unbeschreibliches, Unfassbares und Unerklärliches in und zwischen Menschen passiert. Was viele in ihren zwischenmenschlichen Liebesgeschichten erleben, wartet auch in der Liebe Gottes auf sie.

Herr, ewiger und allmächtiger Gott.
Wir danken dir,
dass du uns berufen hast
aus Finsternis und Verblendung
in dein helles Licht,
aus der Drohung des Todes
in die Hoffnung auf dein ewiges Leben.
Mit allen Christen auf dieser Erde,
mit allen Menschen,
mit allen Geschöpfen
preisen wir deinen herrlichen Namen.

Weil wir zu deiner Gemeinde gehören,
zur Schar der Erwählten,
gedenken wir aller Brüder und Schwestern
in ihrer Not.
Für die Kranken und Sterbenden
bitten wir dich.
Für die Hungernden und Verzweifelten.
Für die Unterdrückten in Afrika.

Für die Slumbewohner in Mexiko.
Für die Verstrahlten in der Umgebung von Kiew.
Für die Armen und Arbeitslosen bei uns.
Hilf du,
wo Menschen nicht mehr helfen können.
Und mach Menschen bereit,
alles Menschenmögliche zu tun.

Weil wir zu deiner Gemeinde gehören,
die laut schreien soll und demütig bitten,
rufen wir dich an für alle,
die Macht haben in dieser Welt.
Für die Regierungen und Parlamente.
Für die Männer und Frauen,
die als Richter und Ärzte,
die in der Wissenschaft und in der Wirtschaft tätig sind.
Dass sie dem Recht dienen und dem Unrecht wehren,
dass sie die Wahrheit sagen und die Würde aller respektieren,
dass sie für das Leben arbeiten und nicht für den Tod.
Deine Macht, Herr ist unsere einzige Hoffnung
gegen alle Bosheit und Gier und Verblendung,
die unter uns Menschen herrscht.

Weil wir zu deiner Gemeinde gehören,
zur Schar derer,
die überall deinen Namen bekennt,
bitten wir dich für alle,
die in deiner Kirche Dienst tun.
Lass sie freimütig reden,
tatkräftig handeln,
lass sie ohne Angst vor Leid und Verfolgung
deinen Auftrag erfüllen.
Mach unsre zweifelnden und verstockten Herzen gewiss,
dass wir unsere Bestimmung erkennen
und leben zu deiner Ehre.

Du, Herr, erhörst das Bitten derer,
die zu dir schreien.
Du beendest das Leiden,
das Menschen einander bereiten.
Du schaffst Frieden und Recht,
weil du deine Menschenkinder liebst.

Dich, den Vater und den Sohn und den Heiligen Geist,
den ewigen und allmächtigen Gott,
dich loben und preisen wir,
geschaffen aus deiner unendlichen Freiheit,
erhalten durch deine unendliche Gnade,
in Ewigkeit bewahrt durch deine unendliche Macht.
Amen.

13. Sonntag nach Trinitatis: Liebesleben

Herr, ewiger Gott, gütiger Vater.
Du bist die Liebe.
Alle Menschen leben aus deiner Liebe,
und alle wissen wir auch, dass Liebe zu unserem Leben gehört.
Befreie uns von Selbstsucht und Hartherzigkeit.
Erfülle mit deinem Großmut und deiner Großzügigkeit
auch unsere Herzen.
Lass uns, was wir von dir empfangen,
mit anderen teilen und an andere verschenken.
Durch unseren Herrn Jesus Christus, deinen Sohn,
der mit dir und dem Heiligen Geist
lebt und regiert von Ewigkeit zu Ewigkeit.
Amen.

Durch jene Liebe, die mehr ist als ein Trieb und mehr auch als ein Gefühl, sondern jene göttliche Kraft, die der Geist wirkt, »bleibt Gott in uns« und »wir in ihm« (1. Johannes 4,7–12). Schon in den ersten Gemeinden benötigte diese Liebe auch eine organisierte Struktur. Um Konflikte zwischen den ehemals jüdischen und heidnischen Gemeindegliedern auszugleichen, wurden in Jerusalem sieben Armenpfleger berufen und in ihr diakonisches Amt feierlich eingeführt (Apostelgeschichte 6,1–7). Von Anfang an ist auch klar, dass tätige Nächstenliebe nicht nur von denen geübt wird, die zielstrebig zum Gottesdienst eilen. Anders als ein Priester und ein Levit sorgt ausgerechnet ein verfemter Samaritaner für das Opfer am Straßenrand (Lukas 10,25–37). So sind die Almosen, die man im Verborgenen geben soll (Matthäus 6,1–4), auch ein zentraler Bestandteil der muslimischen Ethik. Mit Jesus verbindet nicht die Blutsverwandtschaft oder eine Gesinnungsgemeinschaft, sondern: »Wer den Willen Gottes tut, der ist mein Bruder und meine Schwester und meine Mutter« (Markus 3,31–35). Im Extremfall gilt solche dem Willen Gottes entsprechende Nächstenliebe auch dem Brudermörder, sofern sie ihn trotz seiner Untat am Leben lässt (1. Mose 4,1–16a).

Es gibt eine lange Tradition im modernen Protestantismus, die gerade in der Nächstenliebe das spezifisch Christliche sieht. Als Abgrenzungsfront kommt bis heute ein Sozialdarwinismus, der den Lebenskampf im Nationalsozialismus zur politischen Ideologie bzw. im Kapitalismus zur ökonomischen Praxis gemacht hat, in Frage. Aber eine bloße Konfrontation zwischen säkularer Weltanschauung und christlichem Glauben hat gefährliche Folgen. Einmal wird dabei übersehen, dass es für die neue Verhaltensforschung auch Muster der Art- bzw. Generhaltung gibt. Und die Ethnologie verweist darauf, dass es in anderen Kulturen zwar kein explizites Gebot zur Feindesliebe, aber das Institut des Gastrechtes gibt, das den unbedingten Schutz des aufgenommenen Fremden verlangt. Schon in der Schöpfung gibt es instinktive und soziale Regeln, die zur wechselseitigen Fürsorge, ja manchmal sogar zur Hingabe des eigenen Lebens anleiten.

Fast noch wichtiger ist aber ein zweiter Aspekt. Wer Diakonie zu einem spezifisch christlichen Unternehmen erklärt, der gewinnt dann vielleicht ein, wenn auch illusionäres, spezifisch christliches Profil. Aber entlässt dabei, wenn auch unbeabsichtigt, andere aus ihrer humanen Verantwortung. Was in der Geschichte der Kirche beispielhaft in der Armenpflege und in der Krankenbetreuung praktiziert worden ist, das konnte gesamtgesellschaftlich wirksam werden, weil es der Menschlichkeit des Menschen entspricht. Die Spuren der Liebe Gottes sind überall in der Schöpfung und erst recht in der Humanität zu finden. Bei Aktionen wie dem Kirchenasyl oder der Tafel für Obdachlose und Arme machen selbstverständlich auch Menschen mit, die man nie im Gottesdienst sieht bzw. die zu keiner Kirchengemeinde gehören. Evangelische Krankenhäuser, die beispielhaft wirken wollen, werden in ihrer Arbeit nicht ein christliches, sondern ein humanes Profil präsentieren.

Herr, ewiger und allmächtiger Gott.
Wir danken dir,
dass wir mit allen Geschöpfen
in deiner Welt leben dürfen.
Wir leben als Mann oder als Frau.
Das trennt uns voneinander.
Das treibt uns zueinander.
Das macht uns Angst,
und das macht uns Lust.
Trotz aller Schwierigkeiten,
die wir in unserer Lebensgeschichte erfahren,
trotz aller gesellschaftlichen Probleme:
wir danken dir,
dass wir so sind, wie wir sind,
Mann oder Frau.
Und wir danken dir dafür,
dass es auch die anderen gibt.
Von dir geschaffen.
Von dir gerufen.
Für dein Reich bestimmt.

Wir bitten dich heute besonders für alle,
die als Mann und Frau miteinander leben.
Für die, die aufeinander zugehen.
Für die, die an ihren Alltagsproblemen leiden.
Für die, die in einer Krise sind.

Auch für die, die sich trennen müssen.
Dass Männer und Frauen Bindung
nicht als Abhängigkeit erleben.
Dass sie Treue nicht als Verlust erfahren.
Dass sie einander geben und
voneinander nehmen können.
Dass sie herausfinden aus dem Kreislauf
wechselseitiger Vorwürfe.
Dass sie nach Abschied und Tod
einander in guter Erinnerung behalten.

Wir bitten dich für die Jugendlichen,
die zu entdecken beginnen, was es heißt,
Mann oder Frau zu sein.
Wir bitten dich für alle,
die an ihrer Einsamkeit leiden,
für Trauernde, Verlassene, Verzweifelte.
Wir bitten für die,
die in unserer Gesellschaft verachtet werden.
Wir bitten dich für alle,
die Gewalt leiden:
für die geschlagenen Frauen und Kinder,
für alle, die ihren Kummer betäuben müssen
mit Alkohol und anderen Drogen.
Hilf ihnen allen und steh denen bei,
die ihnen zu helfen versuchen.

Deine Liebe, Herr,
gibt uns Kraft,
auch die zu lieben,
die nicht gut, nicht jung, nicht schön sind.
Sie führt uns zu Armen, Verwahrlosten, Obdachlosen.
Sie hilft uns, zu vergeben
und an unseren Feinden nicht Rache zu üben.
Sie fördert in Kirche und Welt
alle Werke der Diakonie.

Gib uns Geduld,
dass wir am Leid des Lebens nicht verzweifeln.
Gib uns Vertrauen und Offenheit,
dass wir das Glück des Lebens nicht versäumen.
Gib uns Mut und Tatkraft,
dass wir um die Erhaltung des Lebens kämpfen.

Weil du alles geschaffen hast,
loben wir dich.
Weil du für alle gestorben bist,
danken wir dir.
Weil du alles versöhnen willst,
warten wir auf dich.

Mit allen Geschöpfen Himmels und der Erde
preisen wir deinen Namen,
den Vater und den Sohn und den Heiligen Geist,
jetzt und immerdar und von Ewigkeit zu Ewigkeit.
Amen.

14. Sonntag nach Trinitatis: Dankbarkeit

Herr, heiliger Gott, gütiger Vater.
Du hast uns ins Leben gerufen.
Du hast uns bis hierher durchs Leben geführt.
Du wirst auch in Zukunft für uns sorgen.
Dafür danken wir dir.
Wir danken für die guten Stunden,
die wir erleben durften.
Wir danken aber auch für die schwierigen Augenblicke,
in denen du uns begleitet und bewahrt hast.
Lass deine Güte und Treue
auch heute unsere Herzen erfüllen,
durch Jesus Christus, deinen Sohn, unseren Herrn,
der mit dir und dem Heiligen Geist
lebt und regiert von Ewigkeit zu Ewigkeit.
Amen.

Nachdem er selbst zum Glauben geführt worden ist, beschreibt Paulus im 1. Thessalonicherbrief drei Lebensbewegungen in seinem neuen Dasein, die dem Willen Gottes entsprechen. Im Inneren herrscht allzeit Freude, Gott gegenüber hört das Gebet gar nicht auf, in allen Situationen und gegenüber allen Erfahrungen herrscht die Dankbarkeit (5,14–24). Die Dynamik des Geistes wirkt deshalb so umfassend, weil Freude, Vertrauen, Gotteskontakt durch die Erlaubnis ausgelöst worden sind, den allmächtigen, heiligen, ewigen Gott »Vater« nennen zu dürfen (Römer 8,14–17). Erwachsene, mündige, in vieler Hinsicht sogar autonome Menschen dürfen das und mehr als das Gott gegenüber erleben, was sie in den guten und weniger guten Tagen der Kindheit erfahren haben.

Die Dankbarkeit des Glaubens wird durch einzelne Situationen ausgelöst und konkretisiert sich in einzelnen Handlungen. Dass man auf positive Veränderungen im eigenen Leben ganz unterschiedlich reagieren kann, zeigen die beiden Perikopen über die Heilung von Aussätzigen. In der einen Geschichte dankt nur einer von zehn Geheilten für die neue Lebensmöglichkeit, und das ausgerechnet ein Außenseiter, ein Samaritaner (Lukas 17,11–19). In der anderen Perikope übertritt der Geheilte sogar das Schweigegebot, mit dem Jesus ihn entlässt, so dass der neue Heiler viel Zulauf bekommt (Markus 1,40–45). Wer durch Gottes Kraft neues Leben gewonnen hat, will andere auf diese Kraftquelle aufmerksam machen, so wie man auch heute noch kranken Freunden oder Bekannten einen guten Arzt weiterempfiehlt. Das gilt nicht nur von heilkräftigen Personen, sondern auch von heiligen Orten. Als Jakob unterwegs in einem Traum eine Leiter gesehen hat, die mit ihrer Spitze den Himmel berührt und einen Blick in die himmlische Welt ermöglicht, ahnt er, dass auf dem Stein, auf dem er gelegen hat, dereinst ein Gotteshaus stehen wird (1. Mose 28,10–19a).

Dankbarkeit ist ein Gefühl, das Menschen vitalisiert und miteinander, aber auch mit Gott verbindet. Ausgelöst wird dieses Gefühl durch eine Gabe, die man unerwartet und unverdient erhalten hat. Auf dem Warenmarkt erwischt man manchmal ein günstiges Sonderangebot, das einen dann in gute Stimmung versetzt. Aber ein Konsument kann nicht dankbar sein, weil er auch für die günstigste Ware mit seinem »guten Geld« bezahlt. Eine unwahrscheinliche Heilung verlangt mehr als die schnelle Bezahlung der Arztrechnung. Und dass man aus finanziellen, familiären oder weltanschaulichen Irrwegen herausgeholt wird, lässt sich auf keine andere Weise, lässt sich nur durch umfassende Dankbarkeit angemessen beantworten. Was Paulus nach seiner Bekehrung mit einfachen Worten beschreibt, kann man in zwischenmenschlichen Kontakten am ehesten zu Beginn einer neuen Liebesgeschichte erleben: andauernde Freude, unaufhörliche Gespräche, unbegrenzte Dankbarkeit für das neue Glück.

Herr, ewiger und allmächtiger Gott.
Deine Lebenskraft hat alles geschaffen, was ist.
Deine Treue hat Tod und Sünde besiegt.
Deine Liebe hat auch uns ins Leben gerufen.
Dafür danken wir dir.

Weil du ein herrlicher, ein lebendiger Gott bist,
bitten wir dich für alle Menschen
im Lauf ihres Lebens,
in den Geschichten ihrer Liebe.
Lass Kinder in Geborgenheit aufwachsen.
Lass Jugendliche ein sinnvolles Leben finden.
Lass Männer und Frauen einander Glück und Erfüllung schenken.
Segne, die sich finden.
Befriede, die sich streiten.
Begleite, die sich trennen.
Dein Friede, Herr, ist höher als unsere Vernunft.
Deine Liebe, Herr, ist tiefer als unsere Leidenschaft.
Deine Klarheit, Herr, erhellt unser Leben.

Weil du ein herrlicher, ein lebendiger Gott bist,
bitten wir dich für alle,
die weinen und schreien und verstummen.
Für Kranke und Sterbende.
Für Verzweifelte und Einsame.
Für Gefolterte. Für Flüchtlinge.
Für alle, die unter den Schrecken des Krieges leiden.

Schenke Geduld. Schaffe Hilfe.
Aber auch für die bitten wir dich,
die Glück haben und sich freuen können.
Dass sie dankbar bleiben und nicht hochmütig werden.
Dass sie das Elend um sich herum nicht vergessen.
Dein Erbarmen, Herr, ist ohne Ende.
Deine Gnade, Herr, ist jeden Morgen neu.
Deine Kraft, Herr, trägt uns durch unser Leben.

Weil du ein herrlicher, ein lebendiger Gott bist,
bitten wir dich für alle,
die ohne Besitz und Einkommen leben.
Für Arme und Arbeitslose.
Für Obdachlose und Hungernde.
Für Einwanderer und Asylbewerber.
Für Menschen am Rande des Existenzminimums.
Wir bitten dich für alle,
die Geld haben und reich sind
an Besitz, Macht und Wissen.
Die in Wirtschaft und Politik,
in Justiz, Verwaltung und Wissenschaft Verantwortung tragen.
Wehre aller Gier, die auf Kosten anderer lebt.
Wecke Bereitschaft zum Teilen.
Sorge für Recht und Gerechtigkeit.
Deine Macht, Herr, kann Arme reich und Reiche arm machen.
Schenke uns allen ein menschliches Herz.

Nimm dich unser gnädig an.
Rette und erhalte uns.
Denn dir allein gebührt
der Ruhm und die Ehre und die Anbetung,
dem Vater und dem Sohn und dem Heiligen Geist,
jetzt und immerdar und von Ewigkeit zu Ewigkeit.
Amen.

15. Sonntag nach Trinitatis: Entsorgung

Herr, ewiger und allmächtiger Gott.
Wir dürfen zu dir kommen mit allem,
was unser Leben beschwert.
Manchmal haben wir Angst,
dass unser Leben bald zu Ende geht.
Oft machen wir uns Sorgen
in unseren Beziehungen, in unserer Familie,
in unserem Beruf.
Nimm von uns alle Last,
die auf uns liegt.
Mach unsere Seele frei
durch das Vertrauen zu dir.
Mach unsere Herzen froh,
schenke Hoffnung auf deine Hilfe.
Darum bitten wir dich
durch unseren Herrn Jesus Christus, deinen Sohn,
der mit dir und dem Heiligen Geist
lebt und regiert von Ewigkeit zu Ewigkeit.
Amen.

An diesem Sonntag geht es um die Befreiung von einer affektiven Macht, die Menschen quer durch alle Altersgruppen und sozialen Schichten immer wieder belastet. »Alle eure Sorge werft auf ihn; denn er sorgt für euch«, lautet die elementare Empfehlung. Sorgen kann man loswerden nicht nur bei Menschen, die für einen sorgen, und nicht nur bei Institutionen, wie den Versicherungen, die bei der Vorsorge helfen. Man kann sie wegwerfen wie eine schwere Last auf den, der nicht nur die Bereitschaft zur Hilfe, sondern auch die Macht dazu hat (1. Petrus 5,5–11). Der Text spricht auch an, worauf die Sorge in unserer Seele sich gründet. Sie lebt von dem Hochmut, dass unser Leben von unserem Willen bestimmt wird und nach unseren Wünschen verläuft. Frei von dieser Macht wird nur, wer sich in Demut alles im Leben schenken lässt. Beispiele für eine solche Haltung liefern die Vögel unter dem Himmel und die Lilien auf dem Feld (Matthäus 6,25–34). Dass die Trennung von Besitz und Familie eine Verlustrechnung mit sich bringt, trifft für Jesus nicht zu; denn was man um des Reiches Gottes willen aufgegeben hat, wird man in Zeit und Ewigkeit wieder empfangen (Lukas 18,28–30).

Das schließt, nicht nur unter den Glaubensgenossen, die Bereitschaft zur wechselseitigen Entlastung ein. Man kann abgeben, was man hat, wenn andere nicht nur annehmen, was sie empfangen, sondern auch weiter- und wiedergeben. Dieses »Gesetz Christi« bringt keine neue Belastung mit sich, sondern will durch wechselseitigen Gabentausch für Befreiung sorgen (Galater 5,25f.; 6,1–3.7–10). Die Grundlage für ein solches freies und friedliches Leben hat Gott mit der Erschaffung des ersten Menschen gelegt, indem er im Garten Eden einem Erdklumpen göttliche Lebenskraft eingehaucht hat (1. Mose 2,4b–15). Was im mythischen Ursprung verwurzelt ist, das verhüllt und verrät die esoterische Einladung: »Wenn ihr Glauben habt nur so groß wie ein Senfkorn, dann könntet ihr zu diesem Maulbeerbaum sagen: Reiß dich aus und verpflanze dich ins Meer! – und er würde euch gehorchen« (Lukas 17,5f.). Natürlich geht es hier nicht um ein mirakulöses Zauberkunststück, sondern um jenen sicher auch gefährlichen End-Schluss, der einen aus allen bisherigen Bindungen herausreißt und ins unendliche Meer der Liebe versetzt.

Nicht Angst, sondern Sorge ist die Macht, die gegenwärtig die Zeitgenossen am meisten gefangen hält. Angst erfüllt Menschen dem nahen oder fernen, auf jeden Fall möglichen Tod gegenüber. Sorge ergreift sie, wenn der Lebensunterhalt nicht mehr gesichert ist und Lebensmittel in jeder Hinsicht knapp zu werden beginnen. Das Sterben kann man bestehen in der Erwartung, dass ewiges Leben beginnt. Sich keine Sorgen zu machen, ist deswegen so schwer, weil das Leben ja weitergeht. Befreiung stellt sich letztlich nur ein, wenn man in der Seele und in der Praxis eine Verbindung zwischen dem Erlöser und dem Schöpfer herzustellen vermag. Aus der Hoffnung auf ewiges Leben wächst Vertrauen in irdisches Leben. Und dieses Vertrauen konkretisiert sich in der Fähigkeit, sich zur Not auch aus allen bisherigen Bindungen herauszureißen und auch im Mangel mit anderen zu teilen, ohne die Angst unterzugehen.

Herr, ewiger und allmächtiger Gott.
Du bist in diese Welt gekommen,
um deine Schöpfung zu retten.
Du bist in unser Leben getreten
und hast uns bis hierher auf guten Wegen geführt.
Du hast unser Herz angerührt
und hast auch in dunklen Stunden uns weitergeholfen.
Für all das
sagen wir dir Lob und Dank.

Weil du ein tatkräftiger und hilfreicher Gott bin,
bitten wir dich:
Komm in alle Häuser dieser Welt.
Komm in die Krankenhäuser und Asylantenheime,
in die Gefängniszellen und Folterkammern,
in die Flüchtlingslager und die Elendsquartiere.
Komm an die Sterbebetten,
in die Sozialstationen.
Komm zu denen, die nichts haben,
kein Dach über dem Kopf,

kein Brot für ihren Bauch,
keinen Menschen, der sie liebt.
Vertreibe das Leid. Fördere das Leben.
Erbarme dich.

Du bist ein machtvoller und gerechter Gott.
Komm in alle Häuser der Welt.
Komm in die Zentralen der Banken und der Konzerne.
In die Parlamente und Regierungsgebäude.
In die Büros und in die Fabrikhallen.
In die Verwaltungen und in die Gerichte.
In die Zeitungsredaktionen und Senderäume.
Komm in die Institute und Hörsäle.
In die Sprechzimmer, in die Prüfungsräume.
Komm in die Wohnungen,
in denen wir leben und arbeiten,
lieben und leiden.
Schenke Frieden. Schaffe Recht.
Vertreibe die Mächte des Bösen.
Erbarme dich.

Du bist unser Gott, barmherzig und gnädig,
tatkräftig und hilfreich.
Komm in alle Häuser dieser Welt.
Komm in die Kirchen überall auf der Erde,
in die großen Kathedralen
und in die verborgenen Hinterzimmer,
in denen dein Lob laut wird.
Erhöre, die zu dir rufen.
Erleichtere alle, die vor dir klagen.
Zeige dich denen, die dich suchen.
Segne die Arbeit derer,
die dein Wort verkündigen
und deine Kirche zu leiten haben.
Gib Weisheit, Geduld und Mut.
Erbarme dich.

Nimm dich unser gnädig an,
rette und erhalte uns.
Wenn wir leiden, besuche uns.
Wenn wir Angst und Sorgen haben,
erleuchte uns.
Wenn wir stolz und hochmütig werden,

befreie uns von unserem Wahn.
Denn dir allein gebührt
der Ruhm und die Ehre und die Anbetung,
dem Vater und dem Sohn und dem Heiligen Geist,
jetzt und immerdar und von Ewigkeit zu Ewigkeit.
Amen.

16. Sonntag nach Trinitatis: Sterbetraining

Herr, heiliger Gott, gütiger Vater.
Wir Menschen sind sterblich.
Du lebst von Ewigkeit zu Ewigkeit.
Du lebst,
auch wenn wir dich für tot erklären
oder dich gar zum Teufel schicken wollen.
Es ist gut, dass du da bist.
Deine Geduld erträgt unsere Zweifel.
Deine Treue begleitet unsere Irrwege.
Erfülle uns mit Zuversicht durch dein Wort.
Schenke uns Kraft mit deinem Geist.
Darum bitten wir dich,
durch unseren Herrn Jesus Christus, deinen Sohn,
der mit dir und dem Heiligen Geist
lebt und regiert von Ewigkeit zu Ewigkeit.
Amen.

Im Glauben lernt man lebenslang, sich auf die Realität des eigenen Sterbens einzustellen. Das Ende wird kommen – aber das Leben wird weitergehen. Drastisch zeigt sich das am Stadttor von Nain. Ein einziger Sohn ist tot, eine verwitwete Mutter weint, Jesus spricht ein Machtwort, und der Tote steht auf (Lukas 7,11–16). Dass in einem solchen Bericht mehr als eine historische Tatsache steckt, die für uns Todgeweihte bloß ein antikes Mirakel wäre, zeigt sich in der Auferweckung des Lazarus bei Johannes. Das irdische Leben, das ihm noch einmal geschenkt wird, ist nur die Illustration einer umfassenderen Verheißung: »Wer an mich glaubt, der wir leben, selbst wenn er stirbt; und wer lebt und an mich glaubt, der wir niemals sterben« (11,1.3.7–27).

Man kann im Einzelfall wie Petrus aus einer tödlichen Bedrohung gerettet werden (Apostelgeschichte 12,1–11). Aber seitdem der Erlöser Jesus Christus dem Tod die Macht genommen hat, herrscht »der Geist der Kraft und der Liebe und der Besonnenheit«, den die Christen bei der Taufe empfangen haben (2. Timotheus 1,7–10). Darin eingeschlossen ist die Geduld, die man nur »eine kurze Zeit« benötigt, bis das neue, das wahre Leben beginnt (Hebräer 10,35–39). Alle Erfahrungen des Scheiterns und Sterbens, die zum irdischen Leben gehören, können einsam und schweigsam ertragen werden, indem man »seinen Mund in den Staub steckt« und nach Hoffnung sucht: »Denn der Herr verstößt nicht ewig; sondern er betrübt wohl und erbarmt sich wieder nach seiner großen Güte« (Klagelieder 3,22–26.31f.). Verzweiflung kann einen mundtot machen. Aber in der Einsamkeit findet man manchmal auch Kontakt mit dem »Sprachgesell« (EG 83,6, P. Gerhardt).

Die Bibel kann seelische Abgründe ungeschminkt ansprechen, weil sie entschlossen auf das Geschenk göttlicher Lebenskraft vertraut. In der Gegenwart gibt es auch in der Kirche eine Tendenz, Leiden zu beschwichtigen und zu betäuben, weil man die Hoffnung auf ewiges Leben aufgeklärten Zeitgenossen nicht mehr zuzumuten wagt. Trost wird als Vertröstung diskreditiert. Und in der schlimmsten Sinnlosigkeit muss es doch wenigstens noch ein Stückchen Sinn geben. Die Auferstehungsbotschaft ist darin radikal, dass sie alles Selbstvertrauen entwurzelt, aber beim Zusammenbruch alles Weltvertrauens Gottvertrauen neu aufbaut. Auch wer Sand fressen oder ins Gras beißen muss, ist nicht verloren.

Die Auferstehungshoffnung ist und bleibt unglaubwürdig. Nicht weil sie der empirischen Vernunft widerspricht. Dass wir vergehen und verfaulen werden, kann man bei jeder Beerdigung sehen. Gleichzeitig aber werden die Menschen ihren Wahn nicht los, dass es danach weitergeht, irgendwie. Die Auferstehungshoffnung entspricht unseren Unsterblichkeitswünschen. Das macht sie verdächtig, aber das macht sie für alle auch verständlich. Unser Leben ist durch den Schöpfer mit Lebenswillen begabt. In den Krisen und Katastrophen jedweder Art lernen wir, diesen Lebenswillen, so Gott will, bis zum letzten Atemzug durchzuhalten. Der Glauben an die Auferstehung der Toten zerstört den Wahn, dass wir eine unsterbliche Seele besitzen. Aber er bestätigt ihn indirekt auch – durch die Zuversicht, dass der Gott, der uns aus dem Nichts geschaffen hat, uns auch aus dem Tod erretten wird (Römer 4,17).

Herr, wir danken dir,
dass wir trotz aller Gefahr für Leib und Seele
bisher am Leben geblieben sind.
Aus Schwierigkeiten hat es einen Ausweg gegeben.
Krisen haben wir überstanden.
Andere Menschen haben uns durch Worte und Taten geholfen.
Du hast unser Leben gnädig bewahrt.

Wir bitten dich für alle,
die in diesem Augenblick vor dem Abgrund stehen:
für die Hungernden und die, die gefoltert werden,
für die Kranken und die Sterbenden,
für die Einsamen und die,
die keinen Sinn mehr sehen,
für die, die am Glauben verzweifelt sind,
für die, die Schluss machen wollen mit ihrem Leben,
hilf allen weiter,
sorge dafür,
dass Menschen sich um sie kümmern.

Wir bitten dich für alle,
die in Not und Gefahr Beistand leisten wollen,
für Ärzte, Seelsorger und Sozialarbeiter,
für Politiker und Wissenschaftler,
für alle anderen und auch für uns,
um Mut und Tatkraft,
um Ausdauer und Phantasie,
dass wir füreinander da sind
und einander das Leben erträglich machen.

Deine Liebe ist tiefer als unser Hass.
Deine Macht ist größer als alles Elend.
Dein Erbarmen ist stärker als alle Gefahr.
Du hältst unser Leben.
Du bist das Heil und die Rettung dieser verlorenen Welt.
Dir allein gebührt
der Ruhm und die Ehre und die Anbetung,
dem Vater und dem Sohn und dem Heiligen Geist,
jetzt und immerdar und von Ewigkeit zu Ewigkeit.
Amen.

17. Sonntag nach Trinitatis: Juden und Heiden

Herr der Welt, Schöpfer des Lebens, Retter der Menschheit,
der über allen und durch alle und in allen ist.
Du hast dir ein Volk für alle Völker erwählt.
Du hast dir die Kirche zum Heil aller Menschen berufen.
Herr, wir danken dir,
dass wir zu deiner Gemeinde gehören dürfen.
Und bitten dich,
dass wir die Untaten gegenüber den Juden nicht vergessen
und die Frömmigkeit vieler Muslime nicht verachten.
Stärke unseren Glauben an dich,
schenke uns Toleranz und Respekt gegenüber den anderen,
erfülle uns mit deiner Liebe,
durch unseren Herrn Jesus Christus, deinen Sohn,
der mit dir und dem Heiligen Geist
lebt und regiert von Ewigkeit zu Ewigkeit.
Amen

Dieser Sonntag ist dem Wunder gewidmet, dass die christliche Gemeinde aus Juden und Heiden besteht. Das Wort Gottes zielt auf einen Glauben, der im Herzen wohnt und mit dem Mund bekennt, dass Jesus der Herr ist und Gott ihn von den Toten auferweckt hat (Römer 10,9–17). Schon der Gottesknecht im Alten Testament ist zum Licht für Juden und Heiden berufen gewesen (Jesaja 49,1–6). Und die eine Kirche aus Juden und Heiden hat ihr Fundament in dem einen »Gott und Vater aller, der über allen und durch alle und in allen ist« (Epheser 4,1–6).

Dass diese Beseitigung der Grenze zwischen Juden und Heiden nicht selbstverständlich ist, zeigen die Texte aus den Evangelien, die direkt oder indirekt von erstaunlichen Heilungen berichten. Eine kanaanäische Frau hat vor der Zurückweisung durch Jesus nicht kapituliert, sondern mit ihrer demütigen Zudringlichkeit erreicht, dass ihre Tochter von einem Dämon befreit wird (Matthäus 15,21–28). An der Heilung eines besessenen Jungen zeigt sich die besondere Vollmacht Jesu, die freilich nicht exklusiv zu ihm gehört; »wer glaubt, kann alles«, wenn er die angemessene Methode verwendet (Markus 9,17–29). Nach der Heilung eines blind Geborenen ist umso erstaunlicher, dass einige Pharisäer sehend verblendet bleiben (Johannes 9,35–41).

Dass Gott ein Vater aller ist, »der über allen und durch alle und in allen ist« (Epheser 4,6), nimmt eine Formel auf, die in der Antike verbreitet ist. Und unter dem Vorbehalt, ›wenn es einen Gott wirklich gibt‹, würden auch in der Gegenwart viele dieser Gottheit Transzendenz, Effizienz und Immanenz zuzuschreiben bereit sein. Auch deshalb sollte man diese Aussage nicht, wie es gern geschieht, exklusiv ekklesiologisch verstehen. Für die frühen Christen hat gerade diese Formel die Grundlage für alle missionarische und diakonische Weltoffenheit enthalten. Christen können alle Menschen mit ihrer Botschaft ansprechen, weil für sie »Gottes unsichtbares Wesen, nämlich seine ewige Kraft und Gottheit« an seinen Werken mit ihrer Vernunft erkennbar gewesen ist (Römer 1,19) und weil ihnen in Herz und Gewissen auch das Gesetz Gottes, das sie explizit nicht kennen, offenkundig eingeschrieben bleibt (Römer 2,14ff.). Die Gemeinde aus Juden und Heiden ist erfüllt von Staunen und Siegeszuversicht: Alle Menschen sind mit der Auferstehungsbotschaft ansprechbar.

Das schließt von Anfang an offene Ablehnung und neutrales Desinteresse nicht aus. Die Skepsis, die einzelne Pharisäer äußern, erlebt Paulus auch bei den neugierigen Intellektuellen auf dem Areopag in Athen (Apostelgeschichte 17,32). Auch die Offenheit gegenüber religiösen Themen, die man in der Gegenwart beobachten kann, ist nicht immer mit der Bereitschaft zur Übernahme des christlichen Glaubens verbunden. Auch wenn wunderbare Heilungen heutzutage selten geworden zu sein scheinen – der Glaube lebt aus dem Wunder, dass Gottes Kraft im Evangelium Menschen erfasst und in ihnen etwas zum Leben erweckt, was in jedem seit seiner Geburt auf Erleuchtung wartet. Deshalb haben die Zeugen des Evangeliums auch in der Gegenwart keinen Grund, vor einer Zurückweisung zu kapitulieren bzw. den Glauben als verbilligtes Sonderangebot zu vermarkten. Alle, Juden wie Heiden, warten darauf, die unglaubliche Botschaft glauben zu dürfen.

Herr, ewiger und allmächtiger Gott.
Mit allen Mächten Himmels und der Erde,
mit allen Geschöpfen,
mit allen Menschen, die zu deiner Gemeinde gehören,
mit den Lebenden und mit den Toten
danken wir dir,
dass du bist,
der ewige und freie und gerechte Herr
allen Lebens.
Du hast uns beim Namen gerufen,
deshalb sind auch wir.
Du hast uns gerettet aus Schuld und Tod,
deshalb dürfen auch wir deinen Namen preisen.

Weil Jesus Christus, dein ewiger Sohn,
der einzige König ist,
dem alle Macht und alle Ehre gebührt,
rufen wir dich an:
für die sterblichen und versuchlichen Menschen,
die Verantwortung tragen
in Wirtschaft und Wissenschaft,

in den Regierungen und Parlamenten;
dass sie Frieden und Gerechtigkeit suchen
und die Armen und Hungernden nicht vergessen,
für die Gefolterten in aller Welt
und für die Entführten,
für alle, die Unrecht leiden und Ohnmacht erfahren.
Weise die Herrschenden in ihre Schranken.
Wehre denen, die Böses planen.
Reiße Menschen aus Machthunger und Habgier.
Gib gutes Gelingen denen,
die einen neuen Anfang machen wollen,
mit sich selber,
in ihren Beziehungen,
in Institutionen und Staaten.

Weil Jesus Christus, dein ewiger Sohn,
der einzige Priester ist,
der sich selber geopfert hat
für alle Schuld der Welt,
bitten wir dich
für deine Kirche in aller Welt,
dass sie deine Wahrheit bekennt,
dass sie deinen Willen verkündigt,
dass sie dir treu bleibt
auch in den Augenblicken der Versuchung und der Gefahr.
Wir bitten dich, Herr,
für die Menschen in den anderen Religionen,
dass wir nicht hochmütig bleiben
und deine verborgenen Wege
in der Geschichte des Lebens erkennen.
Wir bitten dich für dein Volk Israel,
dass es Frieden findet mit seinen Nachbarn
und zum Segen für alle Völker der Erde wird.

Herr, wunderbar sind deine Werke,
die wir zu zerstören drohen.
Herr, wunderbar sind die Wege,
die du mit uns törichten Menschen
bisher gegangen bist.

Herr, wunderbar ist
dein ewiges und herrliches Wesen,
in einer Freiheit, die voller Gnade ist,

mit einer Gnade, die voller Macht ist.
Nimm dich unser gnädig an,
rette und erhalte uns
und alles, was dir gehört.
Dir allein gebührt
der Ruhm und die Ehre und die Anbetung,
dem Vater und dem Sohn und dem Heiligen Geist,
jetzt und immerdar und von Ewigkeit zu Ewigkeit.
Amen.

18. Sonntag nach Trinitatis: Gebote

Herr, ewiger und allmächtiger Gott.
Wir danken dir,
dass du uns geschaffen hast
und dass du bei uns bleibst,
obwohl wir manchmal sehr unvernünftig
und auch sehr bösartig sind.
Wir danken dir dafür,
dass du die Gebote gegeben hast,
damit wir unser Leben
in Gottesfurcht und Menschenliebe führen können.
Schenke uns die Freiheit deines Geistes,
dass wir das tun, was du willst,
und die Kraft deiner Liebe,
dass wir das tun, was andere brauchen.
Durch deinen Sohn Jesus Christus, unseren Herrn,
der mit dir und dem Heiligen Geist
lebt und regiert von Ewigkeit zu Ewigkeit.
Amen.

Die christliche Gemeinde aus Juden und Heiden hat den Dekalog aus dem Alten Testament mit Selbstverständlichkeit übernommen. Bis heute hat er seinen festen Platz in der Perikopenordnung (2. Mose 20,1–17) wie im Katechismusunterricht. Seine Vorgaben werden freilich nicht kasuistisch ausdifferenziert in eine Vielzahl negativer und positiver Handlungsanweisungen, sondern auf eine personale Grundeinstellung konzentriert. Wer die Gottesliebe wie die Nächstenliebe beherzigt, ist vom Reich Gottes erfasst (Markus 12,28–34). Die Einzelgebote kann man, wie der junge Reiche, durchaus erfüllen; der konkreten Situation des Rufs in die Nachfolge kann man dennoch nicht gewachsen sein (Markus 10,17–27). Aus diesem »Gesetz der Freiheit« folgt für frühchristliche Gemeinden eine gewisse Skepsis gegenüber den Reichen und die Warnung vor ihrer Bevorzugung (Jakobus 2,1–13). An die Stelle von Speiseregeln, die auf der Unterscheidung von rein und unrein basieren, sollen die Energien des göttlichen Geistes, »Gerechtigkeit und Friede und Freude«, in der Gemeinde wirken (Römer 14,17–19). Und eine Lebensführung, die von Weisheit bestimmt ist, wird Entgrenzung nicht vom Weinrausch und anderen Drogen erwarten, sondern sich geistlich abfüllen lassen und das Lob Gottes anstimmen (Epheser 5,15–21).

Es trifft zu, was man in vielen Variationen bei Philosophen und Theologen lesen kann: Mit dem Christentum beginnt ein neues Verständnis der Gebote, von Ethik und Moral überhaupt. Nicht mehr das äußere Handeln, sondern die innere Haltung entscheidet über die Qualität menschlichen Verhaltens. »Glaube und tu, was du willst« – Luthers radikale Parole lässt alles kirchliche und politische Gerede von »christlichen Werten und Normen« alt erscheinen. Diese Parole wird freilich missverstanden und im Extremfall auch missbraucht, wenn man sie zur Begründung menschlicher Autonomie heranzuziehen versucht. Der »Glaube, der durch Liebe wirkt« (Galater 5,6), liefert keine Begründung für Selbstsucht und Eigennutz, sondern realisiert sich in der Fremdbestimmung durch den Geist Gottes. Er lässt sich nicht von kasuistischen Regeln, aber auch nicht von utopischen Zielen leiten, sondern lebt den Gottesdienst im Alltag der Welt durch den Einsatz des Leibes, also nicht durch fromme Sprüche und grandiose Ideen (Römer 12,1).

Alle vorgeschlagenen Texte verlangen von der Predigt einen Balanceakt. Das gilt im Blick auf die Perikopen selbst. Die Gebote sind und bleiben gültig, aber bedürfen einer Auslegung als »Gesetz des Geistes«. Aber auch die zu vermutende Polarität in der Hörerschaft will beachtet werden. Konservative wie liberale Einstellungen wollen respektiert, aber auch ebenso behutsam wie eindeutig erweitert werden. Deshalb ist die Auswahl der aktuellen Beispiele gerade bei diesen Texten so wichtig. Das Fundamentale, das zu bewahren ist, besteht nicht in den Normen des Gesetzes, sondern in der Freiheit des Evangeliums. Und das Liberale, das zu unterstützen ist, führt nicht in die subjektive Beliebigkeit, sondern lebt aus dem Einfluss des Geistes, der ein heilvolles Verständnis des Wortes schenkt.

Herr, ewiger und allmächtiger Gott.
Wir danken dir für das Licht aus der Höhe.
Dein herrliches Evangelium befreit Menschen
aus aller Abhängigkeit.
Dein Heiliger Geist treibt Männer und Frauen
zum Zeugnis des Glaubens.
Dein ewiges Reich bewegt uns
auf unserem Weg durch das Leben,
auf unserer Wanderschaft zu dir.

Weil du ein Gott der Freiheit bist,
der sich der Armen erbarmt und die Niedrigen rettet,
bitten wir dich für alle,
die im Elend leben,
die ohne Arbeit, ohne Obdach, ohne Heimat ihr Leben fristen,
für die Hungernden und die Frierenden,
für die Kinder ohne Eltern,
für die Alten ohne Familie,
für alle, die ausgebeutet werden,
damit wir in Wohlstand leben.
Herr, erbarme dich.

Weil du ein Gott der Freiheit bist,
der sich der Schwachen erbarmt und die Ratlosen zur Umkehr ruft,
bitten wir dich für alle,
die in Glück und Reichtum leben.
Lass uns dankbar empfangen,
selbstverständlich teilen,
großzügig weitergeben.
Sei mit denen, die hier und überall
Menschen zu helfen versuchen.
Stärke ihre Kraft.
Ermutige sie in Enttäuschungen.
Segne ihren Einsatz.

Weil du ein Gott der Freiheit bist,
der Menschen aus der Macht der Sünde herausreißt,
bitten wir dich für alle,
die auf bösem und gottlosem Weg sind,
die ihre Seele verkauft haben,
die andere Menschen für eigene Zwecke missbrauchen,
die die Schöpfung vergiften,
die Kriege anzetteln und Menschen foltern.
Reiße sie aus aller Verblendung,
erfülle sie mit Angst vor deinem Gericht,
erweiche ihr steinernes Herz.

Weil du ein Gott der Freiheit bist,
dessen Wort klar und dessen Wahrheit eindeutig ist,
bitten wir dich für die Kirche in aller Welt,
dass sie Menschenfurcht und Zukunftsangst überwindet,
dass sie auf eigene Gesetze verzichtet
und deinem Evangelium dient,
dass sie dem Ruf in die Buße nicht ausweicht,
dass sie sich öffnet für alle,
die dich suchen,
die Halt brauchen,
deren Leben neu werden soll.

Du, Herr, ewiger und allmächtiger Gott,
hast uns aus dem Nichts ins Leben gerufen.
Du, Herr, ewiger und allmächtiger Gott,
nimmst alle Schuld und Angst von uns weg
und füllst uns mit deiner Kraft.
Du, Herr, ewiger und allmächtiger Gott,

führst uns durch Glück und Leid,
durch Kreuz und Tod in dein Reich.
Dir, dem einzigen Gott,
dir, dessen Macht gewaltig und dessen Gnade unermesslich ist,
dir, dem Vater und dem Sohn und dem Heiligen Geist,
sei Ruhm und Ehre, Preis und Anbetung,
jetzt und immerdar und von Ewigkeit zu Ewigkeit.
Amen.

19. Sonntag nach Trinitatis: Das heilende Leitbild

Herr, ewiger und allmächtiger Gott.
Du willst, dass allen Menschen geholfen wird.
Das gilt auch und besonders für Kranke.
In deiner Schöpfung gibt es viele Möglichkeiten,
ihnen beizustehen:
durch gute Worte,
durch wirksame Medikamente und schwierige Operationen,
durch heilvolle Begegnungen.
Herr, wir bitten dich,
hilf uns, so können wir leben.
Reinige uns von dem, was uns krank macht,
gib uns deine Kraft,
um unser eigenes Leid und das Leid anderer Menschen zu tragen.
Durch unseren Herrn Jesus Christus, deinen Sohn,
der mit dir und dem Heiligen Geist
lebt und regiert von Ewigkeit zu Ewigkeit.
Amen.

In einer Zeit, in der immer neue Idealbilder für Pfarrer/innen entworfen werden, ist an das einzige Leitbild zu erinnern, das das christliche Leben segensreich bestimmen will: »Zieht den neuen Menschen an, der nach dem Bild Gottes geschaffen ist in wahrer Gerechtigkeit und Heiligkeit« (Epheser 4,22–32). Wie ein solches Leben aussehen kann, zeigt sich schon in den ersten Tagen des öffentlichen Auftretens Jesu: vollmächtige Auslegung der Heiligen Schrift, Austreibung der bösen Geister, obwohl diese ihn sofort als den »Heiligen Gottes« erkennen, aber auch Rückzug »an einen einsamen Ort, um dort zu beten« (Markus 1,21–29). Vergebung im Namen Gottes und Heilung in göttlicher Kraft gehören für das Markusevangelium von Anfang an zusammen (Markus 2,1–12). Die Vollmacht Jesu wird nicht zuletzt darin fassbar und kritisierbar, dass er auch am Sabbat zu heilen wagt und damit gegen das mosaische Gesetz verstößt (Johannes 5,1–16). Offensichtlich hat mit dem Auftreten Jesu jener neue, wunderbare Bund begonnen, der dem Mose nach der Katastrophe der Bildverehrung in Gestalt des goldenen Stiers angekündigt war (2. Mose 34,4–10). Gerade im Umgang mit Kranken werden nun jene Methoden wirksam, durch deren Einsatz sich die Kraft Gottes leiblich konkretisiert: die Salbung, die Vergebung, das intensive Gebet (Jakobus 5,13–18).

Bilder sind wichtige, aber auch gefährliche Motivationsfaktoren. Sie können anregen, weil sie verdeckte Fähigkeiten in uns mobilisieren. Aber sie können auch niederdrücken und lähmen, weil wir uns ihnen gegenüber ohnmächtig oder schuldig fühlen. Viele der Leitbilder, die gegenwärtig die kirchliche Landschaft heimsuchen, leiden an diesem

Doppelcharakter. Auf den ersten Blick scheinen sie attraktiv; denn sie beziehen sich auf gesellschaftliche Entwicklungen und Bedürfnisse, die überall beobachtet und befriedigt werden. Aber bei der Durchführung zeigt sich dann oft, dass das Interesse an modernen Angeboten gerade in der Religion sehr schnell abflaut.

Das gilt aus anderen Gründen auch von einem Stichwort, das in den Texten dieses Sonntags immer wieder erscheint. Heilung ist »in«. Nicht zuletzt deswegen, weil die Schulmedizin zu teuer wird und sich in vielen Fällen als nur sehr begrenzt wirksam erweist. Deshalb haben Heiler/innen verständlicherweise großen Zulauf, auch wenn sich darunter, wie überall, manchmal auch Scharlatane befinden. Schwierig wird es oft für jene Christ/innen, die vom Charisma der Krankenheilung ergriffen werden. In den Kirchengemeinden werden sie mit Misstrauen angeschaut. Und wandern dann oft in sog. »esoterische« Gruppen aus, in denen Möglichkeiten alternativer Medizin in zahlreichen Varianten praktiziert werden.

Der christliche Glaube ist nüchtern und offen, kritisch und kreativ. Aus einem Charisma darf kein Leitbild werden. Aber gleichzeitig muss man auch heute mit ungeahnten Wirkungen der Schöpfungs- und Auferstehungskraft Gottes rechnen. Wie wohltuend schon ein einfacher Händedruck sein kann, erleben wir dauernd. Dass Jesus seine Fähigkeit zur Heilung bei der Schwiegermutter des Petrus durch einen Handgriff vollzogen, vielleicht sogar, wie Exegeten meinen, entdeckt hat (Markus 1,29ff.), kann uns dazu anhalten, auch den positiven Einfluss zwischenmenschlicher Alltagsbegegnungen ernst zu nehmen. Wir bitten um Entschuldigung. Wir wünschen alles Gute. Und wir versprechen, dass wir an den anderen in seiner schwierigen Lage denken werden. All das, was Menschen im Alltag miteinander teilen, vollzieht der Glaube ausdrücklich oder unausgesprochen unter Anrufung des heiligen und heilvollen Namens Gottes. Auf diesem Feld ist für Christ/innen noch viel (wieder) zu entdecken.

Herr, ewiger und allmächtiger Gott,
unendliche, unerschöpfliche Liebe,
aus der alles Leben kommt,
die alles Leben umgibt,
zu der alles Leben zurückkehrt:
Wir danken dir.
Wir sind da.
Wir atmen.
Wir loben deine herrliche Macht.
Wir freuen uns deiner wunderbaren Schöpfung.
Wir nehmen unser Leben in guten und schlechten Tagen
dankbar aus deiner Hand.

Ewiger Gott, machtvolle Liebe,
gedenke deiner Geschöpfe,
unserer Brüder und Schwestern,

die leiden:
die vom Krieg heimgesucht sind,
die vom Hunger gequält werden,
die Armut und Krankheit erdulden,
die einsam sind,
die sterben müssen.
Beweise deine Macht,
schenke Zeichen deines Erbarmens.

Ewiger Gott, machtvolle Liebe,
gedenke deiner Geschöpfe,
unserer Brüder und Schwestern,
die leiden:
Menschen werden ermordet.
Frauen vergewaltigt.
Kinder geschlagen.
Tiere ausgerottet.
Meere vergiftet.
Rette die Opfer.
Befreie die Täter von ihrem Wahnsinn.
Beweise deine Macht,
schenke Zeichen deines Erbarmens.

Ewiger Gott, machtvolle Liebe,
gedenke deiner Geschöpfe,
unserer Brüder und Schwestern,
die leiden:
Wehre allem Kleinglauben in der Kirche.
Segne alle Werke der Fürsorge und der Lebenshilfe,
fördere alles,
was in Wirtschaft und Politik,
in Forschung und Lehre, in Justiz und Verwaltung,
in Schule und Familie
dem Wohl der Menschen dient.
Sorge für Klarheit in den Beziehungen,
für Treue und Vertrauen,
für Freiheit und Vergebung.
Wehre dem Bösen überall in der Welt.
Schaffe Gerechtigkeit unter den Völkern.
Schenke Freiheit und Frieden und Lebensglück.

In deiner Liebe, Herr, sind wir zu Hause.
In deiner Schöpfung, Herr, folgen wir unserer Berufung.

In deinem Reich, Herr,
werden wir endgültig zu dir gehören.
Wir preisen die herrlichen Werke,
die du geschaffen hast.
Wir staunen über die verschlungenen Wege,
die du mit uns gehst.
Wir danken für das unergründliche Geheimnis,
mit dem du unser Leben erfüllst.
Lob und Ehre, Preis und Anbetung
sei deinem einzigen, unaussprechlichen Namen,
dem Vater und dem Sohn und dem Heiligen Geist,
jetzt und immerdar und von Ewigkeit zu Ewigkeit.
Amen.

20. Sonntag nach Trinitatis: Heiligung

Heiliger Gott, unendliche Macht, barmherziger Vater.
Wir leben in der Welt, die du geschaffen hast.
In unserem Alltag leben wir weltlich
und vergessen oft, wem wir alles verdanken.
Befreie uns von den Mächten, die uns beherrschen,
von politischen Ideologien und persönlichen Begierden.
Erleuchte uns durch dein heiliges Wort.
Erfülle uns mit deinem Heiligen Geist.
Darum bitten wir dich
durch Jesus Christus, deinen Sohn, unseren Bruder,
der mit dir und dem Heiligen Geist
lebt und regiert von Ewigkeit zu Ewigkeit.
Amen.

Wenn der heilige Gott das Leitbild abgibt, dann steht eindeutig fest: »Das ist der Wille Gottes, eure Heiligung.« Diese Heiligung will den Alltag bestimmen. Wer in persönlichen wie in geschäftlichen Beziehungen andere missachtet, der missachtet auch Gott (1. Thessalonicher 4,1–8). Dass eine solche Aufgabe nicht einfach ist, ist schon in der Urgeschichte festgeschrieben. Die Schöpfung bleibt nicht wegen, sondern trotz des Menschen erhalten; »denn das Dichten und Trachten des menschlichen Herzens ist böse von Jugend auf« (1. Mose 8,18–22). Der Prozess der Heiligung, der diese Bösartigkeit zu überwinden vermag, kann deshalb nur unter besonderen Bedingungen gelingen.

Gesetze können die destruktiven Tendenzen menschlicher Triebhaftigkeit einigermaßen eindämmen. Letztlich sind sie aber eine Notlösung, weil sie das menschliche Herz nicht zu ändern vermögen. Der Neue Bund, den Gott in Christus geschlossen hat, ist »nicht vom Buchstaben, sondern vom Geist bestimmt ... Denn der Buchstabe tötet, aber der Geist macht lebendig« (2. Korinther 3,3–9). Weil dieser Geist frei macht, kann Jesus ein so zentrales Gebot wie das der Sabbatheiligung relativieren: »Der Sabbat ist um des Menschen willen geschaffen und nicht der Mensch um des Sabbats willen« (Markus 2,23–28). Deshalb kann man auch von der Bibel her aus Gründen der Humanität der Auflösung der Sonntagsruhe widersprechen. Diese Freiheit im Umgang mit dem Gesetz zeigt sich aber nicht nur im Verhältnis zum Alten Testament. Sie lässt sich auch innerhalb des Neuen Testaments beobachten. Auf der einen Seite wird bei Markus der überlieferten Möglichkeit zur Ehescheidung uneingeschränkt widersprochen: »Was Gott zusammengefügt hat, soll der Mensch nicht scheiden« (Markus 10,2–9). Aber schon im Matthäusevangelium, und ausgerechnet in der sonst so strengen Bergpredigt, wird dieses Verbot mit Blick auf vollzogenen Ehebruch schon wieder relativiert (5,31).

Heiligung ist kein gesetzliches Unternehmen. Selbstverständlich respektieren Christ/innen staatliche Ordnungen und moralische Regeln, bürgerliche Anstandsgedanken und Höflichkeitsmuster. Bürokratie und Moral werden sie, im Blick auf Gegenden ohne staatliche Ordnung und ethische Orientierung, nicht grundsätzlich kritisieren. Aber sofern sie um die Bosheit des Herzens bei sich selbst und bei anderen wissen, bleiben sie vom Wahn, sie könnten auf diesem Wege gute, gütige Menschen werden, bewahrt. Mit dem Streben, sein zu wollen »wie Gott«, hat ja die Unheilsgeschichte begonnen. Heiligung gelingt nur unter dem Einfluss der Kraft des Heiligen Geistes. Und dann kann, wie die Geschichte zeigt, in evangelischer Seelsorge auch die Erlaubnis zur Doppelehe oder zum Tyrannenmord möglich sein.

Die Freiheit gegenüber dem Buchstaben des Gesetzes ist jedoch niemals eine Einladung zur selbstherrlichen Übertretung der geltenden Regeln. Sie zielt in jedem Einzelfall darauf ab, den lebenserhaltenden Sinn lebensgestaltender Strukturen zur Geltung zu bringen. Wer sich dabei auf den einzig wirklich Heiligen einzulassen beginnt, wird in heilsame Distanz zu allem geraten, was er bisher vielleicht für heilig gehalten hat: »Darum sollen auch die, die Frauen haben, sein, als hätten sie keine; und die, die weinen, als weinten sie nicht; und die sich freuen, als freuten sie sich nicht; und die kaufen, als könnten sie es nicht behalten; und die die Güter dieser Welt gebrauchen, als brauchten sie sie nicht« (1. Korinther 7,29–31). Auch Partner/innen, Gefühle und Besitztümer sind vorletzte Größen, die einen zu überwältigen drohen. Wer eigenen wie fremden Machttendenzen entgehen will, muss sich der Obhut jener Macht unterstellen, die wirklich Allmacht ist.

Ehre, Lob und Dank sei dir,
ewiger und allmächtiger Gott.
Die Himmel rühmen deine Herrlichkeit.
Die Erde ist erfüllt von deinen Gesetzen,
in der Natur, in der Geschichte, in unserem persönlichen Dasein.
Zwischen Himmel und Erde leben wir,
im Wechsel von Tag und Nacht,
vom ersten Schrei bis zum letzten Atemzug.
Ehre sei dir, o Gott.

Diese Welt, Herr, hat ihre Ordnung durch deine Gesetze.
Deine Gerechtigkeit schafft das Recht unter Menschen.
Deine Wahrheit lässt uns mit Vernunft und durch Wissenschaft
die Wirklichkeiten des Lebens erkennen.
Deine Liebe führt uns und andere Geschöpfe im Begehren zusammen
und sorgt dafür, dass das Leben auf diesem Planeten weitergeht.
Geborgenheit, Freude und Glück kann uns erfüllen.

In deiner Welt, Herr, wirken auch andere Mächte.
Unrecht und Zwietracht, Gewalt und Hass gefährden den Frieden.
Lügen, Ideologien, Visionen und Utopien
verfälschen die Wahrheit und versprechen,
was sie nicht halten können.
Begierde nach Macht und Besitz, Vergewaltigung an Leib und Seele
zerstören Vertrauen und Fürsorge zwischen Menschen.

Herr, wir leben in deiner Welt und brauchen dazu deine Kraft.
Weil du selbst heilig bist, willst du,
dass auch wir heilig leben.
Nicht hochmütig, so dass wir auf andere herabsehen.
Auch nicht verklemmt, so dass wir Lebenslust verdammen.
Und auch nicht ängstlich, so dass wir alles Unbekannte vermeiden.
Dein Heiliger Geist erfülle uns und führe uns in ein Leben
voller Freiheit, voller Freude, voller Frieden.

Herzlich bitten wir dich:
für alle, die Unrecht leiden;
für die, die von falschen Heilsversprechen verblendet sind;
für die, die von ihren Süchten und Begierden getrieben werden;
für die, die von Angst und von Hochmut besessen sind;
für die, die alles haben wollen und nichts mehr glauben;
für die, die reichlich satt sind und doch immer mehr Hunger haben;
für die, die guten Willen haben,
aber immer wieder von ihrer Schwäche überwältigt werden.
Herr, erbarme dich unser.
Herr, hilf uns
und hilf, dass wir auch anderen helfen.

Heilig bist du, ewiger und allmächtiger Gott.
In deinem Namen haben wir alles Heil.
In deiner Macht finden wir alle Heilung.
So können wir leben,
in deiner Welt, nach deinen Ordnungen, mit deiner Begleitung.
Dir allein gebührt
Dank und Lob, Ehre und Anbetung,
dem Vater und dem Sohn und dem Heiligen Geist
jetzt und immerdar und von Ewigkeit zu Ewigkeit.
Amen.

21. Sonntag nach Trinitatis: Kampfhandlungen

Herr, ewiger und allmächtiger Gott.
Wir kommen zu dir aus einer Welt,
die voller Konflikte ist.
Nationen und Religionen, Rassen und Klassen kämpfen gegeneinander.
In unseren Familien gibt es oft genug Streit.
Und auch in unseren Herzen ist viel Hass.
Herr, lass uns dein Wort des Friedens hören
und durch deinen Geist die Kraft der Liebe erfahren.
Mach uns frei von aller Selbstgerechtigkeit.
Mach uns fähig zur Vergebung.
Lass uns dankbar werden für alles,
was du uns schenkst.
Durch unseren Herrn Jesus Christus, deinen Sohn,
der mit dir und dem Heiligen Geist
lebt und regiert von Ewigkeit zu Ewigkeit.
Amen.

Das Leben im Glauben verläuft nicht friedlich und gemütlich; vielmehr ist man dauernd in Kampfhandlungen verwickelt. »Ihr sollt nicht meinen, ich sei gekommen, Frieden auf die Erde zu bringen. Ich bin nicht gekommen, Frieden zu bringen, sondern das Schwert« (Matthäus 10,34–39). Die Waffenrüstung, die in der Kraft Gottes zur Auseinandersetzung mit dem Bösen befähigt, weist defensive (Schild, Panzer, Helm) wie offensive (Schwert) Instrumente auf (Epheser 6,10–17).

Die Konflikte, in denen diese Waffen zum Einsatz kommen, weisen freilich eine Eigentümlichkeit auf. Sie dienen nicht der Vergeltung, sondern wollen bei der Feindesliebe angewandt werden (Matthäus 5,38–48). Sie zielen auch nicht auf politische Befreiung, sondern wollen auch im feindlichen Ausland, auch in der Gefangenschaft »der Stadt Bestes« befördern (Jeremia 29,1.4–7.10–14). Sie sprengen selbst die Familienbande, weil zur Nachfolge immer auch Trennungsprozesse gehören (Matthäus 10,34–39). Die Kampfhandlungen des Glaubens sind in einer Liebe begründet, die nicht von emotionalen und sexuellen Regungen bestimmt ist, sondern von Freundschaft: »Niemand hat größere Liebe als die, dass er sein Leben lässt für seine Freunde« (Johannes 15,9–17). Diese Solidarität will nicht, wie in Kirchen noch immer zu lesen ist, für Volk und Vaterland eingesetzt werden, sondern gilt unter den Mit-Gliedern jener Gemeinschaft, die als Leib Christi durch die Kraft des Geistes gebildet wird.

Dass auch der christliche Glaube zu kämpfen hat, ist in der Gegenwart schwer zu vermitteln. Der allgemeine Lebenskampf in Natur und Geschichte hat monströse Vernichtungsmöglichkeiten entwickelt. Die Arsenale von Waffen- und Biotechnik, ökonomische Globalisierung und ökologische Ausbeutung bieten ein Netzwerk von aggressiven Potenzen, die man nur als lebensgefährdend bezeichnen kann. Auf diesem militanten Terrain soll nun auch der Glaube noch mitmischen? Hat er nicht vielmehr von Liebe und Frieden zu reden? Das ist wohl richtig. Aber gerade deswegen muss er sich auch auf das Kämpfen verstehen. Den Frieden Gottes darf man nicht mit gesellschaftlicher Friedlichkeit verwechseln. Und die Liebe kapituliert nicht vor der Macht, sondern setzt sich für Gerechtigkeit ein.

Der Kampf des Glaubens weist einen wichtigen Unterschied auf. Er richtet sich nicht zuerst gegen andere, sondern beginnt in und mit der eigenen Person. Er beginnt damit, »die listigen Anschläge des Bösen« bei sich selbst wahrzunehmen (Epheser 6,10–17). Was Vergebung bedeutet, ahnt nur, wer seine eigenen Rachegelüste nicht einfach verdrängt. Nur wer Familiendifferenzen ungeschminkt wahrnimmt, beginnt zu verstehen, dass affektive Distanz heilsam sein kann. Und wenn man sich manchmal in seiner sozialen Umgebung einsam oder gar gefangen fühlt, hat man die Chance, gerade in einem solchen Raum durch die Beziehung zu Gott Freiheit zu lernen.

Nur in solchen Auseinandersetzungen mit eigenen Gefühlen, Wünschen und Träumen kommt man dazu, auch anderen gegenüber das »Schwert des Geistes« zu ziehen und Worte zu finden, die sie aus ihrer Selbstverstrickung herausreißen können. Auch dieses Schwert zielt, wie im staatlichen Handeln, auf Tötung. Aber es tötet den alten Menschen, damit man im Leib Christi unter dem Einfluss des Geistes ein neues Leben beginnt. »Als unser Herr und Meister Jesus Christus sagte: ›Tut Buße‹, wollte er, dass das ganze Leben der Gläubigen Buße sei.« Mit dieser These M. Luthers beginnt die Geschichte der Reformation. Mit der Anrufung der göttlichen Gnade und der göttlichen Macht, etwa mit Hilfe von Luthers Morgensegen (EG 815), beginnt das neue Leben an jedem Tag.

Herr, ewiger und allmächtiger Gott.
Wir danken dir
für die Wahrheit und die Klarheit deines Wortes.
Weil du die Welt geschaffen hast,
dürfen wir die Erde nicht zerstören.
Weil deine Gnade über unser Leben entscheidet,
müssen wir einander nicht bekämpfen.
Weil dein Geist uns mit Liebe erfüllt,
können wir einander vergeben.

Du, Herr, bist ein Gott des Friedens.
Begrenze und beende die Konflikte, die auch heute
zwischen Nationen und Religionen, Rassen und Klassen toben.
Stärke die Hungernden und die Ausgebeuteten.
Begleite die Flüchtlinge und die Obdachlosen.
Hilf den Einwanderern und Asylbewerbern in unserem Land.

Ermutige die Verfolgten und die Verzweifelten.
Sorge für Arme und Arbeitslose.
Beschütze die Kinder, die im Elend und die im Reichtum leben.

Du, Herr, bist ein Gott voller Macht.
Beseitige und besiege das Böse in deiner Welt.
Reiße Hass und Habgier, Hochmut und Selbstherrlichkeit
aus unseren Herzen.
Wehre allem, was deine Schöpfung zerstört
und das Leben auf dieser Erde gefährdet.
Sorge für einen gerechten Ausgleich zwischen Armen und Reichen.
Mach uns bereit, für deine Wahrheit einzutreten
und das Lebensrecht anderer zu verteidigen.

Du, Herr, bist ein Gott der Gemeinschaft.
Du lebst in der Einheit deines dreieinigen Seins,
als Vater, Sohn und Heiliger Geist.
Gib, dass auch wir aus deiner Kraft gut miteinander auskommen.
In den Familien, in Schulen und in Betrieben, auch in der Politik.
Lass deine Gemeinde lebendig werden
und offen sein für alle Menschen,
für die Frommen und die Zweifelnden,
für die Armen und für die Reichen,
für die Einheimischen und die Fremden.
Gib, dass wir klar miteinander reden,
geduldig einander aushalten,
fröhlich miteinander feiern.

Nimm dich unser gnädig an.
Rette und bewahre uns.
Denn dir allein gebührt,
der Ruhm und die Ehre und die Anbetung,
dem Vater und dem Sohn und dem Heiligen Geist,
jetzt und immerdar und von Ewigkeit zu Ewigkeit.
Amen.

22. Sonntag nach Trinitatis: Abrechnung

Herr, ewiger und allmächtiger Gott.
Du hast uns ins Leben gerufen.
Du hast uns bisher durch unser Leben begleitet.
Du wirst am Ende über unser Leben dein Urteil sprechen.
Herr, du weißt,
dass wir Schuld auf uns laden
und schuldig werden.
Wir wissen, was gut ist,
und tun oft dennoch das Böse.
Deshalb bitten wir dich:
Lass uns durch dein tröstliches Wort
den rechten Weg finden.
Vergib uns jetzt und in der Stunde unseres Todes
unsere Schuld
durch unseren Herrn Jesus Christus, deinen Sohn,
der mit dir und dem Heiligen Geist
lebt und regiert von Ewigkeit zu Ewigkeit.
Amen.

Menschen ziehen gelegentlich mitten im Leben, oft auch am Ende eine Bilanz. Die entscheidende Abrechnung aber steht uns allen noch bevor. Die Vergebung erfahren haben, werden im Gericht Gottes danach bemessen, ob sie ihrerseits auch anderen vergeben haben (Matthäus 18,21–35). Niemand kann sich dann mit dem Hinweis auf seine Unwissenheit entschuldigen; denn »Es ist dir gesagt, Mensch, was gut ist und was der Herr von dir fordert, nämlich Gottes Wort halten und Liebe üben und demütig sein vor deinem Gott« (Micha 6,6–8). Für Paulus gerät man durch diese Forderung in einen elementaren Widerspruch. »Das Wollen habe ich wohl, aber das Gute vollbringen kann ich nicht.« Einen Ausweg bietet nur der notvolle Hilfeschrei und der dann folgende Dank: »Ich elender Mensch! Wer wird mich erlösen aus diesem todverfallenen Leib? Dank sei Gott durch Jesus Christus, unseren Herrn« (Römer 7,14–25a). Die Existenz zwischen der Forderung des Gesetzes und der Erlösung durch das Evangelium konkretisiert sich andauernd in der fundamentalen Orientierung des eigenen Lebens. Entweder folgt man den Werbungen der Welt, oder man vertraut auf den Willen Gottes: »Die Welt vergeht mit ihrem Reiz, wer aber den Willen Gottes tut, der bleibt in Ewigkeit« (1. Johannes 2,12–17). Wohl dem, der mit Paulus auf eine Gemeinde, »die mit dem Evangelium verbunden ist«, voller Zuversicht und Dankbarkeit blicken kann (Philipper 1,3–11).

Abrechnungen der verschiedensten Art bestimmen unser Leben im Alltag. Ein Wort gibt das andere, ein Vorwurf folgt auf den anderen. Und was wir nicht direkt zu sagen wagen, das erfüllt uns mit nachtragenden Gedanken. Abrechnungen erfolgen ganz selbstverständlich und neutral im Zusammenhang mit Geschäften, aber stehen geladen mit Emotionen auch am Ende einer Beziehung. Meistens werden sie von den Schulden bestimmt, die andere bei uns hinterlassen haben. Seltener denken die Betroffenen in einer Krise dankbar an das, was sie vom anderen Gutes erhalten haben. Dankbarkeit für wechselseitiges Empfangen übersteigt jedes Rechnungsgeschäft.

Manchmal kann ich mich einer Forderung nicht entziehen. Ich mache Schulden. Oder ich werde schuldig. Das gilt im Geschäftsverkehr, im privaten wie im öffentlichen Leben. In der Gegenwart benötigen viele, die in die Schuldenfalle geraten, Beistand bei ihrem Entschuldungsversuch. Wenn ich auf der Straße jemanden aus Versehen anremple, kann ich mich selbst einfach entschuldigen, und dann ist es gut. Aber es gibt Situationen, in denen ich so billig nicht davonkommen werde. Ich muss um Entschuldigung bitten und bin darauf angewiesen, dass der/die andere mir verzeiht oder vergibt. Für jede ernsthafte Schuld muss ich bezahlen, mit einem Eingeständnis und einer Bitte. Aus dieser Schuldenfalle komme ich letztlich allein nicht mehr heraus. Ich muss einsehen, dass ich auf andere, dass ich auch auf Gott angewiesen bin.

Auch Ausreden gelten am Ende nicht mehr. Ein irdischer Richter wird heutzutage zu verstehen versuchen, warum Menschen sich auf eine Untat eingelassen haben, wie sehr ihre Erziehung sie für diese Tat programmiert und was sie im Augenblick der Tat dazu getrieben hat. Deshalb ist eine einfache Abrechnung immer schwierig. Die Motivlage und die Willensfreiheit eines Menschen bleiben in vielen Fällen undurchsichtig. Vor dem göttlichen Gericht gilt um Christi willen ein anderes Entschuldungsverfahren. Du bist schuldig und kannst dich zu deiner Schuld bekennen, weil gerade dein Schuldbekenntnis der erste Schritt auf dem Weg zur Vergebung ist. Der Freispruch Gottes erfolgt nicht wegen erwiesener oder zu vermutender Unschuld, sondern trotz offenkundiger Schuld.

Herr, ewiger und allmächtiger Gott.
Aus der Tiefe dieser Erde rufen wir zu dir.
In den Dunkelheiten des Lebens hast du uns erleuchtet.
In der Armut des Glaubens hast du uns gestärkt.
Dank sei dir und deiner Barmherzigkeit.
Ehre sei dir und deiner Macht.
Wir beten dich an
im Geheimnis deiner Herrlichkeit.

Weil wir dich in dieser Allmacht und Unendlichkeit
Vater nennen dürfen,
bitten wir in Demut und Vertrauen
für die, die dich suchen:
führe sie auf allen Irrwegen ihres Lebens
den Weg zu dir;

lass sie durch alle Irrtümer hindurch
deine Wahrheit erkennen
und mit allen ihren guten und bösen Taten
deinen Willen tun.

Weil wir dich in deiner Allmacht und Unendlichkeit
Vater nennen dürfen,
bitten wir in Demut und Vertrauen
für die, die anderen Mächten dienen:
die voller Hass und Gier
Menschen unterdrücken und die Schöpfung zerstören,
die voller Grausamkeit
Kinder quälen und Frauen schänden,
die voller Sucht
ihr Leben mit Drogen gefährden,
die in Hochmut und Verblendung
ihr Wissen verkaufen und das Recht beugen,
die voller Wahn für Religion und Rasse und Volk
Menschen opfern.
Du, Herr, hast die Macht über alle Mächte,
du, Herr, kannst Menschen befreien.

Weil wir dich in deiner Allmacht und Unendlichkeit
Vater nennen dürfen,
bitten wir dich in Demut und Vertrauen
für alle, deren Leben leer ist:
die keine Arbeit finden,
die keine Kraft mehr haben,
die keinen Sinn mehr sehen,
die einsam sind,
die hungern müssen und heimatlos sind,
die ausgestoßen und abgewiesen werden.
Du, Herr, bist die Fülle des Lebens.
Du, Herr, führst alle zu dir.

Mit unserem Herzen, Herr,
bitten wir dich für die Menschen,
die dich heute finden:
stärke sie mit deiner Kraft,
erleuchte sie mit deiner Klarheit,
mache sie reich mit deiner Liebe.

Mit unserem Herzen, Herr,
danken wir dir
für das Geschenk des Lebens,
für die Gewissheit des Glaubens,
für die Hoffnung auf dein Reich.

Mit unseren Lippen, Herr,
rühmen wir deinen ewigen Namen,
preisen wir deine herrlichen Werke,
rufen wir dich in deiner Heiligkeit an:
Unser Vater –.
Amen.

23. Sonntag nach Trinitatis: Staatsbürgerschaften

Herr, ewiger und allmächtiger Gott.
Dein Wille regiert die Welt.
Dein Reich wartet auf uns.
Deine Macht herrscht über alle irdischen Mächte.
Herr, segne alle,
die in unserem Land Regierungsverantwortung tragen.
Lass uns über sie nicht nur klagen,
sondern mach uns bereit,
selbst in der Gesellschaft und in der Kirche mitzuarbeiten,
geleitet durch dein Wort,
gestärkt mit deinem Geist,
durch unseren Herrn Jesus Christus, deinen Sohn,
der mit dir und dem Heiligen Geist
lebt und regiert von Ewigkeit zu Ewigkeit.
Amen.

Christ/innen leben mit einer doppelten Staatsbürgerschaft. Sie gehören schon zum Reich Gottes: »Unsere Heimat (besser: unsere politische Welt) ist im Himmel« (Philipper 3,17–21). Gleichzeitig aber sind sie immer auch in irdische Machtverhältnisse eingebunden: »Denn es gibt keine staatliche Gewalt, die nicht von Gott kommt« (Römer 13,1–7). Deshalb ist es für Paulus wie für Jesus selbstverständlich, dass auch die Bürger/innen des göttlichen Reichs ihre irdischen Steuerpflichten erfüllen. »Gebt dem Kaiser, was dem Kaiser gehört, und Gott, was Gott gehört!« (Matthäus 22,15–22). Das gilt, auch wenn der Hass der Bevölkerung zur Verfolgung der Glaubenden führt. »Wenn euch die Welt hasst, so müsst ihr wissen, dass sie mich vor euch gehasst hat« (Johannes 15,18–21). Die Reaktion der Glaubenden kann nicht in Verteufelung und Vernichtungswünschen bestehen, sondern in einer inständigen Fürbitte, die um Schonung der Gottlosen mit Hinweis auf die Gerechten fleht (1. Mose 18,20–33).

Wie schwierig das Leben in dieser doppelten Staatsbürgerschaft zu gestalten ist, zeigt sich exemplarisch im Konflikt zwischen Anpassung und Profilverlust. Die Jünger Jesu sollen nicht nur keinen Meineid, sondern überhaupt nicht schwören. »Eure Rede sei: Ja, ja; nein, nein« (Matthäus 5,33–37). Diese eindeutige Anweisung zu sprachlicher Klarheit und Wahrheit hat sich im Laufe der Kirchengeschichte nicht durchhalten lassen. Durch die konstantinische Wende wurden Beamten- und Fahneneid auf den christlichen Kaiser selbstverständlich. Und die Reformatoren mussten sich auch an diesem Punkt von der schwärmerischen Ablehnung jeder staatlichen Obrigkeit distanzieren. So wurde die Eidesleistung zu den Dingen gezählt, die der Kaiser fordert und die man ihm gegenüber um des Glaubens und der Liebe willen zu leisten hat.

Die Strukturierung des sozialen Lebens gehört zur Grundausstattung der guten göttlichen Schöpfung. Man findet sie in den Verhaltensmustern von Tierpopulationen und erst recht in den Regeln und Gesetzen menschlicher Gemeinschaft. Wie sehr rechtliches, wirtschaftliches, bürokratisches Chaos das Zusammenleben erschwert, ja gefährdet, kann man jeden Tag den Informationen über Länder entnehmen, in denen sich ethnische, religiöse und/oder politische Gruppierungen gesetzlos und erbarmungslos bekämpfen. Dass der Umgang mit dem Schwert nicht umkämpft, sondern einigermaßen geregelt und von den meisten anerkannt abläuft, ist die elementare Voraussetzung für sozialen Frieden.

In dieser traditionellen Bejahung politischer Verhältnisse durch die christliche Kirche hat sich freilich eine Entwicklung eingeschlichen, in der die Eigenständigkeit der himmlischen Staatsbürgerschaft verloren zu gehen droht. Wenn es keine politische Verfolgung der Glaubenden gibt, fangen die Probleme der christlichen Lebensgestaltung erst ernsthaft an. Gesellschaftliche Unterdrückung und atheistische Propaganda machen die Abgrenzung einfach, weil sie an vielen Punkten zu klaren Entscheidungen zwingen. »Ich als Christ sehe das so«, konnte man früher in der DDR hören. In der alten BRD ist ein solcher Satz nie gefallen, und auch in den neuen Bundesländern ist er weithin verschwunden. Wer als Christ in einer weltanschaulich neutralen und religiös pluralistischen Umwelt lebt, gerät in Verlegenheit, seinem Leben ein spezifisches Profil zu verleihen. Gesellschaftliche Freiheit kann zur unreflektierten Anpassung an weltliche Freiheitsfaktoren führen, zur Verehrung des Gottes Mammon z. B., und damit zum Verlust jenes Freiheitshorizonts, den das Reich Gottes bereitstellt. Sie kann aber auch eine Gegenbewegung provozieren und eine christliche Gesetzlichkeit wecken, die das Leben in Gottes Schöpfung mit rigiden Anweisungen zur regulieren versucht. Den Glauben in dieser doppelten Staatsbürgerschaft konkret wahrzunehmen, verlangt partielle Assimilation, aber keine totale Integration. »Alles ist euer! Ihr aber seid Christi! Christus aber ist Gottes!« (1. Korinther 3,22f.).

Herr, ewiger und allmächtiger Gott.
Wir danken dir,
dass wir im Vertrauen auf deine Macht leben
und in der Hoffnung auf dein Reich sterben dürfen.
Wir danken dir auch dafür,
dass wir in einem Land leben,
in dem menschliche Herrschaft begrenzt
und irdische Gerechtigkeit angestrebt wird.

Weil du Herr bist über Lebende und Tote,
bitten wir dich für alle,
deren Leben bedroht ist:
für Kranke und Sterbende,
für Einsame und Verzweifelte,
für Ausgebeutete und Gefolterte,

für Arme und Arbeitslose,
für alle, die von Kriegen und
Naturkatastrophen heimgesucht werden.
Hilf den Opfern,
unterstütze die Helfer,
schenke Frieden, Brot und Gerechtigkeit.

Weil du Herr bist über Lebende und Tote,
bitten wir dich für alle,
die Macht über andere haben:
dass Politiker dem Gemeinwohl dienen,
dass Reiche von ihrem Überfluss abgeben,
dass im Gericht das Recht nicht gebeugt wird,
dass in der Forschung die Schöpfung bewahrt wird,
dass Lehrer und Lehrerinnen
die Sachen klären und die Menschen stärken.
Wehre dem Bösen.
Begrenze den Hochmut.
Kläre auf über Aberglauben
und falsche Versprechen von Heil.

Weil du Herr bist über Lebende und Tote,
bitten wir dich für deine Gemeinde überall in der Welt,
dass sie dein Kreuz nicht vergisst
und deine Auferstehungskraft nicht für eigene Zwecke missbraucht.
Lass sie deine Botschaft verkündigen
ohne Furcht vor den Mächtigen,
ohne Anbiederung an die Hochmütigen,
an der Seite der Armen und der Verfolgten.
Führe du, Herr, Menschen zur Buße.
Schenke du, Herr, die Kraft des Glaubens.
Weise du, Herr, den Weg der Heiligung.

Herr, wir leben aus deiner Gnade
und werden sterben mit deiner Kraft.
Du führst uns durch die Tiefen des Lebens.
Du schenkst uns Freiheit und Frieden und Glück.
Rette und erhalte uns.
Denn dir allein gebührt
die Ehre und der Ruhm und die Anbetung,
dem Vater und dem Sohn und dem Heiligen Geist,
jetzt und immerdar und von Ewigkeit zu Ewigkeit.
Amen.

Drittletzter Sonntag des Kirchenjahres: In unserer Mitte

Herr, ewiger und allmächtiger Gott,
Vater, Sohn und Heiliger Geist.
Du bist ein Gott,
einig im Geheimnis deines dreifältigen Seins.
Herr, wir sind von vielen Stimmen erfüllt,
getrieben von vielen Wünschen, beherrscht von vielen Geistern.
Komm zu uns in die Mitte deiner Gemeinde.
Kehre ein in die Mitte unserer Herzen,
damit wir Frieden finden für unsere Seele
und Frieden schaffen unter den Menschen
durch unseren Herrn Jesus Christus, deinen Sohn,
der mit dir und dem Heiligen Geist
lebt und regiert von Ewigkeit zu Ewigkeit.
Amen.

Wo ist der Herrschaftsbereich Gottes, in den die Christen gehören? Jesus hat auf diese Frage mit einer bekannten, aber sehr rätselhaften Aussage geantwortet. »Man kann nicht sagen: Siehe, hier ist es! oder: Da ist es! Denn siehe, das Reich Gottes ist mitten unter euch!« (Lukas 17,20–24). Die Auslegungsgeschichte bietet eine Alternative an. »Mitten unser euch« kann personal oder psychologisch gemeint sein. Die Königsherrschaft Gottes ist entweder in der Gestalt Jesu oder »inwendig in euch« präsent. Aber eine solche Alternative wird der umfassenden Wirklichkeit dieses Reiches natürlich nicht gerecht.

Die Macht, die in Jesus gewirkt hat, wirkt weiter. Sie animiert zur intensiven Belästigung Gottes im Gebet (Lukas 18,1–8). In der Nachfolge Jesu gewinnen einzelne auch Kraft, »mit dem Finger Gottes« die bösen Geister, in welcher Form sie auch auftauchen mögen, auszutreiben (Lukas 11,13–23). Diese Macht vermittelt eine Geborgenheit, durch die man sich im Leben wie im Sterben gnadenvoll bewahrt weiß (Römer 14,7–9). Und sie führt in eine Lebenshaltung hinein, in der man bei allen positiven wie negativen Erfahrungen »wachsam und nüchtern« bleibt. Denn es gibt nur eine, trotz aller privaten und politischen Turbulenzen ungeheuer positive, Überraschung: »der Tag des Herrn kommt wie der Dieb in der Nacht« (1. Thessalonicher 5,1–6).

Das Lebensgefühl der meisten Zeitgenossen ist anders. Es ist durchaus religiös orientiert. Aber man möchte den unbekannten Gott, den man im Herzen mit sich schleppt, am liebsten bewahren. In der alttestamentlichen Lesung ist diese Haltung mit einer paar Strichen skizziert: »Der Mensch … lebt kurze Zeit und ist voll Unruhe«. Angesichts der Tatsache, dass sein Geschick von einer dunklen Macht vorherbestimmt ist, bleibt nur die bittere Klage Gott gegenüber: »so blicke doch weg von ihm, damit er Ruhe hat, bis sein

Tag kommt« (Hiob 14,1–6). Unter der Spaß- und Wellnessmaske wuchert oft die Sehnsucht nach der Ruhe des Todes. Das muss beachten, wer heutzutage vom Reich Gottes zu reden wagt. Auch die permanente Beschäftigung mit ernsthaften Gottesfragen kann so anstrengend werden, dass man sie am liebsten einmal vergessen möchte.

So werden Prediger/innen bei ihrer Vorbereitung und im Gottesdienst mit der ganzen Gemeinde an diesem Sonntag einen bestimmten Weg zu gehen haben. Er beginnt mit der Ortsbestimmung für unser gegenwärtiges Leben. Was ist in uns und um uns herum? Wie dunkel ist der Gott, der in uns west? Welche Mächte bestimmen unser Verhalten und verdüstern unsere Seele? Was erfüllt uns mit Angst und mit Sorge, welche Wünsche treiben uns an? Der zweite Schritt bittet um Befreiung von allen Mächten, die uns bedrücken und vor sich hertreiben. Bis dann im letzten Schritt jene Macht aufleuchtet, die unser Leben verändert und unserer Zukunft ein Ziel gibt. Erst am Ende eines solchen Weges können wir ahnen, was es heißt: Wir sind »Kinder des Lichts und Kinder des Tages« (1. Thessalonicher 5,5). Luther hat die lateinische Übersetzung von Römer 14,8 besonders geliebt, weil sie einen überraschenden Doppelsinn freilegt: »Ob wir nun leben oder sterben, domini sumus« (sind wir des Herrn, aber auch: sind wir Herren). In unserer Mitte und mitten in uns wohnt die Kraft Gottes.

Lasset uns in Frieden den Herrn anrufen,
um seinen Frieden,
dass wir Frieden finden für unser Leben
und Frieden schaffen unter den Menschen,
um seine Gerechtigkeit,
dass alle Anschläge des Bösen misslingen
und alle Leidenden aus ihrem Elend befreit werden,
um seine Barmherzigkeit,
dass seine Gnade größer ist als sein Zorn
und seine Macht stärker als unsere Ohnmacht,
lasset uns zum Herrn rufen:
Herr, erbarme dich.

Für alle, die in ihrem Leben müde sind,
die sich in ihrer Arbeit verzehren,
die Arbeit suchen und keine finden,
für Alte und Kranke,
für Einsame und Gefangene,
für die, die am Sinn ihres Daseins verzweifeln
und die ihr Leben selber beendigen wollen,
dass Gottes Segen sie stärkt
und ihre Lebenskraft wächst,
lasset uns zum Herrn rufen:
Herr, erbarme dich.

Für alle, die hungrig sind auf der Welt,
für Menschen ohne Nahrung,
für Kinder ohne Geborgenheit,
für Partner ohne Liebe,
für Familien ohne Glück,
für Völker ohne Frieden, Freiheit und Recht,
dass Gottes Segen sie stärkt
und alle sich ihres Lebens freuen können,
lasset uns zum Herrn rufen:
Herr, erbarme dich.

Für alle, die keine Hoffnung mehr haben,
weil ihr Leben bedroht ist,
weil ihr Leiden so groß ist,
weil ihr Kampf vergebens ist,
insbesondere für alle,
die an der Zukunft des Lebens auf dieser Erde verzweifeln,
dass Gottes Segen sie stärkt,
dass Gottes Geist sie erfinderisch macht
und ihre Zuversicht wächst,
lasset uns zum Herrn rufen:
Herr, erbarme dich.

Für uns alle,
dass wir im Lauf unseres Lebens sichere Schritte tun,
dass wir im Umgang mit anderen
Worte und Werke der Liebe finden,
dass wir auch in den Stunden der Dunkelheit
festhalten am Bekenntnis des Glaubens
zu jenem einzigen Gott,
dem wir alles verdanken,
der uns immer geliebt hat
und dessen Segen uns niemals verlassen wird,
lasset uns zum Herrn rufen:
Herr, erbarme dich.
Nimm dich unser gnädig an,
rette und erhalte uns,
denn dir allein gebührt
der Ruhm und die Ehre und die Anbetung,
dem Vater und dem Sohn und dem Heiligen Geist,
jetzt und immerdar und von Ewigkeit zu Ewigkeit.
Amen.

Vorletzter Sonntag des Kirchenjahres: Vor dem Endgericht

Herr, ewiger und allmächtiger Gott.
Am Ende des Lebens ist für uns nicht alles vorbei.
Wir werden dein Urteil über uns hören.
Wir hoffen um Jesu Christi willen
auf deine Barmherzigkeit.
Stärke in dieser Stunde
unseren Glauben an deine Gnade.
Befreie uns von der Angst vor deinem Gericht.
Verleih uns die Kraft,
unser Leben zu ändern,
durch unseren Herrn Jesus Christus,
deinen Sohn, der mit dir und dem Heiligen Geist
lebt und regiert von Ewigkeit zu Ewigkeit.
Amen.

Am Ende des Kirchenjahres reden die Texte vom Ende des Lebens und vom Ende der Welt. Dabei schildern sie keineswegs die schrecklichen Ereignisse eines möglichen Weltunterganges und auch nicht die furchtbaren Qualen in einer höllischen Unterwelt. Das Evangelium verrät ein Geheimnis, das die Anwesenden freilich auch erschrecken kann. Nicht einfach die Hörer des Wortes und die Bekenner des Glaubens werden im Gottesgericht bestehen, sondern die Täter, die Menschen in ihrem Elend beigestanden sind. »Was ihr einem von diesen meinen geringsten Brüdern getan habt, das habt ihr mir getan« (Matthäus 25,31–46). Diese gewaltige Szene ist nicht als Drohung gemeint, sondern als dringliche Mahnung und entschiedene Einladung. »Seid Täter des Wortes und nicht nur Hörer« (Jakobus 1,22).

Dieser Appell wird auch nicht psychologisch mit Angstattacken begründet, sondern mit dem Hinweis auf die Alltagsvernunft. Lebensänderung, Umkehr zu Gott ist in jedem Augenblick angesagt. »Wenn man fällt, steht man dann nicht wieder auf?« (Jeremia 8,4–7). Vorbildlich ist der Egoismus eines Verwalters, der sich mit dem Geld seines Herrn Freunde für eine unsichere Zukunft macht (Lukas 16,1–8). Auch Verfolgung und Nachteile kann überstehen, wer mit einem Ausgleich im Gottesreich rechnen kann: »Sei getreu bis in den Tod, so will ich dir die Krone des Lebens geben« (Offenbarung 2,8–11). Letztlich geht es in den biblischen Texten um eine nüchterne Einstellung, die ohne Angst und Panik die angemessene Vorsorge für die Zukunft zu treffen weiß. »Wir müssen alle vor dem Richterstuhl Christi offenbar werden, damit jeder seinen Lohn empfängt für das, was er bei Lebzeiten getan hat, es sei gut oder böse« (2. Korinther 5,1–10).

Zwei Stimmen sind in den Menschen der Gegenwart, die eine solche Haltung gegenüber der Zukunft auf der einen Seite nahe legen, auf der anderen Seite aber auch ungeheuer erschweren. »Wir wissen, dass die Schöpfung seufzt und in Wehen liegt bis zum heutigen Tag« (Römer 8,18–25). Nicht nur die Menschheit, sondern die Kreatur insgesamt sehnt sich nach Befreiung von der Vergänglichkeit, nach dem Offenbarwerden der herrlichen Freiheit der Kinder Gottes. Und man kann in jeder ernsthaften Begegnung davon ausgehen, dass der/die andere Spuren dieser unendlichen Sehnsucht, bisweilen in pervertierter Form, mit sich trägt. Noch in jeder schrillen oder resignativen Behauptung: »Mit dem Tod ist alles aus!«, klingen, manchmal beinahe unhörbar, Angst und Hoffnung gegenüber dieser unglaublichen Perspektive mit.

Was gerade im protestantischen Milieu die Übernahme von Gerichtsaussagen in die persönliche Lebensgestaltung erschwert, ist die weit verbreitete Flucht in eine falsch verstandene Rechtsfertigungslehre. Das Evangelium von der Gnade Gottes will uns von der Angst befreien, aber nicht in unserer Tatkraft lähmen. Am Ende werden wir, auch wenn wir wie Luther Kirche und Welt verändert haben sollten, immer nur sagen können: »Wir sind Bettler, das ist wahr.« Aber »ich armer, elender, sündiger Mensch«, der Gott gegenüber jeden Tag seine Schuld bekennen muss, kann jeden Tag meine arme Seele auch jene Arie im Dialog mit dem Erlöser singen lassen, in der es heißt: »Ich bin herrlich, ich bin schön, meinen Heiland zu entzünden« (J. S. Bach, Kantate Nr. 93). Im Glauben bin ich für ihn liebens-, ja begehrenswert. Und gerade, wer als kleingläubiger, arm-seliger Christ die Rede vom Endgericht gehört und zu predigen gewagt hat, wird am Ende erstaunt sein, in wie vielen Situationen er Menschen damit geholfen hat. Nicht Angstmache ist das Ziel, sondern die nüchterne Einstellung auf eine Realität, mit der alle zu rechnen haben und die alle im Innersten auch erwarten.

Herr, ewiger und allmächtiger Gott.
Du bist der Schöpfer des Lebens.
Du bist das Licht der Wahrheit.
Du bist die Macht der Gerechtigkeit.
Wir danken dir, dass dein Wort uns aufklärt,
dass dein Geist uns mündig macht
und uns aus aller Verstrickung befreit.

Vor deinen Richterstuhl, Herr,
wagen wir deshalb zu treten und dich
um des unschuldigen Leidens deines Sohnes Jesus Christus willen
für alle zu bitten, die Unrecht leiden:
für Menschen ohne Arbeit und Brot,
für Kinder ohne Familie und Glück,
für Flüchtlinge ohne Heimat,
für Hungernde ohne Hoffnung,
für Gefolterte ohne Beistand,
für Menschen ohne Frieden.
Überall, Herr, gibt es Opfer.

Immer, Herr, gibt es auch Täter.
Du bist ein Gott der Gerechtigkeit.

Um des unschuldigen Leidens deines Sohnes Jesus Christus willen
wagen wir, Herr, vor deinen Richterstuhl
zu treten und dich für die zu bitten,
die Unrecht tun:
dass sie herausfinden aus ihrer Verblendung,
dass sie befreit werden von ihrer Bosheit,
dass sie ablassen von Habsucht und Machtgier,
von Korruption und Intrige,
dass sie Gottesfurcht lernen
und Angst vor deinem Gericht.

Weil du ein gerechter Richter bist,
mit großer Macht und großer Barmherzigkeit,
bitten wir dich für alle,
die Verantwortung tragen:
um gerechtes Urteil in den Gerichten,
um faire Benotung in den Schulen und Prüfungen,
um menschliche Entscheidungen in der Verwaltung,
um Heilerfolge bei Ärzten und Therapeuten,
um gute Worte und offene Herzen in den Familien.
Schärfe die Gewissen.
Schenke Weisheit und Einsicht.
Gib Mut zur Strenge.
Und lass Barmherzigkeit walten.

Um des unschuldigen Leidens und Sterbens deines Sohnes Jesus Christus willen
bitten wir dich für uns:
um Vergebung für unsere Schuld,
für unsere Schuld,
für unsere übergroße Schuld,
um das Geschenk deines Geistes,
um ein neues Leben
in Frieden und Freiheit und Gerechtigkeit.

Nimm dich unser gnädig an,
rette und bewahre uns.
Denn dir allein gebührt
der Ruhm und die Ehre und die Anbetung,
dem Vater und dem Sohn und dem Heiligen Geist,
jetzt und immerdar und von Ewigkeit zu Ewigkeit.
Amen.

Letzter Sonntag des Kirchenjahres: 1. Vor dem Reich Gottes

Herr, ewiger und allmächtiger Gott.
Unsere Welt vergeht.
Dein Reich kommt.
Unsere Träume zerplatzen.
Die Hoffnung auf dich bleibt bestehen.
Wenn uns Trauer erfüllt,
sende du uns Trost.
Wenn wir enttäuscht worden sind,
lass uns neue Zuversicht finden.
Wenn Todesgedanken uns quälen,
lass dein Licht über uns leuchten.
Durch unsern Herrn Jesus Christus, deinen Sohn,
der mit dir und dem Heiligen Geist
lebt und regiert von Ewigkeit zu Ewigkeit.
Amen.

An den Grenzen der Zeit wartet Ewigkeit. Wenn Gottes Schöpfung vergangen ist, herrscht endgültig Gottes Reich. »Himmel und Erde werden vergehen; meine Worte aber werden nicht vergehen« (Markus 13,31–37). In der totalen Diskontinuität zwischen dem letzten Augenblick und dem jüngsten Tag gibt es ein Kontinuum, das für den Übergang sorgt. Das göttliche Machtwort gilt: »ich will einen neuen Himmel und eine neue Erde schaffen, dass man der vorigen nicht mehr gedenken und sie nicht mehr zu Herzen nehmen wird« (Jesaja 65,17–25). Die paradiesischen Verhältnisse, die dort herrschen werden, finden sich ebenso in der himmlischen Stadt, im neuen Jerusalem: »Gott wird abwischen alle Tränen von ihren Augen, und der Tod wird nicht mehr sein, noch Leid, noch Geschrei, noch Schmerz wird mehr sein« (Offenbarung 21,1–7).

Schon in der frühen Christenheit hat man die Terminfrage diskutiert. Wann endlich ist die Zeit zu Ende, und wann endlich erfasst uns die Ewigkeit? In den zitierten Texten wird die Antwort verweigert. »Von dem Tag aber und der Stunde weiß niemand, auch die Engel im Himmel nicht, auch der Sohn nicht, sondern allein der Vater« (Markus 13,32). Hier gilt Geheimhaltungsstufe 1. Eine rationalistische Lösung für das Problem der Parusieverzögerung hat der 2. Petrusbrief mit Hilfe von Psalm 90,4 versucht. »Ein Tag ist beim Herrn wie tausend Jahre, und tausend Jahre sind wie ein Tag« (3,8–13).

Der Glaube ist von Anfang an auf Geduld angewiesen und zu einer Lebensgestaltung ermahnt, die in der Zeit der Erwartung des Gottesreiches entspricht. Bis der Bräutigam kommt, können sich die Brautjungfern klug oder töricht verhalten (Matthäus 25,1–13). Und während der Abwesenheit ihres Herrn können Verwalter gut oder schlecht ihre Arbeit verrichten (Lukas 12,42–48). Gegenwart ist für den Glauben immer auch eine

Ent-Scheidungszeit. Verbraucht man unüberlegt die vorhandene Lichtenergie, folgt man unbesonnen aggressiven Regungen, oder geht man mit externer wie interner Lebenskraft sparsam und zurückhaltend um?

Was die biblischen Texte nicht erwähnen, was dann erst in der Christentumsgeschichte immer wieder aufgebrochen ist, ist der Versuch, das Reich Gottes mit irdischen Mitteln zu installieren. Der Kampf zwischen gut und böse wird dann nicht in der eigenen Person, sondern in Gesellschaft und Welt ausgetragen. In allen Formen von Theokratie sollen nur noch religiöse Gesetze gelten und nur noch die wahrhaft Frommen das Sagen haben. Dann müssen alle Andersglaubenden als Ketzer ebenso beseitigt werden wie alle Andersdenkenden in einem totalitären System. Wie viele Menschenopfer eine solche Hoffnung auf die rassenreine oder die klassenlose Gesellschaft kosten kann, hat das vorige Jahrhundert auf schreckliche Weise demonstriert.

Die Hoffnung auf die zukünftige Herrlichkeit »lässt nicht zu Schanden werden« (Römer 5,5). Nicht wenn man alles hat oder wenn man alles gewinnt, sondern auch und gerade wenn man alles zu verlieren droht, gilt: »Das Reich muss uns doch bleiben.« Die wahnwitzigen Versuche, diese Hoffnung mit Mitteln menschlicher Gewalt zu realisieren, können nur unermesslichen Schaden anrichten. Deshalb wird evangelische Predigt die Ermutigung zur Hoffnung immer nach zwei Seiten hin auszurichten haben. Sie kann voraussetzen, dass alle Menschen, solange sie sich selbst nicht das Leben nehmen, immer noch einen kleinen Funken dieser Hoffnung in sich tragen. Sie hat auf der anderen Seite mit der Kraft des geisterfüllten Wortes diesen Funken immer neu am Glühen zu halten und zum Strahlen zu bringen. Sie hat aber manchmal auch vor dem Feuer zu warnen, das zu Selbstverbrennung, aber auch zu einer pseudo-religiösen politischen Begeisterung führen kann. »Wir werden weitermarschieren, bis alles in Scherben fällt; denn heute gehört uns Deutschland und morgen die ganze Welt.« Heute erfahren alle: Nicht nur der Faschismus, auch der Kapitalismus kann auf grausame Weise die Hoffnung auf gutes Leben direkt oder indirekt zerstören.

Herr,
in unserer ungerechten Welt loben wir dich,
weil du ein Gott von Recht und Gerechtigkeit bist
und alles Elend in deinem Reich beenden wirst.
Im Leiden deines Sohnes hast du
unsere Angst und Ohnmacht geteilt.
Im Sterben deines Sohnes hast du
das Recht des Bösen überwunden.
In der Auferstehung deines Sohnes hast du
die Macht des Todes besiegt.
Wir danken dir
und preisen deinen Namen.

Weil du, Herr, ewiger und allmächtiger Gott,
ein Feind des Todes bist,
loben wir dich in dieser todgeweihten Welt
und bitten dich für alle,
die vom Sterben bedroht sind:
für Hungernde und Kranke,
für Einsame und Alte,
für Unterdrückte und Verzweifelte,
für verfolgte Gruppen,
für bedrohte Völker,
für alles, was lebt,
für Erde, Wasser und Luft.

Weil du ein Feind des Todes bist,
bitten wir dich für alle,
die um die Erhaltung des Lebens kämpfen.

Weil du, Herr, ewiger und allmächtiger Gott,
ein Feind des Bösen bist,
loben wir dich in dieser gottlosen Welt
und bitten dich darum,
dass dein Name bekannt werde in allen Teilen der Erde,
dass dein Wort wahrhaftig gepredigt
und dein Wille uneingeschränkt
unter den Menschen getan wird.
Wehre allem,
was deine Schöpfung beschädigt,
was die Würde von Menschen verletzt,
was die Zukunft dieser Erde gefährdet.

Weil du ein Feind des Bösen bist,
bitten wir dich für alle,
die für das Menschenrecht kämpfen.
Lass Verzagte hoffen.
Lass Müde aufstehen.
Mache Angstbesessenen Mut.

Weil du, Herr, ewiger und allmächtiger Vater,
ein Gott der Freiheit bist,
der alle Menschen aus ihrem Sklavendasein erlöst,
loben wir dich in dieser unfreien Welt
und bitten dich darum,
dass wir die Angst überwinden,

die Angst vor dem Tod,
die Angst vor den Mächtigen,
die Angst vor dem Leiden,
die Angst vor Absagen und Trennungen und Verzichten,
die notwendig sind.

In aller Schuld trösten wir uns deiner Gnade.
In aller Ohnmacht hoffen wir auf deine Macht.
In aller Unsicherheit vertrauen wir deiner Hilfe.

Nimm dich unser gnädig an,
rette und erhalte uns.
Denn dir allein gebührt
der Ruhm und die Ehre und die Anbetung,
dem Vater und dem Sohn und dem Heiligen Geist,
jetzt und immerdar und von Ewigkeit zu Ewigkeit.
Amen.

Letzter Sonntag des Kirchenjahres: 2. Vor dem Sterben

Herr, heiliger, ewiger Gott.
Wir gedenken heute der Menschen,
die du aus unserer Mitte gerufen hast.
Wir denken auch daran,
dass wir selbst einmal sterben werden.
In dieser Stunde bitten wir dich:
Tröste uns in aller Trauer,
ermutige uns in aller Angst.
Wir danken dir für das,
was du uns mit dem Leben der Verstorbenen geschenkt hast.
Und bitten dich,
lass auch uns so leben,
dass andere für unser Dasein dankbar sind.
Durch unseren Herrn Jesus Christus, deinen Sohn,
der mit dir und dem Heiligen Geist
lebt und regiert von Ewigkeit zu Ewigkeit.
Amen.

Das Ende des Kirchenjahres hat man seit 1816, in Entsprechung zu »Allerseelen«, als »Totensonntag« begangen. Theologische Bedenken sahen darin eine zu starke Annäherung an den weltweit verbreiteten Totenkult. Aber die Bezeichnung selbst wie die Perikopentexte sorgen für eine evangelische Botschaft. Auch die Verstorbenen haben ihren Sonntag, ja sie leben im Ruhetag der Ewigkeit. »Denn wer zu Gottes Ruhe gekommen ist, der ruht auch von seinen Werken so wie Gott von den seinigen« (Hebräer 4,9–11). Die Grundlage für diese Hoffnung hat Jesus gelegt, als er die Fangfrage der auferstehungskritischen Sadduzäer beantwortet hat: »Gott ist nicht ein Gott von Toten, sondern von Lebenden« (Matthäus 22,23–33). Aus dieser Gewissheit heraus hat der Glaube nach dem Johannesevangelium das letzte Sterben, auch das Gericht schon hinter sich. »Wer mein Wort hört und dem glaubt, der mich gesandt hat, hat ewiges Leben und kommt nicht ins Gericht, sondern ist hinübergegangen aus dem Tod in das Leben« (5,24–29). So ist Wahrheit geworden, was die alttestamentliche Prophetie angekündigt hat: Viele, die unter der Erde schlafen liegen, werden aufwachen, die einen zum ewigen Leben, die anderen zu ewiger Schmach und Schande (Daniel 12,1–3).

Für Paulus meint »Auferstehung« mehr als symbolische Ruhe und mehr auch als eine geistige Wirklichkeit. Auferstehung der Toten vollzieht sich durch das Sterben hindurch als »Aufstehung der Leiber«. Das Fleisch zerfällt, anders als im Glaubensbekenntnis behauptet, aber der Leib bleibt erhalten. »Es wird gesät ein natürlicher Leib, auferweckt wird ein geistlicher Leib« (1. Korinther 15,35–44a). Der Geist, der unseren Leib seit der Taufe erfüllt, wird diesen Leib auch in die Ewigkeit führen.

Der Totensonntag ist in den Perikopen vom Totenkult frei, weil er zwischen den schon Gestorbenen und den noch Lebenden nicht mehr unterscheidet. Die evangelische Botschaft vom lebendigen Gott verheißt auch und gerade denen das wahre Leben, die das reale Sterben noch vor sich haben. In dieser Übergangslage kann sich in der Seele von Menschen jene Sehnsucht entwickeln, die Paulus im Gefängnis so formuliert: »Ich habe Lust, aus der Welt zu scheiden und bei Christus zu sein« (Philipper 1,21–26). Das ist ein gefährlicher Satz, weil er all jene anspricht, die den Konflikt zwischen Lebenswillen und Todessehnsucht auszuhalten haben. Die narzisstische Suizidtheorie hat festgestellt, dass Menschen in diesem Zwiespalt zwar sterben, aber nicht tot sein wollen. Sie wollen ihre Konflikte hinter sich lassen und durch das Sterben Frieden finden. Demgegenüber hält das Evangelium nüchtern daran fest: Sterben führt zunächst auf jeden Fall in den Tod. Ewige Ruhe findet man nur auf dem Christusweg. Bis man abberufen wird, hat man Gottes Berufung in das irdische Leben zu folgen und seine Aufgaben, wie der Apostel, zu erledigen. »In solcher Gewissheit weiß ich, dass ich am Leben und bei euch allen bleiben werde, euch zur Förderung und zur Freude im Glauben.«

Am Totensonntag zeigt sich auf jedem Friedhof, dass die Kirche immer auch eine Gemeinschaft von Lebenden und von Toten ist. Die Lebenden denken an die, die schon gegangen sind, und werden dabei gezwungen zu bedenken, dass sie selbst diesen Weg mehr oder weniger bald zu gehen haben. Im Vertrauen auf den lebendigen Gott sind die Sorge um die Verstorbenen, die Angst vor dem Sterben, aber auch der Wunsch nach dem Ende des eigenen Lebens durch den Blick auf den einen Auferstandenen aufgehoben: »Der erste Mensch, Adam, wurde ein lebendiges Wesen, der letzte Adam wurde Leben spendender Geist« (1. Korinther 15,45).

Lasset uns in Frieden den Herrn anrufen:
um seinen Frieden,
dass wir Frieden finden für unser Leben
und Frieden schaffen unter den Menschen.
Um seine Barmherzigkeit,
dass auch wir miteinander Erbarmen haben.
Um sein Reich,
dass das Elend aufhört
und das Leben Erfüllung findet.
Lasset uns zum Herrn rufen:
Herr, erbarme dich.

Für alle, die wir verloren haben.
Für die, die trauern und klagen.
Dass sie Ruhe finden in deinem Reich
und Trost in deinem Wort.

Lasset uns zum Herrn rufen:
Herr, erbarme dich.

Für alle Menschen und ihre Sehnsucht nach Leben.
Für die Hungernden und die Gefangenen.
Für die Kranken und die Sterbenden.
Für die Flüchtlinge und die Gefolterten.
Für die Hoffenden und für die Verzweifelten.
Dass unsere Zuversicht nicht enttäuscht
und unser Schreien erhört wird.
Lasset uns zum Herrn rufen:
Herr, erbarme dich.

Für alle Menschen und ihre Sehnsucht nach Untergang,
die sich selber den Tod wünschen,
die andere Menschen in Gedanken, Worten oder Taten ermorden wollen,
die auf das Ende der Welt warten
und die auch, bewusst oder unbewusst,
daran arbeiten.
Dass wir Ruhe finden,
Ruhe in dir,
und Mut, den Untergang aufzuhalten.
Lasset uns zum Herrn rufen:
Herr, erbarme dich.

Du, Herr, bist am Anfang gewesen
und vor allem Anfang der Welt.
In deiner Hand steht auch das Ende,
unser Ende, das Ende der Erde,
der Anfang des Reiches.
Nimm dich unser gnädig an,
rette und erhalte uns,
jetzt und in der Stunde unseres Todes.
Denn dir allein gebührt der Ruhm und die Ehre und die Anbetung,
dem Vater und dem Sohn und dem Heiligen Geist,
jetzt und immerdar und von Ewigkeit zu Ewigkeit.
Amen.

Erntedank – Reformation – Bußtag

Erntedank: Gesegnete Arbeit

Herr,
du hast die Welt geschaffen.
Du lenkst die Geschichte der Menschen.
Wir danken dir,
dass du bei uns und überall
die Arbeit gesegnet und Menschen ernährt hast.
Weil wir alles dir zu verdanken haben,
lass uns die nicht vergessen,
die hungern und unsere Hilfe benötigen.
Öffne unsere Herzen und Hände
durch unseren Herrn Jesus Christus, deinen Sohn,
der mit dir und dem Heiligen Geist
lebt und regiert von Ewigkeit zu Ewigkeit.
Amen.

Die biblischen Schriften sind in einer agrarisch geprägten Kultur entstanden. Deshalb findet man auch im alten Israel selbstverständlich Feste zur Ernte (5. Mose 26,1ff.; 3. Mose 23,34ff.). Zwar liefern im Neuen Testament Landwirtschaft und Weinbau nur Anschauungsmaterial für die Arbeit am Wachstum des Reiches Gottes. Aber als die verfolgte Minorität selbst gewachsen und zur Staatsreligion geworden ist, musste der Segen Gottes auch in seiner Wirkung auf die menschliche Arbeit an der Natur bedankt werden. Diese Epoche ist mindestens in Mitteleuropa weitgehend vorbei. Eine reiche Ernte kann in der globalisierten Welt das Angebot steigern und die Preise drücken. Verbraucher mag das erfreuen, Landwirte können darüber nur klagen. Durch maschinelle Entwicklungen ist die Arbeit auf dem Feld leichter geworden. Gentechnische Veränderungen des Saatguts haben die Abhängigkeit von Wetter und Schädlingsbefall reduziert, aber die finanzielle Bindung an kapitalistische Konzerne gesteigert. Und die Landwirtschaft insgesamt, bei uns auf Subventionen angewiesen, liefert nur noch einen Bruchteil des Bruttosozialprodukts.

Erntedank kann heute nur heißen: Dank für die Arbeit, die man noch hat, Dank auch dafür, dass man als Jugendlicher und Rentner, als Arbeitsloser und Armer von der arbeitenden Bevölkerung miternährt wird. Dank also für das Leben in einer immer noch fürsorglichen Gesellschaft. Der Segen Gottes wird heute nicht nur für die Arbeit auf den Feldern benötigt.

Nach dieser relativ langen Einleitung kann man nur staunen, wie aktuell die Texte der Perikopenordnung sind. In Krisenzeiten kann sich niemand auf seinen Besitz verlassen. Nicht nur der reiche Kornbauer hat zu hören: »Du Narr! Diese Nacht wird man dein Leben von dir fordern; und wem wird dann gehören, was du aufgehäuft hast?«

(Lukas 12,15–21). Die Volksweisheit erinnert bis heute daran, dass man »nichts mitnehmen« kann. Wenn Banken und Versicherungen kollabieren, wird klar, wie gut die Empfehlung Jesu begründet ist. »Ihr sollt euch nicht Schätze sammeln auf Erden.« Klar wird dann auch, dass man nicht zwei Herren, nicht Gott und dem Mammon zugleich, dienen kann. Geld stillt nicht, sondern steigert die Gier. Wie es, anders als Gott, keinen Frieden schenkt und keine Ruhe lässt (Matthäus 6,19–23; V. 24 gehört m. E. dazu).

Den Segen Gottes empfangen vor allem die, die bereit sind zum Geben. Das Dankopfer Gott gegenüber erfolgt als »Frucht der Lippen, die seinen Namen bekennen« und konkretisiert sich gegenüber den Armen (Hebräer 13,15–16). Die können in der Nachbarschaft leben oder auf der Straße betteln. »Brich den Hungrigen dein Brot, und die ohne Obdach sind, führe ins Haus!« (Jesaja 58,7–12). Aber es können auch Menschen sein, die man nicht kennt, weil sie ganz in der Ferne leben. So legt Paulus den Christ/innen in Korinth die Kollekte für die Gemeinde in Jerusalem mit Worten ans Herz, die das Grundgesetz des Gabentausches zitieren. »Wer kärglich sät, der wird auch kärglich ernten; und wer reichen Segen sät, der wird auch reichen Segen ernten« (2. Korinther 9,6–12). Wer den Segen Gottes empfangen hat und wieder empfangen will, muss selbst andern zum Segen werden.

Wichtig ist bei alledem ein letzter Text, der noch einmal die Freiheit zum Gebrauch aller Lebensmittel bekräftigt. »Alles, was Gott geschaffen hat, ist gut, und nichts ist verwerflich, was mit Danksagung empfangen wird.« Das ist laut Kontext gegen religiöse Verbote gerichtet, die Ehe und bestimmte Speisen betreffen. Aber es gilt sicher auch dann, wenn man, oft unausgesprochen, die Gemeinde mit Geboten zur totalen Hingabe überfordert. Wer den Armen abgibt, definiert sich als Reicher, auch wenn er selbst nicht viel hat. Und in seinem Opfer ist kein Alles- oder Nichts-Spiel enthalten, vielmehr beruht es auf nüchterner Kalkulation. Konkrete Angaben zur Kollektenhöhe sind deshalb manchmal sehr hilfreich. Wer im Gottesdienst »geheiligt (ist) durch das Wort Gottes und Gebet«, kann am Ausgang z. B. das geben, was ihn zu Hause das Mittagessen kosten wird (1. Timotheus 4,4–5). Auch jede Gabe im sozialen Feld ist eine Aussaat, die für Empfänger wie Spender Segen bringt.

Herr, ewiger und allmächtiger Gott.
Wir danken dir für das Wort der Freiheit
und allen Segen auf unserer Arbeit.
Gegen die Herrschaft des Todes
schenkst du Hoffnung auf ewiges Leben.
Gegen die Herrschaft der Schuld
sprichst du das Wort der Sündenvergebung.
Gegen die Herrschaft des Geldes
steht deine Verheißung des Reiches.
Du willst, dass die Menschen nicht als Sklaven leben,
sondern als freie Herren auf einer freien Erde.
Lass uns dein Wort verstehen.

Mach uns frei.
Und lass uns beitragen zur Befreiung der Menschen.

Wir bitten dich für alle,
die unter der Herrschaft des Geldes leiden.
Für die Armen und für die Reichen.
Für die Arbeiter und für die Arbeitslosen.
Für die Satten und für die Hungrigen.
Stärke die Bereitschaft
zu einer gerechten Verteilung der Güter auf Erden.
Unterstütze diejenigen,
die neue Lebens- und Arbeits- und Besitzformen ausprobieren.
Wehre den Ängsten,
wenn Menschen sich durch neue Ideen bedroht fühlen.
Wecke Verständnis dafür,
dass wir uns ändern müssen
und dass die Welt anders werden muss,
wenn menschliches Leben gelingen soll.

Wir bitten auch für diejenigen,
die des Geldes wegen unmenschlich werden.
Für verfeindete Familien.
Für die zerstrittenen Rassen, Klassen und Völker.
Für die Jungen und die Alten,
die sich gegenseitig nicht mehr verstehen.
Für die, die in sinnlose Gewalttaten fliehen,
und für die, die Andersdenkende ausrotten wollen.
Dass die Menschen vernünftig werden.
Dass sie miteinander reden lernen.
Dass sie einander helfen.
Hilf du uns,
so ist uns geholfen.

Gib, dass wir leben in deiner Furcht,
sterben in deiner Gnade,
auferstehen durch deine Kraft
und darauf das ewige Leben ererben
durch Jesus Christus unseren Herrn,
der mit dir und dem Heiligen Geist lebt und regiert,
jetzt und immerdar und von Ewigkeit zu Ewigkeit.
Amen.

Reformationstag: Suche nach der neuen Gemeinde

Heiliger Gott, Herrscher der Welt, Hüter der Kirche.
Wir danken dir,
dass du deine Kirche durch die Jahrhunderte hindurch
immer wieder erneuert hast.
Lass uns heute nicht nur die Vergangenheit feiern,
sondern auch das bedenken,
was in Zukunft zu tun ist.
Dein Wort allein kann dafür sorgen,
dass wir nicht unseren Ängsten und Wünschen folgen.
Dein Geist allein kann uns helfen,
den richtigen Weg zu finden.
Um deinen Beistand für die Zukunft unserer Gemeinde
bitten wir dich
durch unseren Herrn Jesus Christus, deinen Sohn,
der mit dir und dem Heiligen Geist
lebt und regiert von Ewigkeit zu Ewigkeit.
Amen.

Die Reformation beginnt mit einer akademischen Aktion. Ein einfacher Mönch veröffentlicht einige Thesen, die einen Flächenbrand auslösen und Kirche wie Gesellschaft zunächst in Europa, bis heute aber weltweit verändert haben. »Wir sind überzeugt, dass der Mensch gerecht wird ohne die Werke des Gesetzes, allein durch den Glauben« (Römer 3,28). Das ist eine theologische Formulierung, die ihre lebensgestaltende Kraft heute eher verbirgt als erschließt. Wann wird man im Leben dem Leben gerecht? Wenn man die bürgerlichen Normen erfüllt? Wenn man sich allen Leistungsanforderungen anzupassen versteht? Wenn man die Techniken der Imagepflege beherrscht? Wenn man durch seinen Glauben ein Sinnfundament zu entwickeln versteht? Wenn man das, was kommt, geduldig aus Gottes Hand anzunehmen bereit ist?

Die Perikopen für diesen Tag weisen naheliegende Missverständnisse ab. In der Lebenshaltung, die Glauben heißt, herrscht keineswegs die pure Passivität. »Müht euch um euer Heil mit Furcht und Zittern. Denn Gott ist's, der in euch das Wollen wie das Vollbringen wirkt zu seinem Wohlgefallen« (Philipper 2,12–13). Im Glauben folgt man nicht den Vorschriften tödlicher Buchstaben, sondern dem Einfluss des lebendigen Gottes. Das wird am besten deutlich in Situationen, in den dieser Glaube »in der Liebe tätig« ist (Galater 5,1–6). Wirkliche Liebe kann man nicht fordern und erst recht nicht erzwingen. Die Liebe kommt aus dem Herzen und ist, wie die Operette behauptet, eine »Himmelsmacht«. Wessen Herz leer oder hart geworden ist, wer sich ausgebrannt fühlt oder ruiniert dasteht, auch wer seine Gemeinde oder die ganze Kirche als kalt erlebt, ist aufgerufen, Gott gegenüber aktiv zu werden. »Die ihr den Herrn erinnern sollt, ohne euch Ruhe zu gönnen, lasst ihm keine Ruhe« (Jesaja 62,6–12). So kann man religiöse Forderungen, die einen ruhelos machen, umkehren und gegen Gott selbst richten. Der lebendige Glaube unterwirft sich nicht einfach, sondern klagt vor Gott, klagt ihn an, hadert mit ihm. Und nimmt sich auf der anderen Seite die Seligpreisungen Jesu so zu Herzen, dass sie die eigene Seele erfüllen (Matthäus 5,2–10). Die Predigt zu diesem Text sollte mit der Empfehlung enden, einen dieser Verse einen ganzen Tag lang mit sich herumzutragen und von Zeit zu Zeit im Innern zu wiederholen. Der Glaube ist auch und gerade ohne gesetzliche Regeln aktiv, gegenüber Gott und dem Nächsten.

Der Reformationstag hat freilich nicht nur den Glauben des Einzelnen vor Augen, sondern gilt auch der Kirche insgesamt und ist dann mehr als ein bloßer »Gedenktag«. Man kann bei dieser Gelegenheit nicht die Vergangenheit feiern, ohne die Gegenwart kritisch ins Auge zu fassen. Die Kritik an dem Geld, das nach Rom floss und bis heute den Petersplatz in Glanz erstrahlen lässt, der Widerspruch gegen die Gesetze, die aus Rom kamen und teilweise bis heute noch gelten, lösten damals ein gewaltiges Echo auf Luthers Thesen aus. Und es ist nicht schwer, die Parallelen dazu gegenwärtig auch im Protestantismus zu entdecken. Landeskirchen sind zentral gelenkte Organisationen, die mit Hilfe von Gesetzen und Verordnungen bis in Detailfragen hinein reglementiert sind. Und jede Gemeinde bekommt zu spüren, wie sehr die Verwaltung und Beschaffung von Geldmitteln kirchliche Gremien und parochiale Mitarbeiter/innen beschäftigt. Nach der Meinung eines kundigen Journalisten sollte nicht Luther, sondern Tetzel mit seinen finanziellen Werbekampagnen im Mittelpunkt des protestantischen Deutschland stehen.

Der Reformationstag hat nicht nur nach draußen mit der »Freiheit eines Christenmenschen« zu werben. In der Moderne wird gerne verschwiegen, dass der Reformator ebenso gewaltig gegen jede humanistische Anthropologie von der Unfreiheit des Willens Gott gegenüber geredet hat. Die entscheidenden Fragen an diesem Sonntag sind nach innen zu richten. Was bedeutet es, dass die Kirche Jesu Christi allein aus Gottes Wort lebt? Gewiss benötigt sie für ihre Arbeit Geldmittel und Verwaltungsstrukturen. Aber die Kirche als solche lebt nicht aus den Mitteln des Landeskirchenamtes und nicht aus den Aktivitäten und Unterhaltungsangeboten, die im Gemeindehaus stattfinden mögen. Was die Reformation gewollt und bewirkt hat, kann sich in der Gegenwart nur erschließen, wenn im Gottesdienst laut wird, wie man aus der Kraft des Glaubens jeden Tag neu in Freiheit und Bindung zu leben vermag. Gerecht vor Gott und den Menschen wird man nicht dadurch, dass man es allen recht machen will. Volkskirche hat nur dann eine Zukunft, wenn die Gemeinde der Heiligen in ihr wächst. Nicht selbstgerechte Fromme, sondern begnadigte Sünder gehören dazu. Nicht unsere Utopien und Visionen, sondern Gottes Walten wird ihre Zukunft bestimmen. In der Unfreiheit Gott gegenüber existiert der Glaube freier als in jedem säkularen Freiheitsprojekt.

Herr, ewiger und allmächtiger Gott.
Wir danken dir,
dass du deine Gemeinde
durch alle Verfolgungen und alle Versuchungen begleitet hast,
dass du sie trotz ihres Unglaubens und ihrer Lieblosigkeit
immer wieder zu dir zurückgeführt
und dass du auch uns gewürdigt hast,
deiner Kirche anzugehören.

Es ist uns kein anderer Name gegeben.
Deshalb rufen wir dich im Namen Jesu an:
Erleuchte die Ratlosen.
Behüte die Einsamen.
Stärke die Hungernden.
Ermutige die Arbeitslosen.
Segne alle, die Arbeit haben.
Rette die Süchtigen.
Heile die Kranken.
Gib Frieden den Sterbenden.
Tröste die Trauernden.
Sorge für die bedrohte Natur.
Hilf allen, die anderen zu helfen versuchen.

Es ist in keinem anderen Namen Heil.
Deshalb rufen wir dich im Namen Jesu an:
Befreie Menschen aus religiösem Hass und politischem Wahn.
Zerstöre das Vertrauen auf die Macht des Geldes.
Sorge für Gelassenheit und Vernunft
im Streit der Parteien,
im Gespräch zwischen den Konfessionen,
in den Beziehungen zwischen den Völkern,
im Verhältnis zwischen Männern und Frauen,
zwischen Eltern und Kindern,
zwischen Lehrern und Schülern.
Du, Herr, bist sehr geduldig mit uns.
Lass uns einander auch mit Geduld und Liebe ertragen.

In deinem Namen, Herr, ist viel Unrecht geschehen.
Kirchen, Staaten und Parteien
haben ihn immer wieder missbraucht.
Sorge dafür, dass die Christen
die dunklen Seiten ihrer Geschichte nicht vergessen.
Lass dein Wort überall auf der Erde so laut werden,

dass die Mächte des Bösen vertrieben werden
und das Leben der Menschen gefördert wird.
Gib Weisheit, um zwischen Ja und Nein unterscheiden zu können.
Gib Kraft zum Bekenntnis in guten und bösen Tagen.
Erfülle die Herzen mit deiner Liebe.

Deine Herrlichkeit, Herr, erfüllt diese Welt.
Dein Sohn, Herr, hat im sterblichen Leib seiner Mutter gewohnt.
So möge auch dein Geist, Herr,
unser unruhiges Herz erfüllen,
dass es Ruhe findet in deinem Frieden.
Ehre und Anbetung und Dank sei dir,
dem ewigen, heiligen, allmächtigen Gott,
dem Vater und dem Sohn und dem Heiligen Geist,
jetzt und immerdar und von Ewigkeit zu Ewigkeit.
Amen.

Bußtag: Suche nach neuem Leben

Herr, heiliger Gott, gütiger Vater.
Du hast uns zur Buße gerufen.
Was wir falsch gemacht haben,
dürfen wir hinter uns lassen.
Im Glauben dürfen wir ein neues Leben beginnen.
Deshalb bitten wir dich:
Befreie uns von allem Bösen,
das in uns steckt.
Lass uns nicht anderen Mächten vertrauen,
sondern allein dir,
der du Herr bist über unser Leben
und unserer Seele Frieden schenkst,
durch unseren Herrn Jesus Christus, deinen Sohn,
der mit dir und dem Heiligen Geist
lebt und regiert von Ewigkeit zu Ewigkeit.
Amen.

Buße gehört zur Grundstruktur der Lebensbewegung im Glauben. »Tut Buße und glaubt in dem Evangelium« (Markus 1,15) – so lautet die Zusammenfassung der Verkündigung Jesu, die unter den Texten zum Bußtag leider nicht erscheint. Es geht um eine Chance, die man nur freudig ergreifen kann. »Weißt du nicht, dass dich Gottes Güte zur Umkehr treibt?« (Römer 2,1–11). Diese Umkehrbewegung führt aus dem Machtfeld der Sünde in den Herrschaftsbereich Gottes, aus der Verdammnis zum Tod in die Herrlichkeit ewigen Lebens. Deshalb strahlen die meisten Texte für diesen Tag Warnsignale aus. »An der Frucht erkennt man den Baum« (Matthäus 12,33–35), Worte und Taten verraten die Haltung des Herzens. Was im Gleichnis erzählt wird, geschieht jetzt im Gottesdienst: Der unfruchtbare Feigenbaum erhält eine neue, eine letzte Gelegenheit, seiner Bestimmung zu folgen (Lukas 13,6–9). Jetzt ist noch Zeit, durch die enge Pforte den Weg ins Leben zu gehen; am Ende werden Menschen, die diese Chance haben verstreichen lassen, vor der verschlossenen Tür stehen (Lukas 13,23–27).

Das zielt besonders und ganz aktuell in eine Situation, in der man, was den Glauben betrifft, weder kalt noch warm, sondern lau ist. »Du sagst: Ich bin reich und habe alles im Überfluss und brauche nichts! Und weißt nicht, dass du elend und jämmerlich bist, arm, blind und bloß« (Offenbarung 3,14–22). Dass es bei der Umkehr nicht einfach um frommes Leben geht, um kultische Feste und religiöse Opfer, das haben die ersten Christen in ihrer Heiligen Schrift gelesen. »Lernt Gutes tun, trachtet nach Recht, helft den Unterdrückten, schafft den Waisen Recht, führet der Witwen Sache!« (Jesaja 1,10–17).

»Siehe, ich stehe vor der Tür und klopfe an« (Offenbarung 3,20). Das kann einem an jedem beliebigen Tag widerfahren. Gottes Ruf wird nicht nur im Gottesdienst laut. Gottes Eingriff in menschliches Leben braucht keinen Feiertag. Ursprünglich fanden Bußtage aus aktuellen Anlässen statt: Seuchen, Kriege, Hungersnöte bedrohten die gesamte Bevölkerung. Mit der eigenen Umkehr wollte man Gott zur Umkehr bewegen. Statt des erfahrenen Zorns sollte er wieder Gnade walten lassen. Der allgemeine Buß- und Bettag, der 1893 in den meisten Landeskirchen eingeführt wurde, ist demgegenüber sehr stark am Individuum orientiert und auf eine staatliche Anerkennung in Gestalt von Arbeitsruhe nicht angewiesen. Politik und Wirtschaft haben das vor einigen Jahren genauer als kirchliche Repräsentanten erkannt und daraus die arbeitsrechtlichen Konsequenzen gezogen. Zur Buße rufen kann man jederzeit. Buße üben sollte man jeden Tag.

Umkehr intendiert eine grundlegende Änderung des eigenen Lebens. Was sie am religiösen Stichwort »Buße« angesichts der kirchlichen Tradition mit mehr oder weniger Recht kritisieren, das hoffen viele Zeitgenossen auf anderen Wegen zu finden. Persönliche Therapien, aber auch die Lektüre von Ratgeber-Literatur sollen eine Lebenshilfe vermitteln, die Änderungen in doppelter Hinsicht ermöglicht. Wie kann ich frei werden von Ängsten und Zwängen, von dem Einfluss anderer Personen, insbesondere der Eltern, von den Blockaden der eigenen Fähigkeiten? Und wie kann ich das Potential freisetzen, das in mir angelegt ist, wie kann ich arbeits- und liebesfähig werden, erfolgreich, glücklich, kreativ?

In der Buße ist das alles auch mitenthalten, nur dass der Horizont der Lebensänderung sehr viel weiter reicht. Nicht nur der Einfluss schwieriger Menschen, sondern auch die Wirkung böser Mächte muss in mir abgebaut werden. Und zu den Fähigkeiten, die ich gewinne, zählen nicht nur Gelassenheit und Entschlossenheit, sondern auch Geduld im Leiden und Bereitschaft zum Sterben. Menschenfurcht in jeder Hinsicht belastet die Seele umso weniger, je mehr dort Gottesfurcht einzieht. In Therapie und Beratung wirkt gute Schöpfungskraft zum Wohl der Betroffenen, in der Lebensbewegung der Buße hilft sie, durch den Einfluss des göttlichen Geistes, zum ewigen Heil. Nicht Trübsinn und Traurigkeit ziehen dabei in die Seele ein, sondern Freude am Leben und Liebe zu Gott und den Menschen und auch sich selbst gegenüber.

Lasset uns in Frieden den Herrn anrufen:
um seinen Frieden,
dass wir Frieden schaffen unter den Menschen
und Frieden finden für uns selbst.
Um seine Barmherzigkeit,
die täglich neu ist und ohne Ende,
dass auch wir miteinander Erbarmen haben.
Um sein Reich,
dass wir leben dürfen mit seinem Segen
und Hoffnung haben auch in der Not,

lasset uns zum Herrn rufen:
Herr, erbarme dich.

Für alle Menschen, die ein neues Leben beginnen,
für die, die heute geboren werden,
für die, die heute sterben müssen,
für die, die sich aufmachen,
um einen Sinn zu finden,
für die, die fragen und suchen,
für die, die zum Glauben gefunden haben,
für uns alle mit unseren Problemen,
dass wir Kraft haben in der Not,
Mut finden in der Verzweiflung
und Vertrauen behalten gegen die Angst,
lasset uns zum Herrn beten:
Herr, erbarme dich.

Für alle Menschen, die miteinander im Streit leben,
für die Eltern und für die Kinder,
für die, die miteinander befreundet oder verheiratet sind,
für die Parteien und Interessenverbände,
für die Völker überall in der Welt,
dass wir sachlich miteinander streiten,
dass wir fair miteinander umgehen,
dass wir miteinander nach gerechten Lösungen suchen,
lasset uns zum Herrn rufen:
Herr, erbarme dich.

Nimm dich unser gnädig an,
rette und erhalte uns.
Denn dir allein gebührt
der Ruhm und die Ehre und die Anbetung,
dem Vater und dem Sohn und dem Heiligen Geist,
jetzt und immerdar und von Ewigkeit zu Ewigkeit.
Amen.

Literatur

BIELER, ANDREA/GUTMANN, HANS-MARTIN, Rechtfertigung der »Überflüssigen«. Die Aufgabe der Predigt heute, Gütersloh 2008

BIERITZ, KARL-HEINRICH, Das Kirchenjahr. Feste, Gedenk- und Feiertage in Geschichte und Gegenwart, Berlin 1986

BRINKEL, WOLFGANG (Hg.), Unsere Zeit in Gottes Händen. Evangelische Gebete, Gütersloh 2009

DAHLGRÜN, CORINNA, Nicht in die Leere falle die Vielfalt irdischen Seins. Von der Notwendigkeit eschatologischer Predigt, Frankfurt 2001

DIES., Ethik statt Eschaton? Überlegungen zur Reduktion der Worte von Apokalypse und Jüngstem Gericht in den Perikopenrevisionen, Pastoraltheologie 86, Göttingen 1997, 402ff.

FECHTNER, KRISTIAN, Schwellenzeit. Erkundungen zur kulturellen und gottesdienstlichen Praxis des Jahreswechsels, Gütersloh 2001

DERS., Im Rhythmus des Kirchenjahres. Vom Sinn der Feste und Zeiten, Gütersloh 2007

JOSUTTIS, MANFRED, Texte und Feste in der Predigtarbeit. Homiletische Studien 3, Gütersloh 2002

DERS., Verführung zum Leben. Über die Geheimnisse des christlichen Glaubens, Gütersloh 2006

MARTIN, GERHARD MARCEL, Predigt und Liturgie ästhetisch. Wahrnehmung – Kunst – Lebenskunst, Stuttgart 2003

MORGENROTH, MATTHIAS, Weihnachts-Christentum. Moderner Religiosität auf der Spur, Gütersloh 2002

RASCHZOK, KLAUS, »... dass mein Gebet schwach und hilflos sein darf.« Zur neueren Gebetsliteratur, Theologische Literaturzeitung 133, Leipzig 2008, 714ff.

SCHOENAUER, HERMANN, Leben gestalten. Gebete zur Zeit, Gütersloh 2007

SCHWEMMER, SIEGFRIED, Christusmeditationen. Von Advent bis Ewigkeitssonntag, Stuttgart 1999

WALTHER-SOLLICH, TILMANN, Festpraxis und Alltagserfahrung. Sozialpsychologische Predigtanalysen zum Bedeutungswandel des Osterfestes im 20. Jahrhundert, Stuttgart 1997